浙江省普通高校"十三五"新形态教材

国际贸易系列教材

INTERNATIONAL TRADE THEORY AND PRACTICE

国际贸易
理论与实务

何　璇 / 主编

ZHEJIANG UNIVERSITY PRESS
浙江大学出版社

图书在版编目（CIP）数据

国际贸易理论与实务/何璇主编. —杭州：浙江大学出
版社，2019.11
ISBN 978-7-308-19740-3

Ⅰ．①国… Ⅱ．①何… Ⅲ．①国际贸易理论—高等学
校—教材②国际贸易—贸易实务—高等学校—教材 Ⅳ.
①F740

中国版本图书馆CIP数据核字（2019）第257170号

国际贸易理论与实务

何　璇　主编

丛书策划　　朱　玲
责任编辑　　曾　熙
责任校对　　虞雪芬　董齐琪
装帧设计　　春天书装
出版发行　　浙江大学出版社
　　　　　　（杭州市天目山路148号　　邮政编码　310007）
　　　　　　（网址：http://www.zjupress.com）
排　　版　　杭州林智广告有限公司
印　　刷　　杭州高腾印务有限公司
开　　本　　787mm×1092mm　1/16
印　　张　　13.75
字　　数　　320千
版 印 次　　2019年11月第1版　2019年11月第1次印刷
书　　号　　ISBN 978-7-308-19740-3
定　　价　　48.00元

浙江大学出版社市场运营中心联系方式：0571-88925591；http://zjdxcbs.tmall.com

前　言

　　本教材编写团队从义乌及浙江的国际贸易发展的实际情况出发，以"贴近学生专业实际、贴近职业活动实际"为原则，结合国际贸易规则和国际贸易惯例的新变化，并根据多年的教学和社会实践经验积累编写了这本教材。教材按照"项目驱动"和"基于工作过程导向"的思路编写，围绕国际贸易从业人员职业能力的培养组织内容，并在此基础上，合理增加跨境电商等内容，体现理论够用、重在实训的高职教材特色。编者在编写过程中，得到了多家外贸公司、生产企业的大力支持和帮助，并邀请具有丰富外贸一线工作经验的专家担任主审，使内容更具先进性、实用性和导向性。

　　本教材分为五个项目，每个项目都设置有若干任务，每一任务下又包括案例导入、任务要求、任务分析、任务学习、任务实施、习题五个部分。教材采用"立方书"的形式，书中穿插了大量的动画、视频等数字资源，并配套在线开放课程"国际贸易理论与实务"的教学资源，以提升课程教学效果。

　　本教材由何璇担任主编，曹晶晶、季晓伟、李春丽担任副主编。其中何璇负责拟定全书的编写大纲、主题内容及最后的统稿工作。具体编写任务分工如下：何璇负责编写项目四中的任务一至任务五，任务七至任务九；曹晶晶负责编写项目一、项目三及项目四中的任务六；李春丽负责编写项目五中的任务一；季晓伟负责编写项目五中的任务二；龚孔屏和何璇负责编写项目四中的任务十、任务十一；朱简和何璇负责编写项目二；李雯静负责全书的审稿工作。

　　本教材属于浙江省普通高校"十三五"新形态教材项目和浙江省高校"十三五"优势专业建设——义乌工商职业技术学院国际经济与贸易（浙教高教〔2016〕164号文件）基金项目，同时也是义乌工商职业技术学院立项的校企合作教材（2017JC23）。

　　本教材的编写和出版得到浙江大学出版社的大力协助，在编写中借鉴和吸收了国内外专家、学者大量的研究成果，在此一并致谢。

　　本教材由于时间仓促，加之编者水平有限，书中的疏漏、不足甚至错误在所难免，敬请读者批评指正。

编者

2019 年 8 月

项目一 国际贸易理论

学习目标

1. 认识国际贸易的产生与发展，掌握国际贸易的基本概念与分类。
2. 理解各种国际贸易政策。
3. 了解并掌握各种鼓励和限制出口的国际贸易措施。

培养技能

培养从国际贸易发展趋势洞察和关注世界经济和贸易、进一步发现国际贸易市场发展趋势的能力；学会限制进口和鼓励出口主要措施的技术性操作，在国际贸易中能采用灵活多变的措施，并能运用国际贸易通则的规则来保护自己的利益和规范自己的行为。

学习任务

任务一：认识国际贸易的基本概念。
任务二：了解国际贸易政策与措施。
在这两项任务的学习中，如果你认真学习理论知识，积极参与实践训练，并且能够顺利地完成具体任务，那么你会惊喜地发现自己已经具备了从事国际贸易活动的能力，并且对国际贸易的政策与措施了然于胸。

任务一　认识国际贸易的基本概念

案例导入

党的十八大以来，中国经济发展更加注重内生动力，境内需求特别是消费需求对经济的拉动不断上升，对外部需求的依赖持续下降，具体体现为外贸依存度下降。有一些相关数据供参考：2012 年，我国外贸依存度是 45.2%，其中出口依存度为 23.9%，进口依存度为 21.2%；2017 年，我国外贸依存度降为 33.6%，其中出口依存度为 18.5%，进口依存度为 15.1%；2018 年上半年，我国外贸依存度是 33.7%，其中出口依存度为 17.9%，进口依存度为 15.8%。

任务要求

认识国际贸易的产生与发展，掌握国际贸易的基本概念与分类，培养国际贸易视野。

要完成任务，就必须认识国际贸易与对外贸易的基本概念及其评价考核指标，了解国际贸易不同角度的各种分类，认识国际贸易的产生、发展及其趋势。

一、国际贸易的基本概念及分类

（一）国际贸易与对外贸易的概念

国际贸易（international trade）：国际贸易亦称"世界贸易"，泛指国际（地区间）的商品和劳务（或货物、知识和服务）的交换。

对外贸易（foreign trade）：指一个国家（地区）与其他国家（地区）的商品和劳务的交换活动。这是从个别国家（地区）的角度来看其与其他国家（地区）的商品和劳务交换活动。对外贸易主要包括进口贸易和出口贸易两大部分，所以通常又称为进出口贸易，而对于一些海岛国家，如英国、日本等，常常又把对外贸易称为海外贸易（overseas trade）。

两者关系：国际贸易由各国（地区）的对外贸易构成，是世界各国（地区）对外贸易的总和。

（二）国际贸易考核指标

考察国际贸易及对外贸易情况，一般我们可以应用以下考核指标。

1．对外贸易额与国际贸易额

（1）对外贸易额：以货币表示的一国（地区）在一定时期内出口额与进口额的总和。

进口贸易总额：一定时期内一国（地区）从国（地区）外进口货物的全部价值。

出口贸易总额：一定时期内一国（地区）向国（地区）外出口货物的全部价值。

（2）国际贸易额（世界进口／出口总额）：世界上所有国家（地区）的进口／出口总额按同一种货币单位换算后加总。

2．对外贸易量与国际贸易量

（1）对外贸易量：为剔除价格变动的影响并准确反映一国（地区）对外贸易的实际数量而确立的一个指标，它能确切地反映一国（地区）对外贸易的实际规模。具体计算是用以固定年份为基期而确定的价格指数去除报告期的出口或进口总额，得到的是相当于按不变价格计算的进口额或出口额，叫作报告期的对外贸易量。计算公式为

对外贸易量＝进出口额／价格指数

价格指数＝报告期价格／基期价格×100%

以货币所表示的对外贸易值经常受到价格变动的影响，因而不能准确地反映一国（地区）对外贸易的实际规模，更不能将不同时期的对外贸易值进行直接比较。而将一定时期为基期的贸易量指数同各个时期的贸易量指数相比较，就可以得出能比较准确地反映贸易实际规模变动的贸易量指数。

（2）国际贸易量：用以一定时期的不变价格为标准来计算的国际贸易额，即用出口

价格指数去除出口额，得出消除价格变动影响的近似值。

国际贸易量＝出口额／出口价格指数

3．对外贸易依存度

对外贸易依存度：又称对外贸易系数，它是指一个国家国民经济的对外依赖程度，具体是用一国对外贸易值与国民生产总值（gross national product, GNP）或国内生产总值（gross domestic product, GDP）之比来反映的。

对外贸易
依存度

对外贸易依存度可分为进口依存度和出口依存度。前者指进口额与国内生产总值之比，后者指出口额与国内生产总值之比。在国民生产总值或国内生产总值既定的前提下，对外贸易值越大，对外贸易系数越高，说明国民经济对外依赖程度较高；反之，对外贸易值越小，对外贸易系数越低，说明国民经济对外依赖程度较低。

4．对外贸易条件

对外贸易条件：表示一国（地区）每进口一单位商品需用多少单位出口商品交换（或每出口一单位商品，可以换回多少单位的进口商品）。

通常用出口价格指数与进口价格指数的对比来反映贸易条件的变化情况：若出口价格指数上涨幅度超过进口价格指数上涨幅度，则贸易条件改善；相反，则贸易条件恶化。

5．国际贸易商品结构与对外贸易商品结构

（1）国际贸易商品结构：表示各类商品在国际贸易总额中所占的比重。现代国际贸易商品结构变化的总趋势是：初级产品的比重逐渐减少，制成品的比重不断增加，尤其是技术密集型产品的比重增加得更为迅速。

（2）对外贸易商品结构：各类进出口商品在一国（地区）对外贸易总值中所占的比重。

6．国际贸易地理方向与对外贸易地理方向

（1）国际贸易地理方向：国际贸易的国（地区）别分布和商品流向，也就是各个国家（地区）在国际贸易中所占的比重和地位。

（2）对外贸易地理方向：一国（地区）进口商品原产国（地区）和出口商品消费国（地区）的分布情况，即进口商品从哪来，出口商品往何去，它表明一国（地区）同世界其他国家（地区）之间经济贸易联系和依赖的程度。

7．贸易差额

贸易差额：一个国家（地区）在一定时期（通常为一年）出口总值与进口总值的对比关系。它是衡量一国（地区）对外贸易状况的重要指标。当出口总值大于进口总值时，称贸易顺差、出超或盈余；当进口总值大于出口总值时，称贸易逆差、入超或赤字。

（三）国际贸易的分类

国际贸易分类很多，主要有以下几种分类。

1．按货物移动方向分

（1）进口贸易（import trade）：指把外国（地区）生产或加工的产品运往本国（地区）国（地区）内市场销售。

（2）出口贸易（export trade）：指把本国（地区）生产或加工的产品及本国（地区）化产品运往他国（地区）市场销售。

（3）过境贸易（transit trade）：商品从甲国（地区）经过乙国（地区）向丙国（地区）运送，对乙国（地区）来说就是过境贸易，乙国（地区）就称为过境国。过境国（地区）是商品运输过程的第三地，除了对过境商品征收很低的过境税或印花税以外，与商品交易双方并未发生任何贸易关系。

（4）复出口贸易（re-export trade）：把外国（地区）商品买进后，未经加工又输出国（地区）外的贸易活动。

（5）复进口贸易（re-import trade）：把本国（地区）商品出口后，未经加工又重新输入本国（地区）的贸易活动。

2．按国（地区）境和关境分

（1）总贸易：进出口以国（地区）境为标准，凡进入国（地区）境的商品一律列为进口，离开国（地区）境的商品一律列为出口，前者称为总进口，后者称为总出口。总进口额加上总出口额就是一国（地区）的总对外贸易额，即

总贸易额＝总进口额 + 总出口额

采用这种方法划分国际贸易的有美国、日本、英国、加拿大、澳大利亚等 90 多个国家或地区。我国也采用总贸易的统计方法。

（2）专门贸易：进出口以关境为标准，进入一国（地区）关境的货物就是本国（地区）的进口，离开一国（地区）关境的货物就是本国（地区）的出口，前者称为专门进口，后者称为专门出口。专门进口额加上专门出口额是一国（地区）的专门贸易额。目前采用这种方法划分国际贸易的有德国、意大利、瑞士等国家。

总贸易和专门贸易通常作为一个国家（地区）记录和编制进出口货物统计的方法。采取总贸易划分方法的通常称为总贸易体系（general trade system），采用专门贸易划分方法的通常称为专门贸易体系（special trade system）。

3．按商品的存在形态分

（1）有形贸易（visible trade）：指实物商品的进出口，因为实物商品是有形的，看得见、摸得着的。

（2）无形贸易（invisible trade）：指非实物形式的服务和技术的进出口，因为服务和技术是无形的，是看不见、摸不着的。它主要包括运输、保险、金融、邮政通信、国际旅游、工程承包、劳务合作、技术转让等。

主要区别和联系体现在：有形商品的进出口，经过海关办理手续，包括在海关的贸易统计中，它是整个国际收支的主要构成部分；无形商品的进出口，不经过海关办理手续，不包括在海关的贸易统计中，但它也是国际收支的一个组成部分。

4．按贸易是否有第三者参加分

（1）直接贸易（direct trade）：商品生产国［出口国（地区）］与商品消费国［进口国（地区）］之间直接进行的商品买卖行为叫作直接贸易；对生产国（地区）来讲是直接出口，对消费国（地区）来讲是直接进口。

（2）间接贸易（indirect trade）：商品生产国［出口国（地区）］与商品消费国［进口国（地区）］之间不是直接进行商品买卖，而是通过第三国（地区）转手间接进行的贸易叫作间接贸易；对商品生产国（地区）来讲是间接出口，对商品消费国（地区）来

讲是间接进口，而对第三国（地区）来讲是转口。

（3）转口贸易（entrepot trade）：指国际贸易中进出口货物的买卖不是在生产国（地区）与消费国（地区）之间直接进行，而是通过第三国（地区）转手进行的贸易。这种贸易对中转国（地区）来说就是转口贸易。

二、国际贸易的产生与发展

（一）国际贸易的产生

国际贸易是一个历史范畴，它是在一定的历史条件下产生和发展起来的，是人类社会发展到一定阶段的产物。国际贸易的产生必须具备两个条件：一是具有可供交换的剩余产品，二是存在各自为政的社会实体。

分工是交换的基础，没有分工就没有交换，当然也就没有国际贸易。当人类处在原始社会初期时，生产力水平极其低下，没有剩余产品，没有私有财产，人类处于自然分工的状态。氏族公社成员实行平均分配制度，没有交换，更谈不上国际贸易。

随着人类社会生产力的不断发展，出现了三次大分工。第一次大分工使畜牧业逐渐从农业中分离出来。社会分工促进了生产力的发展，使产品有了剩余。在氏族公社的部落之间开始有了剩余产品的相互交换，但这还只是偶然的物物交换。生产力的发展促使手工业从农业中分离出来，人类社会出现了第二次大分工。手工业的出现，产生了以直接交换为目的的商品生产，促进了交换活动的发展，最终导致了货币的产生；产品之间的相互交换渐渐地演变为以货币为媒介的商品流通，这直接导致了人类社会的第三次社会大分工，即出现了专门从事贸易的商人，从而出现了贸易活动。生产力不断进步，逐渐出现了私有财产。在原始社会的末期出现了阶级和国家，商品交换超越了国界，产生了最初的国际贸易。

（二）资本主义社会以前的国际贸易

1．奴隶社会的国际贸易

奴隶社会是自然经济占统治地位，生产的目的主要是消费，商品生产在整个经济生活中还是微不足道的，进入流通的商品很少。加上生产技术落后，交通运输工具简陋，使国际贸易的范围受到了很大的限制。在奴隶社会，进行贸易的商品主要是奴隶和供奴隶主阶级享乐的奢侈品。当时希腊的雅典是一个贩卖奴隶的中心，主要的贸易国家有欧洲的腓尼基、希腊和罗马等。我国在夏朝进入奴隶社会，贸易集中在黄河流域。尽管在奴隶社会，对外贸易在经济中不重要，但对手工业发展的促进作用较大，在一定程度上推动了社会生产的进步。

2．封建社会的国际贸易

封建社会时期，国际贸易有了较大发展。尤其是从封建社会中期开始，随着商品生产的发展，封建地租由劳役和实物形式转变为货币形式，商品经济范围逐步扩大。到了封建社会末期，随着城市的兴起和城市手工业的发展，产生了资本主义萌芽，商品经济和对外贸易都有了进一步的发展。

当时国际贸易的中心主要位于地中海东部，君士坦丁堡、威尼斯和北非的亚历山大是中世纪著名的三大国际贸易中心。11世纪以后，随着意大利北部和波罗的海沿岸城市的兴起，国际贸易的范围扩大到地中海、北海、波罗的海和黑海沿岸。封建社会晚期，交易品已从香料和奢侈品扩展到呢绒、葡萄酒、羊毛和金属制品等。

中国封建社会对外贸易发展较早。在公元前 2 世纪的西汉就开辟了从新疆经中亚通往中东和欧洲的"丝绸之路"，中国的丝、茶、瓷器通过"丝绸之路"输往欧洲；另外还有一条早在汉武帝时就开辟的"海上丝绸之路"，使中国同马来西亚、印度尼西亚、印度建立了直接的海上贸易关系，同时通过印度又沟通了中国同西亚、北非和罗马的海上贸易。明朝郑和七次下西洋，足迹最远到达了非洲东部海岸。这些远航把中国的绸缎、瓷器等输往国外，换回了香料、象牙、宝石等物品。通过对外贸易，我国把自己的火药、罗盘等较先进的技术，输入亚欧各国，同时也把这些国家和地区的土产和优良种子等引进我国。这种贸易不仅推动了各国对外贸易的发展和亚欧间的经贸交往，也对世界文明的进程产生了深远的影响。

（三）资本主义时期国际贸易的发展

1．资本主义生产方式准备时期的国际贸易

16—18 世纪中叶是西欧资本主义生产方式准备时期。这一时期是资本原始积累和工场手工业发展的时期。工场手工业的发展促进了劳动生产率的提高，商品生产和商品交换进一步发展。不仅国际贸易范围迅速扩大，交换的商品品种和数量也比以前增加了。地理大发现更是加速了资本的原始积累，促使世界市场初步形成，从而大大扩展了世界贸易的规模。

这一时期，欧洲国家通过暴力、掠夺和欺骗等方式扩大了对殖民地的贸易。殖民地在宗主国对外贸易中的比重和地位日益提高，宗主国从中谋取了巨额利润。

2．资本主义自由竞争时期的国际贸易

从 18 世纪后期到 19 世纪中叶是资本主义的自由竞争时期。这一时期欧洲国家先后发生了产业革命和资产阶级革命，资本主义机器大工业得以建立并广泛发展。而机器大工业的建立和发展，一方面使社会生产力水平有了巨大的提高，商品产量大大增加，可供交换的产品空前增多，真正的国际分工开始形成；另一方面，大工业使交通运输和通信联络工具得到显著改进和广泛使用，极大地便利了国际贸易并推动了其发展。于是国际贸易量显著增加，贸易商品结构发生巨大变化，商品种类越来越多，工业品的比重显著上升。贸易方式有了进步，各种信贷关系也随之诞生，专业性的国际贸易组织机构纷纷出现，国家之间的贸易条约关系也逐渐发展起来。

在这个时期，欧洲国家，尤其是英国，进一步推行殖民政策，使广大殖民地日益成为资本主义宗主国的原材料来源地和销售市场，形成了不合理的国际分工格局，国际贸易中的斗争也趋于激烈。

3．资本主义垄断时期的国际贸易

19 世纪末 20 世纪初，各主要资本主义国家从自由竞争时期过渡到资本主义垄断时期，国际贸易也发生了重大变化，明显带有垄断的特点。

由于生产和资本的高度积聚和集中，垄断组织在经济生活中起着决定性的作用。它们不仅控制了国内贸易，而且控制了国际贸易。垄断组织通过专门机构，直接操纵了进出口贸易，垄断了原材料来源地和销售市场。国际贸易成了垄断组织追求利润最大化的

重要手段。在国际贸易中，特别是在对殖民地、附属国的贸易中，垄断组织通过垄断价格，不断扩大不等价交换。

同时，垄断组织把资本输出与商品输出直接结合起来。殖民地不仅成为宗主国的产品销售市场，而且变成了宗主国的投资场所。通过资本输出，垄断组织一方面争夺和垄断国外市场，控制和奴役殖民地及附属国，另一方面推动、扩大商品输出，加重了对殖民地和附属国的掠夺。殖民地和附属国不仅参与国际贸易，更是将全部经济都卷入世界经济体系中，形成了资本主义世界经济体系。

在垄断资本主义时期，竞争更加激烈。各主要资本主义国家普遍建立了关税壁垒，相继采取了具有进攻性的超保护贸易政策。它们之间的矛盾不断加深，争夺市场的形势更加尖锐，最终导致了两次世界大战的爆发。

两次世界大战之间，由于欧洲各交战国的国内经济受到了严重的破坏，加之周期性经济危机的加深，尤其是1929—1933年资本主义世界的大萧条使得各国工业生产大受影响，国际贸易的发展几乎停滞了。25年间（1914—1938年），世界贸易量的年均增长率仅为0.7%，世界贸易值也减少了32%。

（四）当代国际贸易的发展

进入21世纪，世界经济已经由工业经济向知识经济转变。当代的国际分工是以知识、科技、信息技术、人才等高级生产要素为基础的新的分工形式。这种深入的、高级的分工形式促进了新的国际贸易方式和交易手段的产生和发展，使得当代国际贸易发展呈现出新的趋势。

1. 贸易投资一体化趋势明显，跨国公司对全球经济的主导作用日益增强，国际贸易交易市场垄断化程度加剧

20世纪90年代以来，跨国公司数目剧增，大型跨国公司日益全球化，并且开始结成新的"战略联盟"。这对于加快国际分工的深化、促进国际市场的统一、加强世界市场的竞争、推动贸易自由的不断深化都有着重要的影响。由于跨国公司垄断了国际技术创新的70%～80%和国际技术贸易的90%，跨国公司在国际交易市场中的垄断地位日益提高。在知识经济快速发展的21世纪，信息技术和高效运输技术的突飞猛进，使企业的跨国经营变得更加容易和有效，跨国公司的发展也将面临新的飞跃。因此，跨国公司现在都纷纷调整其发展战略，对内进行经济结构的升级和技术的大规模更新，对外竭力维护其市场份额，并努力开拓新市场。可见，在未来的国际贸易中跨国公司的垄断地位将进一步得到提高。

2. 贸易自由化和保护主义的斗争愈演愈烈，贸易壁垒花样繁多，各种经济体的利益冲突白热化

在经济全球化的推动下，世界各国各经济体的贸易和经济往来愈加频繁。从国际贸易的总体发展趋势来看，贸易自由化已经成为不可逆转的趋势和潮流。然而，各国经济发展水平的差异、区域贸易集团的排他性增强、国际贸易利益分配的两极化等问题都加快了贸易保护主义的横向、纵向发展。

发达国家为了维护自身利益，加速对世界资源的掠夺，采取种种不公平竞争手段，制定各种新兴的贸易壁垒，并通过控制WTO贸易体制来限制发展中国家贸易的发展，

致使世界贸易争端及贸易摩擦层出不穷。贸易与劳动标准、贸易与环境保护及汇率等问题都已列入 WTO 的谈判议程，资源摩擦与贸易摩擦交互作用的趋势越来越明显，中国已成为国际贸易保护的最大受害国。这些趋势的出现，必然会给 21 世纪的国际贸易带来巨大的障碍和不利影响。发达国家同发展中国家的矛盾，将会因为贸易利益的两极化而进一步加剧。同等发展水平的国家之间的斗争，也因为争夺境外市场、战略资源等目的愈演愈烈。总之，各种经济体的利益冲突将日趋白热化。

3. 国际贸易及生产领域的绿色浪潮兴起，绿色贸易盛行，国际贸易被赋予新的特点和内涵

近年来，在全球范围内，以保护环境为主题的绿色浪潮声势日高，绿色贸易也应运而生。随着各国消费者环保意识的增强及各国政府对环境效益、社会效益的重视，绿色消费将成为新的消费潮流，绿色贸易将成为国际贸易的主要发展趋势。该发展趋势主要体现在以下几个方面。

（1）绿色消费将引领消费潮流，成为绿色贸易的基础。国际贸易的基础是各国生产和消费上的差异。20 世纪 90 年代以来，随着社会经济的发展，人们的价值观念、消费心理都发生了深刻的变化：重视环保、崇尚自然的绿色消费之风蔚然兴起。据联合国相关部门的统计，越来越多的消费者更青睐绿色产品，并在购物时将环保因素考虑在内。可见，绿色消费的理念已经越来越深地根植于消费者的日常消费之中，绿色消费成为绿色贸易的基础。

（2）绿色产品优化了国际贸易商品结构。随着世界绿色消费、绿色产业、绿色市场的兴起，国际贸易商品结构得到进一步的优化，主要表现在：绿色产品在国际贸易商品结构中所占的比例日益增大，同时，加速自然资源消耗的初级产品贸易所占的比重日益降低；新能源、新材料、新技术的兴起和发展，使得新工艺得以广泛的应用，催生了各种环保产品，并推动其技术知识含量不断提高，使得国际贸易商品结构从原来的以资源密集型商品为主转化为以高新技术、知识密集型产品为主。可以说，绿色产品贸易日渐成为国际贸易的主要内容。

4. E 国际贸易成为国际贸易的交易方式

E 国际贸易是对传统国际贸易的"扬弃"，是建立在现代互联网技术、云计算技术和形成的大数据流量处理能力的基础上，依托跨境贸易平台的集聚和管理，以数据的流动带动全球消费者和生产者、供应商、中间商集成产生贸易流量，是一种只有国际化、信息化、市场化、社会化、平台化和混沌化特征的全新贸易方式。犹如蒸汽机之于第一次工业革命，E 国际贸易不仅突破了传统国际贸易的时空地理障碍，更是呈现出了以下新趋势。

（1）平台化与网络化并存。E 国际贸易以电子商务平台为依托进行国际贸易，并衍生出了电子商务交易平台，包括支付结算平台、物流平台、征信平台等。依托这些平台基础设施，E 国际贸易所涉及的商流、物流、信息流、资金流和人员流动在平台上实现了分离与聚合，呈现出平台化的典型特征。同时，利用现代通信技术和计算机技术，电子商务交易平台依托网络把分布在世界各地的终端设备连接起来，实现了商品资源、信息资源等的全面共享。因此，E 国际贸易呈现网络化特征。

（2）信息化与无纸化并存。在 E 国际贸易下，信息成为一种独特资源进入流通并成为流通中最大的变量，成为国际贸易的先导性力量。各类要素都呈现信息化和数据化特征，并依托平台形成跨国界的消费者集成、生产商集成、供应商集成、市场集成等的巨大贸易流量信息，同时，在 E 国际贸易下，交易主体依托信息化实现无纸化操作和交易——卖方通过网络发送信息，买方通过网络接收信息。无纸化交易方式代替了传统对外贸易中的书面文件（如书面合同、结算单据等）进行贸易往来，大大简化了国际贸易流程，降低了交易成本，使国际贸易效率提高。

（3）有形商品与无形商品和服务并存。传统国际贸易主要是进行实物交易，是以有形商品为主要内容的贸易。随着电子信息技术的发展与网络的普及应用，越来越多无形商品和服务进入流通与贸易领域，一些数字化产品和服务（如计算机软件、视听娱乐产品、电子书、电影、数字版权等）贸易量增长迅猛。有形商品贸易与无形商品和服务贸易并存，推动实体经济与虚拟经济两种基本经济形态共同发展。有形要素禀赋与无形要素禀赋共同进入全球化大流通，出现有形市场与无形市场的融合发展。

（4）即时性和快速演进性并存。在传统国际贸易中，交易双方受时空所限，信息传递存在不同程度的时间差，无法流畅地传递，这在一定程度上会影响国际贸易的进行。在 E 国际贸易下，跨境电子商务依托网络平台打破了传统国际贸易中的时空限制，实现了信息的即时传输，在网上实现了传统国际贸易中的"面对面"交流磋商。一些数字化商品的交易过程，包括下单、付款、交货、结算更是可以通过网络瞬间完成，给交易双方带来极大的便利。而且，E 国际贸易的即时性特征减少了传统国际贸易中的中间商环节，使出口商直接面对最终消费者成为可能，提高了贸易的效率。此外，互联网和信息技术变革日新月异，E 国际贸易的即时性特征推动其发生与之相适应的快速变革，从而使得 E 国际贸易呈现出即时性与快速演进性并存的特点。

（5）去中心化与民主消费交织。一方面，在 E 国际贸易下，网络、设备、平台、支付、物流、数据、金融、云计算等都成了基础设施。依托这些基础设施，E 国际贸易可以绕过传统国际贸易的中间商，缩短交易环节，实现供应商乃至制造商与最终消费者之间的直接交易。无数市场微观主体汇聚产生了市场集成，突破了传统地理疆域和行政阻隔，呈现出去中心化的典型特点。另一方面，在 E 国际贸易下，消费者可以依托国际贸易平台在成千上万的同类乃至同质商品中做出选择，使得选择真正成为消费者的基本权利，民主制造、民主消费成为未来引导国际贸易生产和消费的重要力量。

（6）碎片化与集成化并存。E 国际贸易使单个企业之间或者是单个企业与单个消费者之间的交易成为可能，零售模式开始兴起。这种满足消费者个人需求的跨境零售模式使 E 国际贸易尤其是消费品行业的 E 国际贸易呈现出订单量较多、金额较小的碎片化特征。与此同时，依托平台的 E 国际贸易汇集了全球的消费者、供应商、生产者和制造商，产生了若干消费者市场集成和若干制造商、批发商、中间商、零售商市场集成，呈现出集成化的特征。

（7）消费的个性化与趋同化并存。一方面，E 国际贸易发展使得国际贸易从以生产者为中心向以消费者为中心转变。在 E 国际贸易下，网络贸易的即时性特征能使平台和供应商很快收到消费者需求及消费者对商品与服务的回馈信息，从而出现更好地满足消费者对个性化产品的需求（定制产品），实现 C2B 商业模式。另一方面，网络经济下消费者对商品与服务的正回馈信息会产生集聚效应，若干个性化需求通过正回馈集聚效应形成了趋同化的消费行为和消费者需求偏好，产生了需求方的规模经济效益。因此，E国际贸易呈现消费个性化与趋同化并存的特征。

（8）多边化与全球化并存。在 E 国际贸易下，国际贸易不再局限于两国之间的双边贸易，依托平台可以将贸易过程中涉及的信息、资金流、物流向多边演进和拓展，并呈现网状的多边化结构。如俄罗斯的居民可以通过美国的跨境电子商务交易平台、中国的支付结算平台、新加坡的物流平台，来实现与其他国家（地区）间的直接贸易。此外，建立在互联网平台上的国际贸易实现了全球互联，突破了传统国际贸易对时空的限制，凸显出全球性特征，形成了一个真正意义上的全球化大市场和大流通的平台体系。

2013 年，我国开始推行跨境电子商务试点。中国正成为新型全球化的倡导者和引领者，中国的 E 国际贸易正在以井喷之势发生和发展，已经并将继续创造 E 国际贸易发展的先发优势，将逐步与一般贸易、加工贸易、小额边境贸易和采购贸易等方式交互融合，重塑贸易规则与治理体系，这对中国而言是重大战略机遇。目前，我国已经在杭州、天津、上海、郑州等多个城市设立跨境电子商务综合试验区，发展 E 国际贸易已经具备了一定的先发优势。

任务实施

▶ 案例讨论
贸易顺差或贸易逆差对贸易双方的影响有哪些？

习题 1-1

▶ 同步训练
实训项目：

李舒大学毕业以后准备担任国际贸易业务员一职。上岗之前，要先对我国的对外贸易状况进行全面了解，对其了然于胸。

具体任务：

查阅我国前一年或前几年的对外贸易额、对外贸易依存度、对外贸易条件、贸易差额、对外贸易商品结构和对外贸易地理方向等相关资料。

任务二　了解国际贸易政策与措施

案例导入

光伏贸易破壁之路

欧洲和美国都是中国重要的光伏产品出口市场。但美国和欧洲先后发动了对中国的贸易保护调查。美国在 2011 年和 2014 年先后 2 次发动了对我国光伏产品出口的"反倾销、反补贴"调查，并出台了高额反倾销和反补贴关税的规定。2017 年，美国又启动了对全球太阳电池及光伏组件的"201 调查"，2018 年 1 月宣布了对进口太阳电池片［2.5GW（百万千瓦以上）］和光伏组件征收 30% 关税的决定。欧洲于 2012 年 9 月立案调查从中国进口的光伏组件与关键零部件，并于 2013 年年底与中方就光伏产品贸易争端达成限价限量的价格承诺。除价格承诺外，欧洲还对中国光伏组件与电池征收 47.7% ～ 64.9% 不等的"双反"税。此外，其他国家也开始对中国发动针对光伏产品的贸易壁垒调查。2017 年，土耳其发动了对我国光伏产品的反倾销调查，并宣布了针对不同出口企业 20 ～ 25 美元 / 米^2 不等的反倾销税。同年，全球第三大光伏市场——印度也发动了对进入印度的中国光伏产品的保障措施调查，并出台了"第 1 年 25%，此后逐年递减"的保障措施税。中国光伏产业自 2012 年以来，一直面临严峻的贸易形势。2018 年 9 月 1 日，欧盟委员会宣布，决定在 9 月 3 日午夜结束其对中国太阳电池和光伏组件的反倾销和反补贴措施，至此，欧盟对中国光伏产业历时 6 年的"反倾销、反补贴"告一段落。这也意味着自 2012 年以来，欧洲、美国等国家对中国光伏产业设置的各类贸易壁垒无疾而终。

思考：

（1）什么是贸易壁垒？

（2）多国对华光伏产品设置集中式的贸易壁垒的原因是什么？

任务要求

了解并掌握各种鼓励和限制出口的国际贸易措施。

任务分析

要完成任务，就必须了解并掌握关税和各种非关税壁垒，从而了解并掌握各种鼓励出口和限制出口的措施。

任务学习

一、国际贸易政策

（一）国际贸易政策的概念

国际贸易政策是一国（地区）政府在其发展战略的总目标指导下，运用经济、法律和行政手段对外贸活动进行有组织的协调和管理的政策。通常制定对外贸易政策是为了达到以下目的：一是保护国（地区）内市场，发展民族工业；二是扩大产品出口，占领国际（地区间）市场和积累资金，缩小和弥补经济发展过程中的资金缺口；三是促进产业结构的调整，增强产业竞争力；四是服务于本国（地区）对外政治经济政策。

国际贸易政策主要由三块内容构成：一是总贸易政策，即各国（地区）根据本国（地区）经济的整体现状及发展战略制定的政策；二是进出口商品政策，即在总贸易政策的基础上，根据本国（地区）经济结构和产品市场的供求现状而制定的政策；三是国（地区）别政策，即在不违反国际规范的大前提下，对不同国家（地区）实行不同的外贸策略和措施。

（二）国际贸易政策的类型

国际贸易政策由一个结构复杂的体系构成，一般可以根据不同需要从不同角度对国际贸易政策进行分类。以下重点介绍最常见的一种国际贸易政策分类，即自由贸易政策、保护贸易政策和管理贸易政策。

1．自由贸易政策

自由贸易政策是指一般情况下国家（地区）不干预商品进出口活动的一种贸易政策，即在商品进口方面不加限制、不设障碍，在商品出口方面也不给予特权和优惠，允许商品自由流通，并在国（地区）内外市场上自由竞争。

自由贸易政策产生于19世纪初的资本主义自由竞争时期，其理论依据是西方的自由贸易理论。但由于各国（地区）的经济利益不一致，历史表明完全意义上的自由贸易政策是不存在的。

2．保护贸易政策

保护贸易政策是指国家（地区）利用各种措施积极干预甚至管制商品进出口活动，以保护国（地区）内产品免受外国（地区）商品的竞争压力，同时又通过优惠和补贴等手段来鼓励出口的一种贸易政策。

保护贸易政策源于15—17世纪的重商主义学派，其理论依据是西方的保护贸易理论。

3．管理贸易政策

管理贸易政策是指介于自由贸易和保护贸易之间的贸易政策，强调以政府协调为中心，政府干预为主导，磋商为手段，协调和管理对外贸易活动。

二、关税措施

（一）关税的概念和特点

关税是进出口商品经过一国（地区）关境时，由政府所设置的海关向其进出口商所征收的税收。关税是国家（地区）财政收入的一个重要组成部分，与其他税收一样具有税收的"三性"：强制性、无偿性和固定性。

关税具有以下主要特点。

1．关税是一种间接税

关税的纳税人是本国（地区）进出口商人，但关税最终会转嫁到商品价格中，最后承担的仍然是消费者（现在我国的税收分类方式主要有两种：一种是直接税，主要是指企业所得税和个人所得税；另一种是间接税，是除直接税之外的税收）。

2．关税的税收主体和客体是进出口商人和进出口货物

税收主体也就是课税主体，是指法律上根据税法规定、负担纳税义务的自然人或法人，也称纳税人。进出口货物则是税收客体，即依法被征收税的标的物。

3．关税是对外贸易政策的重要手段

关税措施体现一国（地区）对外贸易政策。关税税率高低，影响着一国（地区）经济和对外贸易的发展。

4．关税可起到调节进出口贸易发展的作用

对非必需品或奢侈品的进口，可以提高进口关税；对于本国（地区）不能生产或生产不足的原材料、半制成品或生活必需品可以降低关税。贸易逆差时可提高关税，顺差时可降低关税。

（二）关税的积极作用和消极作用

1．关税的积极作用

（1）增加国家的财政收入

关税是国家（地区）财政收入的一个重要组成部分，与其他税收一样具有强制性、无偿性和固定性。关于关税在财政收入中所占的比重，发达国家（地区）比较低，一般为3%，发展中国家（地区）一般为13%。

📖 拓展案例

（2）保护、调节和维护本国经济

①保护作用。通过对进口货物征收关税，提高进口货物的价格，削弱进口货物与本国（地区）同类产品竞争的能力，以保护本国（地区）的生产免受外国（地区）竞争者的损害。对出口商品征收关税，可以抑制这些商品的出口，使国（地区）内市场得到充分供应，防止本国（地区）大量物资外流。

②调节作用。一是调节生产，二是调节市场供求，三是调节物价，四是调节财政和外汇收支。

③维护作用。关税一直与国际（地区间）经济关系有着密切的联系。一方面，关税仍然是国际（地区间）经济斗争的一个重要武器；另一方面，关税也是各国（地区）之间实现友好贸易往来、密切贸易关系的一种手段。

2．消极作用

由于对进出口商品征收关税，商品价格提高，增加了消费者的支出，加重了他们的财务负担。同时，征收关税减少了进出口流量，不利于国际（地区间）贸易的开展。再者，关税虽有保护本国（地区）生产的作用，但如果征税过高，保护过重，会使有关企业形成依赖性，不努力提高经营管理水平，不积极参与国际（地区间）竞争。

（三）关税的种类

1．按照征收的对象或商品流向分类

（1）进口税。进口国（地区）的海关在外国（地区）商品输入时对本国（地区）进口商所征收的关税，包括最惠国税和普通关税两种。通常讲的关税壁垒就是指高额进口税。

（2）出口税。出口国（地区）的海关在本国（地区）商品输往国（地区）外时对本国（地区）出口商所征收的关税，其目的主要是增加财政收入和保证本国（地区）的生产或本国（地区）市场的供应。

（3）过境税。又称通过税，是对于通过其关境的外国（地区）商品所征收的一种关税。目前由于运输业的发展和竞争，加上其财政意义不大，过境税逐渐被废止。

2．按照征税的目的分类

（1）财政关税。又称为收入关税，它是指以增加国家（地区）的财政收入为主要目的而征收的关税。目前，财政关税在财政收入方面的重要性相对较低。

（2）保护关税。它是指以保护本国（地区）工业或者农业发展为主要目的而征收的关税。保护关税税率越高，越能达到保护之目的。有时税率高达100%以上，成为禁止性关税。

3．按照征税计算方法不同分类

（1）从量税。即以商品重量、数量、容量、长度和面积等计量单位为标准计征的关税。计算公式为

从量税额 = 商品数量 × 从量税率

（2）从价税。即以进口商品的价格为标准计征的关税。计算公式为

从价税额 = 商品总值 × 从价税率

（3）混合税。又称复合税，即对某种商品同时征收从量税和从价税的一种方法。计算公式为

混合税额 = 从量税额 + 从价税额

（4）选择税。即对于一种进口商品同时定有从价税和从量税两种税率，但征税时选择税额较高的一种征税方法。

4．按照差别待遇和特定的实施情况分类

（1）普通关税。即不附带任何优惠条件的关税，是税率最高的一种，被称为歧视性关税。

（2）最惠国税。最惠国税率适用于从与该国（地区）签订有最惠国待遇条款的贸易协定的国家（地区）所进口的商品。它比普通税率要低，且税率差幅较大，被称为正常关税。

（3）特惠税。它是指一国（地区）对从某个国家（地区）进口的全部或部分商品给予特殊优惠的减免税待遇，其税率低于最惠国税。特惠税有的是互惠的，有的是非互惠的，如宗主国与殖民地和附属国之间的关税就是非互惠的。

（4）普遍优惠制（普惠制）。发达国家（地区）单方面给予发展中国家（地区）出口制成品和半制成品的一种普遍的、非歧视的、非互惠的关税优惠待遇。其目的是增加发展中国家（地区）的外汇收入，促进发展中国家（地区）的工业化，提高发展中国家（地区）的经济增长率。普遍优惠制是发展中国家（地区）长期斗争和争取的结果，目前有32个发达国家（地区）提供该种优惠，已实施了40多年。

（5）进口附加税。对进口商品除征收一般关税以外再加征的额外关税，又称特别关税，是一种特定的临时性措施。其目的主要是：应付国际收支危机，维持进出口平衡；防止外国（地区）商品低价倾销；对国（地区）外某个国家（地区）实行歧视或报复。

进口附加税主要有反补贴税、反倾销税、差价税等。

①反补贴税。又称抵消税或补偿税，是对于直接或间接地接受奖金或补贴的外国（地区）商品进口所征收的一种进口附加税。一般按照补贴金额征收。其目的在于提高进口商品价格，抵消其所享受的补贴金额，削弱其竞争能力，使它不能在进口国家（地区）的市场上进行低价竞争。

②反倾销税。对于实行商品倾销的进口商品所征收的一种进口附加税，一般按照倾销差额征收。其目的在于抵制外国（地区）商品的倾销，保护本国（地区）产业和国（地

区）内市场。

③差价税。又称差额税，当某种本国（地区）生产的产品的国（地区）内价格高于同类进口商品的价格时，为了削弱进口商品的竞争能力，保护国（地区）内生产和国（地区）内市场，按国（地区）内价格与进口价格间的差额征收的关税，就是差价税。

三、非关税壁垒措施

非关税壁垒措施泛指一国（地区）政府为了调节、管理和控制本国（地区）的对外贸易活动，从而影响贸易格局和利益分配而采取的除关税以外的各种行政性、法规性措施和手段的总和。非关税壁垒措施具有以下特点。

■ 非关税壁垒

（1）比关税壁垒具有更大的灵活性和针对性。

（2）比关税壁垒更能直接达到限制进口的目的。

（3）比关税壁垒更具有隐蔽性和歧视性。

（一）进口配额制

进口配额制又称进口限额制，是一国（地区）政府在一定时期内，对某些商品的进口数量或金额加以直接的限制。进口配额制主要有以下两种。

1．绝对配额

绝对配额即在一定时期内，对某些商品的进口数量或金额规定一个最高限额，达到这个数额后，便不允许进口。在实施中它又有两种方式。

（1）全球配额。即属于世界范围的绝对配额，对来自任何国家（地区）的商品一律适用，按进口商品的申请先后批给一定的额度，至总配额发放完为止，超过总配额就不准进口。全球配额并不限定进口的国家或地区，故配额公布后，进口商往往相互争夺配额。

（2）国别配额。即在总配额内按国家或地区分配给固定的配额，超过规定的配额便不准进口。为了区分来自不同国家或地区的商品，在进口商品时进口商必须提交原产地证明书。实行国别配额可使进口国家（地区）根据它与有关国家（地区）的政治经济关系分配额度。

2．关税配额

关税配额是指对商品进口的绝对数额不加限制，而对在一定时期内，在规定的关税配额以内的进口商品，给予低税、减税或免税待遇，对超过配额的进口商品征收高关税、附加税或罚款。这种方式在实施中也有以下两种形式。

（1）优惠性关税配额。即对关税配额内进口的商品给予较大幅度的关税减让，甚至免税；对超过配额的进口商品征收原来的最惠国税。欧盟在普惠制实施中所采用的关税配额就属此类。

（2）非优惠性关税配额。即对关税配额内进口的商品征收原来正常的进口税，一般按最惠国税率征收；对超过关税配额的部分征收较高的进口附加税或罚款。例如，1974年12月，澳大利亚曾规定对除男衬衫、睡衣以外的各种服装，凡是超过配额的部分都加征175%的进口附加税。

（二）自动出口限制

自动出口限制又称自愿出口限制或自动出口配额制（voluntary export quotas），简称"自限制"，是指在进口国（地区）的要求或压力下，出口国（地区）"自动"规定某一时期内某些商品对该国（地区）出口的数量或金额的限制，在限定的配额内自行控制出口，超过配额即禁止出口。

自动出口限制是20世纪60年代以来非关税壁垒中很流行的一种形式。几乎所有发达国家（地区）在长期贸易项目中都采用了这种形式，它通常是两个政府之间谈判的结果。尽管自动出口限制实际上与WTO的原则是相违背的，但具有较大的隐蔽性，避免了与WTO原则的直接冲突。

自动出口限制一般采取以下两种形式。

1. 单方面自动出口限制

单方面自动出口限制，即由出口国（地区）单方面自行规定出口配额，限制商品出口。此种配额有的由出口国（地区）政府规定并予以公布，出口商必须向有关机构申请配额，领取出口许可证后才能出口，有的由出口国（地区）的出口厂商或同业公会根据政府的政策意向来规定。

2. 协定自动出口限制

协定自动出口限制，即由进口国（地区）与出口国（地区）通过谈判签订自限协定或有秩序销售协定，在协定的有效期限内规定某些产品的出口配额，出口国（地区）据此配额实行出口许可证制，自动限制有关商品出口，进口国（地区）则根据海关统计来进行监督检查。

（三）进口许可证制

进口许可证制是指商品的进口，事先要由进口商向国家（地区）有关机构提出申请，经过审查批准并发给进口许可证后，方可进口，否则一律不许进口。这种方式不仅可以在数量、金额及商品性质上进行限制，而且可以控制来源国或地区，也可以对国（地区）内企业实施区别待遇。

1. 按其是否有定额可以分为两种

（1）有定额的进口许可证。即先规定有关商品的配额，然后在配额的限度内根据商人申请发放许可证。

（2）无定额的进口许可证。主要根据临时的政治或经济的需要发放。

2. 按对来源国别有无限制可以分为两种

（1）公开一般进口许可证。进口商只要填写公开一般进口许可证，即可获准进口。商品实际上是"自由进口"的，填写此许可证的目的只是履行报关手续，满足海关统计和监督需要。

（2）特种许可证。这种许可证直接受管理当局控制，多数贯以国家（地区）政策，适用于特殊商品及特殊项目的申请，如烟、酒、麻醉物品、军火等。

（四）外汇管制

外汇管制是指一国（地区）政府为平衡国际（地区间）收支和维持本国（地区）货币汇率而对外汇进出实行的限制性措施，是一国（地区）政府通过法令对国际（地区间）

结算和外汇买卖进行限制的一种限制进口的国际（地区间）贸易政策。它在中国又称外汇管理。外汇管制分为数量管制和成本管制。前者是指国家（地区）外汇管理机构对外汇买卖的数量直接进行限制和分配，通过控制外汇总量达到限制出口的目的；后者是指国家（地区）外汇管理机构对外汇买卖实行复汇率制，利用外汇买卖成本的差异调节进口商品结构。

（五）进出口国家垄断

进出口国家垄断是指为巩固垄断资本的统治和推行非关税壁垒措施，对某些商品的进出口实行国家垄断经营。其经营形式包括国家直接经营和把商品的进出口权正式委托给某个垄断组织经营。它是国家资本在对外贸易方面的一种表现，是为垄断资产阶级的政治和经济利益服务的。

具体做法是：由国营贸易公司或专设机构在境外购买某些产品，然后低价出售给本国垄断组织；在境内向垄断组织高价收购某些产品，然后以低价在境外市场倾销；或为了保证军需原料供应，将某些产品输出到受"援"国家（地区）。

发达国家的进出口国家垄断主要集中在三类商品上面：烟酒、农产品和武器。

（六）歧视性政府采购政策

歧视性政府采购政策又称为购买国货政策（buy-national policies），是指一些国家（地区）通过法令或虽无法令明文规定，但实际上要求本国（地区）政府机构在招标采购时必须优先购买本国（地区）产品，从而导致对境外产品的歧视与限制的做法。

主要发达国家（地区）都有相应的歧视性政府采购政策规定。如英国规定政府机构使用的通信设备和电子计算机必须是英国产品；日本有几个县规定政府机构须使用的办公设备、汽车、计算机、电缆、导线、机床等不得采购境外产品；美国实行的"购买美国货"条款规定，凡是联邦政府所须采购的货物，应该是美国制造或是用美国原料制造的，只有在美国自己生产的数量不够、国内价格过高，或者不买外国货就会损害美国利益的情况下，才可以购买境外货。由于发达国家政府采购商品的数量往往非常庞大，因此，这是一种相当有效的限制进口的非关税壁垒措施。

（七）反倾销

1．存在倾销的条件

反倾销指对外国商品在本国（地区）市场上的倾销所采取的抵制措施。一般是对倾销的外国（地区）商品除征收一般进口税外，再增收附加税，使其不能廉价出售，此种附加税称为反倾销税。

根据《关税与贸易总协定》（1994年）第六条和《反倾销协议》规定，确定某一进口产品是否存在倾销的条件是，其进口价格符合以下情况。

倾销调查和损害调查的时限及最新反倾销案例

（1）低于相同产品在出口国（地区）正常情况下用于国（地区）内消费时的可比价格。

（2）如果没有这种国（地区）内价格，则低于相同产品在正常贸易情况下向第三国（地区）出口的最高可比价格；或低于产品在原产国（地区）的生产成本加上合理的管理费、销售费等费用和利润。

2．实施反倾销措施的条件

根据 WTO 规定，实施反倾销措施必须满足以下三个条件。

（1）倾销成立。

（2）国（地区）内产业受到损害。

（3）倾销与损害有因果关系。

反倾销的最终补救措施是对倾销产品征收反倾销税。征收反倾销税的数额可以等于倾销幅度，也可以低于倾销幅度。

（八）反补贴

反补贴是指一国（地区）政府或国际社会为了保护本国（地区）或世界经济健康发展，维护公平竞争的秩序，或者为了国际（地区间）贸易的自由发展，针对补贴行为而采取必要的限制性措施，包括临时措施、承诺和征收反补贴税。其中的补贴是指一国（地区）政府或者任何公共机构向本国（地区）的生产者或者出口经营者提供资金或财政上的优惠措施，包括现金补贴或者其他政策优惠待遇，使其产品在国际（地区间）市场上比未享受补贴的同类产品处于有利的竞争地位。

1．补贴被分成可诉补贴和不可诉补贴

（1）不可诉补贴。不可诉补贴包括具有全局影响和非经济的补贴，这些补贴是被允许的，被称为"绿箱子"范围内的补贴。

（2）可诉补贴。对于不在"绿箱子"内的补贴就是可诉补贴，可以采取反补贴措施。

2．进口国（地区）政府可以对出口补贴采取反补贴措施的条件

（1）补贴确定存在。

（2）同类或相同产品的国（地区）内产业已受到实质损害。

（3）补贴与损害之间存在着因果关系。

只有同时满足了这三个条件，进口国（地区）政府才可以向受到补贴的进口产品征收反补贴税。

（九）紧急保障措施

紧急保障措施是指当国（地区）内产业受进口产品严重损害时，政府可以实行临时的进口限制以保护国（地区）内生产者。根据《关税与贸易总协定》的规定，使用紧急保障措施的必要条件如下。

（1）进口产品大量增加。

（2）进口增加是由不可预见的情况造成的。

（3）进口增加是各边贸易谈判所带来的贸易自由化的结果。

（4）这种大量进口对国（地区）内生产者造成了严重损害或严重损害的威胁。

保障措施实施方式主要有：提高关税、实行关税配额及数量限制等。但保障措施应在防止或救济严重损害或严重损害威胁的必要限度内。《关税与贸易总协定》对紧急保障措施设有时间限制：保障措施不得超过 4 年，延长后总期限不得超过 8 年。

（十）进口最低限价和禁止进口

进口最低限价指一国（地区）政府规定某种进口商品的最低价格，若进口商品价格低于最低价，则禁止进口或征收进口附加税。附加税税率是进口价格和最低价格之间的

差额。例如，规定钢材每吨最低限价为 370 美元，若进口时每吨为 350 美元，则进口国（地区）要征收 20 美元的附加税，以抵消出口国（地区）可能的补贴或倾销措施。

（十一）进口押金制

进口押金制是为防止投机、限制进口、维持国际收支平衡而采取的一种经济措施，又称进口存款制或进口保证金。在这种制度下，进口商在进口商品时，必须预先按进口金额的一定比率和规定的时间，在指定的银行无息存入一笔现金，才能进口。这种制度无疑增加了进口商的资金负担，影响了资金的正常周转，同时，由于是无息存款，利息的损失等于征收了附加税。所以，进口押金制度能够起到限制进口的作用。

（十二）专断的海关估价制

海关估价是指海关按照规定对申报进口的商品价格进行审核，以确定或估定其完税价格。专断的海关估价是指有些国家（地区）根据国（地区）内某些特殊规定，提高某些进口货的海关估价，来增加进口货的关税负担，阻碍商品的进口。使用这种措施来限制商品进口的国家（地区），以美国最为典型。

（十三）技术性贸易壁垒

技术性贸易壁垒是国际（地区间）贸易中商品进出口国（地区）在实施贸易进口管制时通过颁布法律、法令、条例、规定和建立技术标准、认证制度、检验制度等方式，对外国（地区）进出口产品制定过分严格的技术标准、卫生检疫标准、商品包装和标签标准，从而提高进口产品的技术要求、增加进口难度，最终达到限制进口的目的的一种非关税壁垒措施。

技术性贸易壁垒是目前各国（地区），尤其是发达国家人为设置贸易壁垒、推行贸易保护主义的最有效手段。

四、鼓励出口和出口管制措施

（一）鼓励出口措施

许多国家（地区）除了利用关税和非关税壁垒措施限制进口外，还采取鼓励出口的措施来扩大商品的出口并争夺境外市场。主要采用的鼓励出口措施如下。

1. 出口补贴

出口补贴又称出口津贴，是一国（地区）政府为了降低出口商品的价格，增加其在国际（地区间）市场的竞争力，在出口某商品时给予出口商的现金补贴或财政上的优惠待遇。出口补贴有两种方式。

（1）直接补贴。政府在商品出口时，直接付给出口商的现金补贴。其目的是弥补出口商品的国际（地区间）市场价格低于国（地区）内市场价格所带来的损失。有时候，补贴金额还可能大大超过实际的差价，这已包含出口奖励的意味。这种补贴方式以欧盟对农产品的出口补贴最为典型。

（2）间接补贴。间接补贴是指政府对某些商品的出口给予财政上的优惠，如退还或减免出口商品所缴纳的销售税、消费税、增值税、所得税等国（地区）内税，对进口原料或半制成品加工再出口给予暂时免税或退还已缴纳的进口税，免征出口税，对出口商品实行延期付税、减低运费、提供低息贷款、实行优惠汇率的措施，以及为企业开拓出口市场提供补贴等。其目的仍然在于降低商品成本，提高国际（地区间）竞争力。

2. 出口信贷

出口信贷是一个国家（地区）为了鼓励商品出口，增强商品的竞争能力，通过银行为本国（地区）出口厂商或国（地区）外进口厂商提供的贷款。主要适用于金额较大、期限较长的商品，如成套设备、船舶等。出口信贷主要有以下两种。

（1）卖方信贷。银行直接资助本国（地区）出口厂商向外国（地区）进口厂商提供延期付款，以促进商品出口的一种方式。

（2）买方信贷。出口方银行直接向外国（地区）的进口厂商（即买方）或进口方提供的贷款，其附带条件就是贷款必须用于购买债权国（地区）的商品。

3. 出口信贷国家（地区）担保制

出口信贷国家（地区）担保制（export credit guarantee system）是指一国（地区）政府设立专门机构，对本国（地区）出口商和商业银行向国（地区）外进口商或银行提供的延期付款商业信用或银行信贷进行担保，当境外债务人不能按期付款时，由这个专门机构按承保金额给予补偿。这是国家（地区）用承担出口风险的方法，鼓励扩大商品出口和争夺境外市场的一种措施。

4. 商品倾销

商品倾销是指出口商以低于正常价格的出口价格，集中地或持续大量地向境外抛售商品。这是资本主义国家（地区）常用的行之已久的扩大出口的有力措施。商品倾销通常由私人大企业进行，但随着国家垄断资本主义的发展，一些国家（地区）设立专门机构直接对外进行商品倾销。

5. 外汇倾销

外汇倾销是垄断企业利用本国（地区）货币对外贬值，以争夺境外市场的一种特殊手段。当一国（地区）货币贬值后，出口商品以外国（地区）货币表示的价格降低，从而提高竞争力，有利于扩大出口。

外汇倾销必须具备两个条件才能起到扩大出口的作用。

（1）货币贬值的程度大于国（地区）内物价上涨的程度。

（2）其他国家（地区）在不同时间采取同等程度的货币贬值或其他报复性手段。

6. 建立经济特区

经济特区是指一个国家或地区划出的实行特殊经济政策和经济体制的地区。在经济特区内，对境外投资者在企业设备、原材料、元器件的进口和产品出口方面，实行公司所得税税率优惠和减免，在外汇结算和利润的汇出、土地使用、外商及其家属随员的居留和出入境手续等方面提供优惠条件。

从特征上讲，经济特区是我国采取特殊政策和灵活措施吸引外部资金、特别是境外资金进行开发建设的特殊经济区域；从功能上讲，经济特区是我国改革开放和现代化建设的窗口、排头兵和试验场。这既是对经济特区特殊政策、特殊体制、特殊发展道路的概括和总结，也是对经济特区承担的历史使命和实际作用的概括和总结。

小案例 1-1

贸易迈入零关税时代

截至 2018 年 2 月，中国已与分布于四大洲的 21 个国家建立了自由贸易区，与东盟 10 国、智利、巴基斯坦、秘鲁、韩国、澳大利亚、格鲁吉亚等国家签署并实施自由贸易协定。关税减让进程是协定的重要组成部分。一般而言，自贸协定对货物的关税减让大部分从实施之日起逐年下降，最终为零。2018 年，我国和下列国家共同迈入零关税时代。

在亚洲，《中国—东盟自由贸易协定》规定，成员经济体的降税产品分为正常产品和敏感产品两大类。2018 年，中国出口到东盟成员经济体的正常产品已能享受零关税待遇；《中国—新加坡自由贸易协定》规定，新加坡已取消全部自中国进口的产品关税；《中国—巴基斯坦自由贸易协定》规定，巴基斯坦已对原产自中国的 11372 个 6 位税目号的产品实施了不同程度的关税减免优惠，占总税目数的 85%；《中国—韩国自由贸易协定》规定，目前占税目总数 50% 的出口韩国的产品已经降为零关税。

在南美洲，2018 年，《中国—智利自由贸易协定》规定，货物贸易关税减让已执行完毕，出口智利享受零关税的中国产品占总税目数的 97%；《中国—秘鲁自由贸易协定》规定，双方的全部产品分为五类实施关税减让。目前，秘鲁已对中国原产的第一、第二类产品实施零关税待遇，已降为零关税的产品占总税目数的 85.64%；《中国—哥斯达黎加自由贸易协定》规定，货物贸易协定双方的全部产品分为六类实施关税减让。目前，哥斯达黎加已对原产于中国的第一、第二类产品给予零关税待遇，占税目总数的 66.90%，涵盖了纺织原料及制品、轻工、机械、电器设备、蔬菜、水果、汽车、化工、生毛皮及皮革等产品。

在欧洲，《中国—冰岛自由贸易协定》规定，冰岛对从中国进口的所有工业品和水产品实施零关税；《中国—瑞士自由贸易协定》规定，2018 年，瑞士对原产自中国的工业品、962 项农产品已全部实施零关税；《中国—格鲁吉亚自由贸易协定》协定水平较高，2018 年 1 月 1 日实施后，格鲁吉亚对中方 96.50% 的产品立即实施零关税，覆盖格鲁吉亚自中方进口总额的 99.60%。

在大洋洲，《中国—新西兰自由贸易协定》规定，至 2018 年新西兰已取消全部自中国进口的产品关税；《中国—澳大利亚自由贸易协定》规定，2018 年 1 月 1 日起，澳大利亚将对占总税目数的 91.60% 的中国出口产品实施零关税待遇。

由于各个自由贸易协定的降税进程不同，企业在开拓境外市场时，可选择受益更大的自贸区成员经济体进行贸易。比如原产于中国的多喇叭音箱，2018 年出口韩国时征收的进口关税是 4.8%，而出口澳大利亚时则可享受零关税。因此，了解熟知各个自由贸易协定的关税减让进程及原产地规则，用足用好优惠原产地政策，可有效降低企业的经营成本。

经济特区的具体形式如下。

（1）自由港或自由贸易区。一个国家（地区）为了发展对外贸易，增加外汇收入，促进本国（地区）经济发展，在国境之内、关境之外划定一个经济特别区，准许商品自由出入，称为自由港。自由贸易区又称"对外贸易区"，它在性质和功能上基本与自由港相同，区别仅在于自由贸易区的划定只限于港口或城市中的某一特定地区。在自由港或自由贸易区内，进出口商品的全部或大部分实行免征关税，并且允许境外或境内的厂商在港内或区内自由从事生产、加工、储存、展览、拆改装等业务活动，然后免税出口，以促进本港或本区经济发展和对外贸易的发展，增加财政收入和外汇收入。

（2）保税区。一国（地区）海关设置的或经海关批准注册、受海关监督和管理的可以较长时间存储商品的区域。外国（地区）商品存入保税区内，可以暂时不缴纳进口税，如再出口，不缴纳出口税；如果运进所在国（地区）的国（地区）内市场，则须办理报关手续，缴纳进口税。

（3）出口加工区。一些国家（地区）在港口或机场附近划出一定的区域范围，配以良好的码头、车站、道路、仓库、厂房等基础设施和生活服务设施及提供免税等各种优惠待遇，以吸引外国（地区）企业和本国（地区）企业在区内投资办厂，生产的产品全部或大部分出口销售。这一区域就是出口加工区。

出口加工区与自由港或自由贸易区的主要区别是，它不以发展贸易为主，主要面向工业，以发展出口加工业为主。

（4）自由边境区。一些国家（地区）的政府为了开发某些边境地区的经济，按照自由贸易区和出口加工区的模式，在本国（地区）的指定边境设立的吸收国（地区）内外厂商投资、开展贸易，并给予免税或减税待遇的区域。

（5）过境区。沿海国家（地区）为了便利内陆邻国的进出口货运，开辟某些海港、河港或国境城市作为货物过境区，对于过境货物，简化海关手续，免征或减征关税。过境货物可短期存储或重新包装，但不得加工制造。

（二）出口管制措施

出口管制是一些国家（地区）从其本身的政治、经济利益出发，对某些商品特别是战略物资和先进技术的出口实行限制和禁止的措施。

1．出口管制的商品

（1）战略物资和先进技术资料，如武器、军舰、飞机和先进的电子计算机和通信设备、先进的机器设备及其技术资料等。对这类商品实行出口管制，主要是从国家（地区）安全和军事防务的需要出发，以及从保持科技领先地位和经济优势的需要考虑。

（2）国（地区）内生产和生活需要但紧缺的物资。其目的是保证国（地区）内生产和生活需要，抑制国（地区）内该商品价格上涨，稳定国（地区）内市场。如西方各国（地区）往往对石油、煤炭等能源商品实行出口管制。

（3）需要"自动"限制出口的商品。这是国家（地区）为了缓和与进口国（地区）的贸易摩擦，在进口国（地区）的要求下或迫于对方的压力，不得不对某些具有很强国际（地区间）竞争力的商品实行出口管制。

（4）历史文物和艺术珍品。这是出于保护本国（地区）文化艺术遗产和弘扬民族精神的考虑而采取的出口管制措施。

（5）本国（地区）在国际（地区间）市场上占主导地位的重要商品和出口额大的商品。对于一些出口商品单一、出口市场集中，且该商品的市场价格容易出现波动的发展中国（地区）家来讲，对这类商品实行出口管制，目的是稳定国际（地区间）市场价格，

保证正常的经济收入。比如，欧佩克（Organization of the Petroleum Exporting Countries, OPEC）对成员经济体的石油产量和出口量进行控制，以稳定石油价格。

2．出口管制的形式

（1）单方面出口管制。这是指一国（地区）根据本国（地区）的出口管制法案，设立专门机构对本国（地区）某些商品出口进行审批和颁发出口许可证，实行出口管制。以美国为例，美国政府根据国会通过的有关出口管制的方案，在美国商务部设立外贸管制局，专门办理出口管制的具体事务。美国绝大部分受出口管制的商品的出口许可证都由这个机构办理。

（2）多边出口管制。这是指几个国家（地区）政府，通过一定的方式建立国际（地区间）性的多边出口管制机构，商讨和编制多边出口管制货单和出口管制国别，规定出口管制的办法，等等，以协调彼此的出口管制政策和措施，达到共同的政治和经济目的。

任务实施

▶ 案例讨论

国务院关税税则委员会发布公告，经国务院批准，自 2018 年 7 月 1 日起，将税率分别为 25%、20% 的汽车整车关税降至 15%，降税幅度分别为 40%、25%；将税率分别为 8%、10%、15%、20%、25% 的汽车零部件关税降至 6%，平均降税幅度为 46%。

思考题：2018 年汽车进口关税下调，最大受益者是谁？

▶ 同步训练

实训项目：

李舒在分析了我国对外贸易基本情况以后，决定进一步调查我国具体的出口鼓励措施与出口管制措施，希望在今后工作中能引起注意并加以利用。

习题1-2

具体任务：

浏览有关政府部门网页及进行实地走访，调查我国的出口鼓励措施与出口管制措施。

项目二　建立外贸公司

学习目标

1. 了解并掌握建立外贸公司的程序和步骤，主要关注涉及哪些部门。
2. 了解建立外贸公司需要准备的材料、应注意的问题。

培养技能

培养国际贸易从业者独立动手操作的能力和与不同部门沟通、协调的能力。

学习任务

任　务：建立一家外贸公司。

在这项任务的学习中，如果你认真学习理论知识，积极参与实践训练，并且能够顺利地完成具体任务，那么你会惊喜地发现，自己已经知道了在这一过程中要和哪些部门沟通、打交道，要准备哪些材料，以及如何最终建立起一家外贸公司。

任　务　建立一家外贸公司

案例导入

一般贸易公司的建立

小金大学毕业后，进入某进出口贸易公司工作。经过几年的努力，他已经积累了一些工作经验和一些境外客户。接下来，他决定自己创业，建立一家外贸公司。要想从事国际贸易，首先要取得公司法人资格，还要依法进行对外贸易经营者备案登记，并到税务局、海关等有关部门办理相关手续。

任务要求

掌握建立一家外贸公司的步骤和要求。

任务分析

要完成任务，就必须了解公司设立的登记程序，要准备哪些材料，做哪些准备工作。接下来我们进入理论学习环节。

任务学习

外贸公司，包括一般贸易公司和拥有自主进出口权的贸易公司，一般贸易公司没有自主进出口权，报关出运和结汇都要通过进出口贸易公司，其余的贸易流程两者是一样的。

一、一般贸易公司的工商登记

（一）公司设立登记

1. 前期准备阶段

（1）确定经营场所。注册公司的第一步是确定经营场所。

（2）核名。确定好经营场所后，需到地址所在的市（区、县）市场监督管理部门名称核准（或在网上核名也可），领取"企业名称预先核准申请表"，填写所准备的公司名称，由市场监督管理部门上网检索是否有重名，如果没有重名就会核发一张"企业（字号）名称预先核准通知书"（名字一般由四部分组成，依次是"行政区划＋字号＋行业特点＋组织形式"，名字想好 5~10 个，以备用）。

（3）编写公司章程。由股东共同制定公司章程，股东为自然人的由本人签字，自然人以外的股东加盖公章。

（4）刻法人私章。

（5）去市场监管理部门指定的银行开立公司验资户，并存入注册资金。

（6）到会计师事务所办理验资报告。持股东身份证复印件、银行出具的股东缴款单、银行盖章后的询证函、公司章程、名称预先核准通知书、房租合同、房产证复印件等到会计师事务所办理验资报告。

2. 设立登记阶段

（1）到市场监督管理部门办理公司设立登记。到市场监督管理部门领取公司设立登记的各种表格，包括设立登记申请表、股东（发起人）名单、董事经理监理情况、法人代表登记表、指定代表或委托代理人登记表等。填好后，连同核名通知、公司章程、房租合同、房产证复印件、验资报告等一起交给市场监督管理部门，由市场监督管理部门发五证合一的营业执照。五证的第一证是工商营业执照，也就是最常见的工商执照，合并后工商注册号被修改为统一社会信用代码；第二证是税务登记证，合并后原税务登记代码合并为统一社会信用代码；第三证是组织机构代码证，原机构代码合并为统一社会信用代码；第四证是社会保险登记证，这个证被取消，统一划归到统一社会信用代码中；第五证是统计证，这个证也被取消，划归到统一社会信用代码中。

（2）刻公司公章、合同章及财务章。

（3）凭五证合一的营业执照去银行开立基本账户。

（二）公司登记的管理

1. 年度检验

根据我国《公司登记管理条例》的规定，公司登记机关于每年 3 月 1 日至 6 月 30 日对公司进行年度检验。

2.证照管理

企业法人营业执照分为正本和副本，其法律效力相等。

3.法律责任的承担

出现以下情况应承担法律责任。

（1）提交虚假材料。

（2）无正当理由未开业。

（3）公司未依法备案。

（4）虚报注册资本。

（5）公司不按照规定接受年检。

（6）公司未依法变更登记。

（7）伪造、涂改、出借营业执照。

（8）未将营业执照置于醒目位置。

二、进出口贸易公司的注册登记

这些年，中国进出口贸易快速发展，拥有进出口权的贸易公司注册量也相应增加。进出口贸易公司注册登记的流程：取名核名—前置审批—在线网申提报—书面材料提交，登记受理—领取执照—篆刻公章—银行开户—税务登记—商务部门备案—海关登记—外汇局核销—电子口岸—商检登记—退税。有进出口权的贸易公司比一般境内贸易公司多出"商务部门备案"之后的这一系列步骤。

（一）公司设立登记

过程大致同第一部分的一般贸易公司的设立登记过程。其与一般贸易公司的区别如下。

（1）注册经营范围需要加入"技术进出口、货物进出口"。

（2）要确定公司形式和注册资金。注册一般贸易公司与注册进出口贸易公司的区别主要体现在公司注册资金方面，如果带有"进出口"字样的贸易公司最低注册资金为100万元。

（3）注册进出口贸易公司的资金在50万元以上的，可以申请一般纳税人。申请一般纳税人可以享受税收优惠政策；成立一年以上，一年的销售额在180万元以上的批发或零售的公司，可以申请办理增值税一般纳税人；注册进出口贸易公司，办公面积在100平方米以上，注册资金在50万元以上的，可以办理出口退税。

（二）进出口贸易经营者备案登记

进出口贸易经营者备案登记程序如下。

（1）领取"对外贸易经营者备案登记表"（简称"登记表"）。对外贸易经营者可以通过商务部政府网站下载，或到所在地备案登记机关领取"登记表"（样式附后）。

（2）填写"登记表"。对外贸易经营者应按"登记表"要求认真填写所有事项的信息，并确保所填写内容是完整的、准确的和真实的；同时认真阅读"登记表"背面的条款，并由企业法定代表人或个体工商负责人签字、盖章。

（3）向备案登记机关提交备案登记材料。

①按要求填写的"登记表"；②五证合一的营业执照复印件；③进出口贸易经营者为外商投资企业的，还应提交外商投资企业批准证书复印件；④依法办理工商登记的个体工商户（独资经营者），须提交合法公证机构出具的财产公证证明；⑤依法办理工商登记的外国企业，须提交经合法公证机构出具的资金信用证明文件。

（4）备案登记机关应自收到进出口贸易经营者提交的上述材料之日起5日内办理备案登记手续，在"登记表"上加盖备案登记印章。

（5）备案登记机关在完成备案登记手续的同时，应当完整准确地记录和保存对外贸易经营者的备案登记信息和登记材料，依法建立备案登记档案。

（6）对外贸易经营者应凭加盖备案登记印章的"登记表"在30日内到当地海关、检验检疫、外汇、税务等部门办理开展对外贸易业务所需的有关手续。逾期未办理的，"登记表"自动失效。

（三）海关注册登记证

（1）自海关申请领取的表格有"企业情况登记表""企业管理人员情况表""报关单位保管专用章备案表""自立报关注册登记申请书""企业基本情况表"。

（2）新企业须带的资料如下。

①市场监督管理部门颁发的"企业法人营业执照"副本复印件（须带原件核对）。

②商务部门颁发的"中华人民共和国进出口企业资格证书"复印件（须带原件核对），或"中华人民共和国外商投资企业批准证书"复印件及"同意可行性报告和章程的批复"复印件（须带原件核对）。

③中国人民银行颁发的"开户许可证"复印件（须带原件核对）。

④公司章程复印件（须带原件核对）。

企业在当地海关受理申报材料3个工作日（申报当日不计算在内）后，如无电话通知"不合格"，则凭业务受理单去当地海关办理领证手续（取得流水号、输入数据、打印证书、盖章），取得有效的"自理报关单位注册登记证明书"，次日即可开展业务。

（四）外汇核销

外贸企业从外汇管理局申领的每一张核销单，都在外汇管理局的数据库中有备案和留档。核销单跟随外贸业务一路走过海关、银行和税务局，被烙上各种印章或被撕开，但最终的存根必须回到外汇管理局，以核对原来数据库的电子档案并注销此核销单号码。这一过程就叫作"核销"，表示这笔买卖在外汇的收支上是合法的，准予一笔勾销。

企业必须具备一定的资格才可以向外汇管理局申领核销单，当然最重要的资格是企业的进出口权。外汇管理局会一次发放多张连续编号的空白核销单，这些核销单的编号便于企业关联起来，并当场加盖企业名称印章。今后，由这些核销单产生的外汇方面的责任就该这家企业承担。核销单只准该企业使用，不得借用、冒用、转让和买卖。此外，空白核销单是没有使用期限的，并且可以跨年使用。企业在进出口业务中可自行根据具体情况填写核销单并在各环节中使用，但每一张核销单都必须到外汇管理局核销。

（五）电子口岸

中国电子口岸企业IC卡的申领流程如下。

（1）到所属制卡代理点领取并如实填写4张表格，企业法人签字并加盖公章。4张表格分别是："中国电子口岸企业基本信息情况登记表"（1号表）、"中国电子口岸企业情况海关登记表"（2号表）、"中国电子口岸企业情况外汇登记表"（3号表）、"中国电子口岸企业操作员情况登记表"（4号表）。其中"中国电子口岸企业操作员情况登记表"应按照本企业指定的操作员人数，每人一联。

中国电子
口岸

（2）由市场监督管理、税务、海关、商务、外汇部门对企业用户进行资格审查，企业确认购买了IC卡、读卡器、Oracle Lite软件，以及向中国电信申请了17999账号后，制卡代理点会为企业制发中国电子口岸企业法人卡和操作员卡。

（六）商检登记

我国进出口商品检验工作，主要有4个环节：接受报验、抽样、检验和签发证书。

（1）接受报验。报验是指对外贸易关系人向商检机构报请检验。报验时须填写"报验申请单"，填明申请检验、鉴定工作的项目和要求，同时提交对外所签的买卖合同、成交小样及其他必要的资料。

（2）抽样。商检机构接受报验之后，及时派员赴货物堆存地点进行现场检验、鉴定。抽样时，要按照规定的方法和一定的比例，在货物的不同部位抽取一定数量的、能代表全批货物质量的样品（标本）供检验之用。

（3）检验。商检机构接受报验之后，认真研究申报的检验项目，确定检验内容，仔细审核合同（信用证）对品质、规格、包装的规定，弄清检验的依据，确定检验标准、方法，然后进行抽样检验、仪器分析检验、物理检验、感官检验、微生物检验等。

（4）签发证书。在出口方面，凡列入种类表内的出口商品，经检验合格后签发放行单（或在"出口货物报关单"上加盖放行章，以代替放行单）。凡合同、信用证规定由商检部门检验出证的，或境外要求检验证书的，根据规定签发所需封面证书；不向境外提供证书的，只发放行单。种类表以外的出口商品，应由商检机构检验的，经检验合格发给证书或放行单后，方可出运。在进口方面，进口商品经检验后，分别签发"检验情况通知单"或"检验证书"，供对外结算或索赔用。凡由收、用货单位自行验收的进口商品，如发现问题，供对外索赔用。对于验收合格的，收、用货单位应在索赔有效期内把验收报告送商检机构销案。

（七）进出口企业核销退税

1. 收汇核销所需资料

（1）核销单。

（2）报关单：出口收汇专用联，前提是已向电子口岸交单。

（3）银行结汇水单。

（4）出口收汇核销表（两份）。

2. 退税申报所需资料

（1）核销单：退税专用联，已核销过。

（2）报关单：退税专用联，前提是在电子口岸下的出口退税子栏目下已交单。

（3）进项发票：已认证。

（4）出口发票：有些地方不用附此单证。

将以上 4 种资料按报关单顺序，外加封皮封底装订。

3. 需 "三表一盘"

（1）"出口退税汇总表"（一份）。

（2）"出口退税出口明细表"（三份）。

（3）"出口退税进货明细表"（三份）。

（4）转为正式申报后生成的资料，导入 U 盘。

4. 出口退税的大概流程

（1）申领核销单。

（2）将核销单在网上进行口岸备案，做报关资料：将箱单、发票、报关委托书和一般贸易的报关单、核销单等给货代，以便报关（注：自 2012 年 8 月 1 日起，取消纸质出口核销单，报关时不再需要提供纸质核销单）。

（3）拖箱，工厂装柜。

（4）起运。

（5）单证退回后，先进行核销单和报关单电子口岸交单工作。

（6）核销。

（7）退税。

出口退税的时间和单证之间的联系：认证发票—银行结汇（出具水单）—核销—退税。

5. 时间关系

（1）退税申报期：90 天（注：生产性出口企业退税申报期为每年 4 月 30 日前）。

（2）核销期：180 天。

（3）发票认证期：90 天。

（八）单证备案

退税申报后，在 15 天内要及时进行单证备案，所需单证如下。

（1）单证备案明细表。

（2）提单。

（3）托单。

（4）场站收据。

（5）购货合同。

有些地方特别要求外加两样东西——一个是报关单复印件，另一个是出口明细表，然后外加封皮装订，放司备查。

上面是两种最常见的外贸出口公司模式。此外还存在第三种，就是工贸一体的外贸出口公司。工贸一体的外贸出口公司就是有自己的加工厂，涵盖商品的设计、制作、销售、售后服务的外贸出口公司。

任务实施

▶ **案例讨论**

📖 义乌国际贸易
综合改革试点
工作开展状况

义乌市互胜进出口有限公司在市行政服务中心多部门联办窗口一下子领取了营业执照、组织机构代码证、税务登记证等多本证照，标志着义乌市多部门"证照联办"正式实施。多部门"证照联办"是为配合义乌国际贸易综合改革试点，由市行政服务中心管委会联合市场监督、税务、公安等部门共同完成的一项便民举措。

思考题：

建立进出口贸易公司需要哪些步骤？涉及哪些部门？

▶ **同步训练**

习题 2

实训项目：

到当地的任何一家进出口贸易公司进行调查：在建立外贸公司的过程中有哪些需要特别注意的事项？遇到了哪些困难和问题？

具体任务：

走访一家进出口贸易公司并进行调研。

项目三

交易准备与磋商

学习目标

1. 了解进出口交易前的一系列准备工作,特别是如何做好行情调研及寻找客户的准备工作。
2. 了解并掌握国际贸易磋商的具体步骤,重点掌握交易磋商的必经环节:发盘与接受。

培养技能

交易前做好准备工作,培养进行交易磋商及签订合同的能力。

学习任务

任务一:交易前的准备工作。
任务二:交易磋商。

在这两项学习任务中,如果你认真学习理论知识,积极参与实践训练,并且能够顺利地完成具体任务,那么你会惊喜地发现自己已经成功掌握了交易准备的各项重点任务,学会了如何开发客户,并掌握了进行交易磋商的各种技巧,能够应对国际贸易中的一般磋商任务了。

任务一 交易前的准备工作

案例导入

展览会上不可以貌取人

"我有一个客户,我永远也忘不了第一次见到他的情形。那是在一个展会上。当天的展览都要结束了,我正在整理样品,突然觉得有人在展台前停住了,我抬头一看,只见一个 50 岁左右的男人,头发蓬乱,络腮胡,面色土灰。穿着黑色 T 恤,脏兮兮的牛仔裤。我的第一反应是他是来收破烂的。但看着他直勾勾地盯着我们的样品,我鼓起勇气,假设他是买家,迎上去向他介绍我们的产品,并同他互换了名片。通过交谈,我肯定他是一个很专业,而且是很大的潜在客户。现在,我们已经同这个客户建立了非常稳固的合作关系,而且他还是我们的超级大客户之一呢。"一位外贸公司的业务经理这样回忆道。

思考:

在展览会上寻找客户应注意哪些问题?

任务要求

了解在进出口交易前应做好哪些准备工作，特别是如何做好行情调研及寻找客户的准备工作。

任务分析

要完成任务，必须学习行情调研的内容与方法，掌握寻找客户的常见方法。下面具体来学习相关内容。

任务学习

一、行情调研

凡是想进入一个产品的国际（地区间）市场领域，任何企业都不能省略国际（地区间）市场调研这个环节。企业须通过国际（地区间）市场调研，分析国际（地区间）市场的行情特点，从而判定贸易的可行性并据以制订贸易计划。

（一）国际（地区间）市场调研的内容

从国际（地区间）贸易商品进出口角度看，国际（地区间）市场调研主要包括国际（地区间）市场环境调研、国际（地区间）市场商品情况调研、国际（地区间）市场营销情况调研、境外客户情况调研等。

1. 国际（地区间）市场环境调研

企业开展国际（地区间）商品进出口业务，如同军队作战一样，首先需分析地形、了解作战环境、了解商务市场环境，做到知己知彼、百战不殆。企业对国际（地区间）市场环境调研的主要内容如下。

（1）境外经济环境。包括一国（地区）的经济结构、经济发展水平、经济发展前景、就业情况、收入分配等。

（2）境外政治和法律环境。包括政府的重要经济政策、政府对贸易实行的鼓励，以及限制措施和有关外贸方面的法律法规，如关税、配额、境内税收、外汇限制、卫生检疫、安全条例等。

（3）境外文化环境。包括使用的语言、教育水平、宗教、风俗习惯、价值观念等。

（4）其他。包括境外人口、交通、地理等情况。

2. 国际（地区间）市场商品情况调研

企业要把产品打入国际（地区间）市场，或从境外市场进口产品，除需了解境外市场环境外，还需了解境外商品市场情况，主要有以下几方面。

（1）国际（地区间）市场商品供给情况。包括商品供应的渠道、来源，境外生产厂家生产能力、数量及库存情况等。

（2）国际（地区间）市场商品需求情况。包括国际（地区间）市场对商品的品种、数量、质量要求等。

（3）国际（地区间）市场商品价格情况。包括国际（地区间）市场商品的价格、价格与供求变动的关系等。

3.国际（地区间）市场营销情况调研

国际（地区间）市场营销情况调研是对国际（地区间）市场营销组合情况的调研，除上述已经提到的商品及价格外，一般还应包括以下内容。

（1）商品销售渠道。包括销售网络设立，批发零售商的经营能力、经营利润，消费者对他们的印象，售后服务等。

（2）广告宣传。包括消费者购买动机、广告内容、广告时间、广告方式、广告效果等。

（3）竞争分析。包括竞争者产品质量、价格、政策、广告、分配路线、占有率等。

4.境外客户情况调研

每个商品都有自己的销售（进货）渠道。销售（进货）渠道是由不同客户所组成的。企业进出口商品必须选择合适的销售（进货）渠道与客户，做好境外客户的调查研究工作。一般说来，商务企业对境外客户的调查研究主要包括以下内容。

（1）客户政治情况。主要包括客户的政治背景、与政界的关系、公司企业负责人参加的党派及对我国的政治态度等。

（2）客户资信情况。包括企业的资金和信用两方面。资金是指企业的注册资金、实收资金、公积金、其他财产及资产债务的情况等。信用是指企业的经营作风、履约守信情况等。这些情况对客户做出关于经销、代理、独家包销、寄售等业务的决定是十分重要的。

（3）资信情况调查有以下几种方法。

①通过境内往来银行，向对方的往来银行调查。了解有关企业的基本背景、信用状况、付款能力、不良记录等信息，监控管理目标客户，识别高风险的客户，寻找潜在的利润来源。申请办理资信调查业务时须向银行提交申请书，注明被调查单位名称、地址、电话、传真（境外客户必须提供英文名称和地址）。

②直接向对方的往来银行调查，将简洁文稿和调查对象的资料寄给对方的往来银行。

③通过境内和境外的资信机构调查。境外有名的资信机构不仅组织庞大，效率高，而且调查报告详细且准确。其调查报告均以密码编成各类等级，这种等级的划分以客户的财力与综合信用评价为基础，分为 High、Good、Fair 和 Limited 四个等级。

④通过境外商会、我国驻外商务机构、境外的亲朋好友调查。

在这里不得不提的一条是，对高危客户的产品做出口信用保险是十分必要的。可扫描二维码了解具体内容。

（4）客户公司、企业业务情况。这是指客户的公司、企业是中间商、使用户、专营商还是兼营商等。

（5）客户经营能力情况。这里是指客户业务活动能力、资金融通能力、贸易关系、经营方式和销售渠道等。

　出口信用保险

（二）国际（地区间）市场调研的方法

国际（地区间）市场调研是复杂细致的工作，须有严格、科学的程序和方法。

企业对国际（地区间）市场调研获取的资料，按其取得的途径不同，一般分为两类：

一类是通过自己亲自观察、询问、登记取得的，称为原始资料；另一类是别人搜集到的，调查者根据自己研究的需要，将其取来为己所用，称为二手资料。

国际（地区间）市场调研方法可以分为案头调研法和实地调研法。

1．案头调研法

案头调研法就是第二手资料调研或文献调研，它是以在室内查阅的方式搜集与研究项目有关资料的过程。第二手资料的信息来源渠道很多，如企业内部有关资料、本国（地区）或外国（地区）政府及研究机构的资料、国际（地区间）组织出版的国际市场资料、国际（地区间）商会和行业协会提供的资料等。

2．实地调研法

实地调研法是国际（地区间）市场调研人员采用实际调研的方式直接到国际（地区间）市场上搜集情报信息的方法。采用这种方法搜集到的资料，就是第一手资料，也称为原始资料。实地调研常用的调研方法有三种：询问法、观察法和实验法。

比如，企业进行境外市场环境、商品及营销情况调查，一般可通过下列渠道、方法进行。

（1）派出国（地区）推销小组深入境外市场以销售、问卷、谈话等形式进行调查（一手资料）。

（2）通过各种媒体（报纸、杂志、新闻广播、计算机数据库等）寻找信息资料（二手资料）。

（3）委托境外驻华或我国驻外商务机构进行调查。

通过以上调查，企业基本上可以解决应选择哪个国家（地区）为自己的目标市场、企业应该出口（进口）哪些产品，以及应以什么样的价格或方法进出口等问题。

二、寻找客户

口外贸业务员巧拿订单——学会与老板和客人沟通

寻找客户对于外贸业务员来说是非常重要而又非常艰难的任务，寻找客户的方法亦有很多，在此介绍重要的几种。

（一）展览会

展览会是一种综合运用各种媒介的传播方式，通过现场展览和示范来传递信息、宣传企业形象，是一种常规性的公共关系活动。在展会中，来自各方面的商家、买家等相聚一堂，不仅做成了生意，而且还调查了市场，得到了新的启发、获得了新的信息，同时也客观地检验了参展的产品。

由此，不难看出参加国际（地区间）贸易展览会是企业扩大出口的重要手段，同时也是走向国际化的最佳途径之一。但是，要使展览会真正起到期望的作用与效果，还需要一些合理的方法与步骤。

1．展览会的选择

境内境外的展会可以说是叫人眼花缭乱，有综合性的也有专业性的，公司应该结合自身实际来参展。应该说，一年两届的广交会是境内最大的国际性展会。

有效选择是参加展览会的首要步骤。公司应仔细分析展会资料，根据展览会的展览性质、展览内容、展览规模、展览时间、展览场地等进行认真选择，并结合自身实际来参展。

（1）按展览性质来选择。展览会分为贸易和消费两种性质。贸易性质的展览会是为产业即制造业、商业等举办的展览。展览的主要目的是交流信息、洽谈贸易。消费性质的展览是为公众举办的展览，基本上都展出消费品，目的是直接销售。展览的性质由展览组织者决定，可以通过参观者的身份反映出来：对工商界人士开放的展览是贸易性质的展览，对公众开放的展览是消费性质的展览。

（2）按展览内容来选择。展览分为综合展览和专业展览两类。综合展览是指包括全行业或数个行业的展览会，也被称作横向型展览会，如工业展、轻工业展。专业展览指展示某一行业甚至某一项产品的展览会，如钟表展。专业展览会的突出特征之一是常常同时举办讨论会、报告会，用以介绍新产品、新技术。

（3）按展览规模来选择。展览会分为国际、国家、地区、地方展及单个公司的独家展。规模是指展出者和参观者所代表的区域规模而不是展览场地规模。不同规模的展览有不同的特色和优势，应根据企业自身条件和需要来选择。

（4）按展览时间来选择。展览会划分标准比较多，有定期和不定期两种。定期的有一年四次、一年两次、一年一次、两年一次等。不定期展会则是视需要和条件举办，分长期和短期。长期展可以是三个月、半年甚至常设，短期展一般不超过一个月。在发达国家，专业贸易展览会一般是三天。

（5）按展览场地来选择。大部分展览会是在专用展览场馆举办的。展览场馆按室内场馆和室外场馆划分。室内场馆是多用于展示常规展品的展览会，比如纺织展、电子展。室外场馆多用于展示超大超重展品，比如航空展、矿山设备展。在几个地方轮流举办的展览会被称作巡回展。

2．参展前精心准备

展览会是一项系统工程，需要考虑的问题很多。经调查，发现影响展会参观者记忆的因素主要有六条，其比例如下：展品有吸引力占39%，操作演示占25%，展台设计占14%，展台人员表现占10%，企业发资料占8%，展出者名气占4%。据此，建议展出者不妨从这几方面入手。

（1）展品选择。展品是参展商能直接给参观者留下印象的最重要因素。据不完全统计，在参观者记忆因素中，展品具有吸引力可占到39%的比重，因此应给予特别的重视。展品选样有三原则：①针对性，指展品要符合展出的目的、方针、性质和内容；②代表性，指展品要体现展出者的高新技术、生产能力及本行业特点；③独特性，指展品要有自己的独到之处，以便与其他同类产品相比有明显区别。

（2）展示方法。展品本身在大部分情况下，并不能说明其全部性能、显示全部特征，需要通过借助其他材料或设备等手段来加以说明、强调及渲染，要考虑让参观者在现场积极参与，并准备一些小包装样品免费派发。这些都是为了引起参观者的兴趣，增加客商们的购买欲。

（3）展台设计。从表面上看，展台设计的任务应着重美观，其实并非如此简单。展台设计的目的是要充分反映出参展商的形象，吸引参观者的注意力，因此还要注意以下几点：①展台设计要与整体的贸易气氛相协调；②展台设计是为了衬托展品，不可喧宾夺主；③展台设计需考虑参展商的公众形象，不可过于标新立异；④展台设计时，不要忽略展示、会谈、咨询和休息等基本功能。

（4）人员配备。它是展览成功与否的关键所在。展台的人员配备可从四个方面加以考虑：①按展览会的性质选派合适类型或相关部门的人员；②根据工作量的大小来决定人员数量；③注重人员的基本素质；④加强对人员专业知识的培训及产品性能的了解，如专业知识、产品性能。

（5）客户邀请。展位定下来后，其中很重要的一项工作就是遍发英雄帖，邀请客户届时参观展位。邀请函注明展会的名称、时间、公司的展位号，参展人员及联系方式，顺便也可附带提一下最新推出的产品。邀请的时间一般在展会前一个月左右。这样做的好处有很多：首先，参展商告诉客户自己参展了，是在传递你有实力参展的信息；其次，参展商由被动等客户变成主动请客户，效果更加明显；再者，面对面的沟通要比电话或邮件沟通容易得多，同时也节省了出境拜访客户的费用。

3．参展中细心应对

参展前的各项细致的准备是为展会做铺垫的，参展中与客户的交流至关重要。细节决定成败，在参展过程中需要注意以下细节。

（1）保持斗志。参展人员除统一着装和佩戴公司标识的胸牌外，须特别注重自己的形象。每个人要站立迎宾，精神抖擞，良好的精神面貌体现了公司的活力和蓬勃向上的氛围。参展人员不要在展位前随意打闹或吃喝，也不要无所事事、看书读报，给客户不好的印象。

（2）胆大心细。面对光顾展位的客户，不要胆怯，要主动打招呼，欢迎客户进来参观。只要能到你展位驻足一下，起码他还是有一定的兴趣，你就应主动表示欢迎。此外，不仅仅是光临摊位的客户要热情接待，还需要找各种机会与在过道闲逛的客户进行接触、聊天，有意向的可以邀请来摊位谈谈（参展商经常能在过道、洗漱间找到各种客人）。

如果客户是老客户，需要注意询问以下两点信息：一是客户对以前使用的产品有何建议，二是客户将来需要什么样的产品。对于新客户，要了解对方是厂家还是经销商，做到心中有数。总之，要多掌握一些信息。

（3）谨防探子。展会上经常会碰到同行中的探子，他们扮作客户来套内部价格、技术，甚至客户资料，所以要保持警惕。识别探子方法有几种，一是到同行展位去转转，初步认识一下参展的人员，这样他们来展位刺探信息时就会有点印象了。另外，从谈话中可以感觉出对方是否为探子，因为探子只会询问一些敏感性的问题，而非其他。

（4）每天做好工作总结。每天参展结束后，要对当天的客户进行归类整理，并将谈话要点记录下来，再配合合影努力记住客户的模样和名字。另外，根据客户谈话中所提出的需求判断今年的产品流行趋势，展后和公司决策层讨论新产品的开发及推广。

4．参展后及时跟进

参展结束，只能说工作仅进行了一半，真正起作用的是展后及时跟进。

（1）客户分类。根据展会上与客户谈判的过程及结果，将客户分为正式客户、潜在客户和无效客户。这里的正式客户是指老客户，根据上文提出的两点信息来开展工作即可。潜在客户即指对你的产品有明确的订购意向，只需进一步跟进，确定一些细节即可订货的客户。无效客户指仅在展会留下名片，没有进行过交流，且对方仅是收集一些资料的客户。将展会期间的客户记录进行梳理，与客户对应起来，把自己的一些设想添加进去，以备下一步工作的开展。

（2）联系客户。给每位客户发邮件，注意不要群发。邮件中应体现出上次展会的内容。对重点客户要重点联系，先联系重点客户，分清主次。

（3）回复客户。邮件发出去以后，陆续会收到一些回复。对这些回复要认真阅读，掌握客户的真实的想法，针对客户的回信内容及时复信。如果客户需要某产品的报价，那就专门为客户制作报价单。

（4）再次跟进。如果客户对你的产品及价格比较满意，你则要诱导他订购你的产品了，比如问订购的数量、时间、交易条件等，用这些来引导客户进入正题。如果你发了邮件，客户没有反应，一个礼拜后再发一封和上次相比有所变化的邮件。如果客户仍旧没有回复，你则要考虑一下客户是否对你的产品感兴趣。如果频繁地发邮件会引起客户的反感，不妨在接下来的第三封邮件上加一条："如果贵司不希望收到此封邮件，请回复说明。"

（二）介绍寻找法

介绍寻找法是指外贸业务员通过他人的直接介绍或者提供的信息进行客户寻找。外贸业务员可以通过自己的熟人、朋友等社会关系，也可以通过企业的合作伙伴、客户等关系，由他们进行介绍。主要方式有电话介绍、口头介绍、信函介绍、名片介绍、口碑效应等。

利用这个方法的关键是业务员必须注意培养和积累各种关系，在积累关系的过程中要特别注意以下几点。

（1）必须保证和朋友有经常性的真诚的沟通和交流。从经济角度讲，这也是一份感情投资。通过经常性的交流，让朋友充分认识你所从事的业务，让朋友有客户信息就能想到你。

（2）想要现有客户为你带来新的客户，那么必须为现有客户提供满意的服务和可能的帮助。口碑好、业务印象好、乐于助人、与客户关系好、被人信任的业务员一般都能取得有效的突破。

（3）和其他企业的外贸业务员搞好关系，没事和他们聊天交换客户。只要有技巧和诚心，总是会有好的客户被介绍过来的。因为每个公司所经营的产品范围有限，在不存在直接竞争的前提下，其他企业的外贸业务员很可能会在客户有需求时，将不是本公司范围内的业务介绍给别的关系较好的公司。

在交换的过程中，公司的客户也会越来越多。因为可以把从 A 那里交换到的客户和 B 交换，再把从 A、B 那里交换到的客户去和 C 交换，公司的客户群就会像滚雪球一样越来越大的。

（4）要保证对朋友的尊重和互利。在被介绍了客户以后，要简单地向介绍人汇报联系进程。无论结果如何，都要真诚地对其帮助表达赞赏和感激，并让他在此过程中感觉到自我实现。同时，要注意"礼尚往来"，有机会的时候要回馈朋友，实现互利。

做贸易、做生意就是结交商人朋友的过程，想办法结交更多的朋友，客户也会随之而来。很多人虽然今天不是公司的客户，说不定明天就是，也许他还会介绍很多的商人朋友。只要不断累积，客户资源就会越来越丰富。

（三）跨境电子商务

1. 跨境电子商务的主要类型

根据对象的不同，可以划分为 B2B（business to business，企业对企业）、B2C（business to customer，企业对消费者）和 C2C（customer to customer，消费者对消费者）。

（1）B2B。B2B 是指分属不同关境的企业对企业，通过电商平台达成交易、进行支付结算，并通过跨境物流送达商品、完成交易的一种国际（地区间）商业活动。目前，中国 B2B 跨境电商市场交易规模占整个跨境电商市场的 90% 左右，企业级市场始终占据主导地位。

B2B 平台主要为境内外会员搭建网络营销平台，传递商品或服务信息，在所有平台中占主导地位。其中，具有代表性的平台主要有阿里巴巴国际站、中国制造网、环球资源等。

①阿里巴巴国际站（http://www.alibaba.com）。阿里巴巴国际站是阿里巴巴集团最早开创的业务，是目前全球领先的跨境 B2B 电子商务平台，服务全世界数以千万计的采购商和供应商。阿里巴巴国际站专注于服务全球中小微企业。在这个平台上，买卖双方可以在线更高效地找到适合的供应商或客户，并更快更安心地达成交易。此外，阿里巴巴外贸综合服务平台提供的一站式通关、退税、物流等服务，让外贸企业在出口流通环节也变得更加便利和顺畅。

阿里巴巴国际站提供一站式的店铺装修、产品展示、营销推广、生意洽谈及店铺管理等全系列线上服务和工具，帮助企业降低成本、高效率地开拓外贸大市场。

②中国制造网（http://www.made-in-china.com）。中国制造网创建于 1998 年，是由焦点科技开发和运营的、境内最著名的 B2B 电子商务网站之一，已连续四年被《互联网周刊》评为中国最具商业价值百强网站。中国制造网是一个中国产品信息荟萃的网上世界，面向全球提供中国产品的电子商务服务平台，旨在利用互联网将中国制造的产品介绍给全球采购商。

截至 2012 年年底，中国制造网注册会员超过 800 万，仅 2012 年就有来自 200 多个国家和地区的用户访问了中国制造网，访问量超过 5.5 亿人次。中国制造网为中国中小企业发掘了商业机会，创造了大量就业机会，并且为中小企业提供各类电子商务软件服务，以软件服务业带动和提升传统制造业的信息化能力。

③环球资源（http://www.globalsources.com）。环球资源多渠道 B2B 媒体公司，致力于促进大中华地区的对外贸易。公司的核心业务是通过一系列英文媒体，包括环球资源网站、电子杂志、采购资讯报告、买家专场采购会、贸易展览会等形式促进亚洲各国的出口贸易。

一方面，国际买家（包括全球百强零售商），使用环球资源提供的服务了解供应商及产品的资料，从而能够在复杂的供应市场进行高效采购。另一方面，供应商借助环球资源提供的整合出口推广服务，提升公司形象，获得销售查询权限，赢得来自全球的买家订单。

（2）B2C。B2C 是指分属不同关境的企业直接面向消费者个人开展在线销售产品和服务，通过电商平台达成交易、进行支付结算，并通过跨境物流送达商品、完成交易的一种国际（地区间）商业活动。跨境 B2C 所面对的客户是个人消费者，以网上零售的方式为主，销售商品一般以个人消费品居多。B2C 平台的典型代表有全球速卖通、亚马逊、Wish 等。

①全球速卖通（https://www.aliexpress.com）。全球速卖通（以下简称速卖通）的英文名为 AliExpress，正式上线于 2010 年 4 月，是阿里巴巴旗下唯一面向全球市场打造的在线交易平台，被广大卖家称为"国际版淘宝"。速卖通面向境外买家，通过支付宝国际账户进行担保交易，并使用国际快递发货，是全球第三大英文在线购物网站。

速卖通是阿里巴巴帮助中小企业接触终端批发零售商、小批量多批次快速销售拓展利润空间而全力打造的融合订单、支付、物流于一体的外贸在线交易平台。2015 年 12 月 7 日，速卖通对外宣布，全面从跨境 C2C 平台转型为跨境 B2C 平台，提高商家入驻门槛，帮助中国优质中小企业开拓全球市场。

②亚马逊（https://www.amazon.com）。亚马逊公司（以下简称亚马逊）是美国最大的一家网络电子商务公司，总部位于华盛顿州的西雅图，是网络上最早开始经营电子商务的公司之一。亚马逊成立于 1995 年，一开始只经营网络的书籍销售业务，现在则扩及了范围相当广的其他产品，已成为全球商品品种最多的网上零售商和全球第二大互联网企业。公司名下也包括了 Alexa Internet、a9、lab126 和互联网电影数据库（Internet Movie Database，IMDB）等子公司。

亚马逊及其他销售商为客户提供数百万种独特的全新、翻新及二手商品，如图书、影视、音乐、游戏、数码、电子产品、家居园艺用品、玩具、婴幼儿用品、食品、服饰、鞋类、珠宝、健康及个人护理用品、体育及户外用品、汽车及工业产品等。

目前，亚马逊美国市场的新增卖家中，有 50% 来自美国本土以外的国家（地区），这些卖家中又有 56% 的卖家来自中国。换句话说，亚马逊美国市场每新增 4 个卖家，就有一个来自中国。

③ Wish（https://www.merchant.wish.com）。Wish 于 2011 年 12 月上线，是北美地区最大的移动跨境购物平台。Wish 平台 60%～70% 的商家来自中国，中国商家的总交易额占 Wish 平台总交易额的 80%～90%。Wish 打造了一套自有的推荐算法，根据用户在 Wish 上的购物行为，以瀑布流形式为用户推荐他可能感兴趣的商品，以最快最简单的方式帮助商家把产品卖出去，为数量众多的中国小商家提供了产品走出国门的机会，也为移动跨境电商的发展起到了示范作用。

（3）C2C。C2C 平台向所有个人开放注册，典型代表有 eBay、Etsy 等。

① eBay（https://www.ebay.com）。eBay（中文名有电子湾、亿贝、易贝）是一个可让全球民众上网买卖物品的线上拍卖及购物网站。eBay 于 1995 年 9 月 4 日由 Pierre Omidyar 以 Auctionweb 的名称创立于美国加利福尼亚州的圣荷西市。人们可以在 eBay 上通过网络出售商品。

目前，eBay 已发展成为全球最大的网络零售市场。在所有的交易中，有 20% 是跨境交易，并使用 PayPal 进行支付。

② Etsy（https://www.etsy.com）。Etsy 是一个网络商店平台，以手工艺成品买卖为

主要特色，被誉为"祖母的地下室收藏"，曾被《纽约时报》拿来和 eBay、亚马逊等平台比较。网站定位于复古和创意，集聚了一大批富有影响力和号召力的手工艺术品设计师。每个人都可以在 Etsy 平台上注册，销售自己的手工艺品，模式类似于 eBay 和淘宝，但对自主设计、制作要求较严格。2015 年 3 月，Etsy 在美国上市。

2．跨境电商平台吸引买家的小技巧

（1）内容的制作。高质量的图片更能吸引买家的注意，详细的产品说明更能让客户熟悉卖家的产品，这在任何一个平台上都是如此。图片的高质量可以为卖家打造一个专业的形象。

（2）关键词。在发布产品的时候，所有 C2C 平台都提供了一个让客户自己选择添加关键词的地方。注意要选择精准的词，这样可以更快地被买家找到。

（3）排名优化。排得越靠前的产品越容易被发现。最简单的办法是对已经发布的商品不变更内容，进行重新发布，定期地更新产品。再就是内容的专业、关键词的精准，对排名优化也很有帮助。

（4）B2B 站内广告投放。通常所有 B2B 平台的首页和次级栏目页都有广告位出租。也就是常说的 banner（旗帜）广告。

（四）行业协会

这里我们专门介绍一种既节约成本又快速的方法——通过行业协会找客户。

1．行业协会简介

行业协会是"一些为达到共同目标而自愿组织起来的同业或商人团体"。协会的成立不是政府授意、推动或资助的结果，多由企业或个人自发成立，会员自愿参加。协会不属于政府部门行列，绝大多数是非营利性组织，在官方机构注册后展开活动。协会不受政府干预，高度自治，独立性强。协会以服务会员、维护会员合法权益为宗旨，政府一般不予以经济资助。

综观各个发达国家（地区）的行业协会，我们可以看到一个共同的特点，即发达国家（地区）的行业协会都有为企业提供信息服务这一职能。这些信息服务包括：提供协会成员信息、提供相应产品的生产商信息、提供进口和出口信息、提供产品和行业发展趋势、提供相关产品的展会信息等。这些信息对于外贸工作者来讲都是极其宝贵的财富。行业协会主持的业内的技术研讨会、产业发展研讨会及专业的行业期刊都对企业了解产品、了解客户作用很大。

每个正规的大型的行业协会，都建立了自己相关的网站，行业协会网站所提供的信息在为会员单位提供了便利的同时，无形中也为我们外贸企业寻找客户创造了更大的空间。外贸企业应充分利用行业协会的网站，寻找更多的合作伙伴。

2．搜索行业协会的方法

（1）通过搜索引擎寻找行业协会。

①搜索引擎设置。我们可以通过多个搜索引擎，如 Google、Yahoo、Excite、Ask 等，用关键词搜索行业协会。要注意的是，不要固定用几个搜索引擎。同样的关键词，在不同的搜索引擎有不同的搜索结果。每个国家（地区）都有本土的搜索引擎，我们需要了解该国家（地区）比较常用的搜索引擎。如俄罗斯的 Yandex 网站、德国的 Fireball 网站、

阿联酋的 Arabo 网站、南非的 Aardvark 都是当地市场占有率很高的搜索引擎。

针对需要搜索的不同国家（地区）的客户，尽可能多找些本土的搜索引擎，再用关键词搜索。大胆地试，结果就不同，找到的东西就会多些。

②关键词设置。搜索引擎绝对是重要的信息来源，但是要充分利用它们的优势，在关键词设置上还是要花一些工夫的。

关键词是通用的名称及相关的词，就是输入搜索框中的文字，也就是用户命令搜索引擎寻找的东西。设置关键词的目的是提高搜索查询资料的准确性。

如何挑选关键词是网络搜索最重要的步骤之一，同时也是多数人容易忽视的问题。仅靠常规的关键词搜索，不一定会带来理想的效果。对于做不同产品的销售员来说，可以借助不同的搜索关键字组合来获得比较精确的定位信息，因为多种关键字的组合会达到意想不到的效果。要通过多种跟产品相关的关键字进行组合来完成这项工作，首先我们要熟悉一下行业协会的几种英文表达方式。

对于大多数人来说，一提到行业协会，首先想到的是对应的英文翻译"Association"，其实很多国家（地区）对各类行业的协会组织的说法各有不同。下面我们举例说明。

Association (Western Wall & Ceiling Contractors Association)。

Alliance (The Solar Smart Roof Alliance)。

Bureau (The Northwest Wall and Ceiling Bureau)。

Council (Insulation Council of Australia and New Zealand)。

Institute (Master Painters Institute)。

Society (The American Society for Testing and Materials)。

Guild (The Boulder Green Building Guild)。

在进行行业协会搜索时，可以用这几个词都试一试，不要局限于自己熟悉的叫法，这样找到的信息量会增大很多。设置恰当的关键词的一个很大的优势是能保证目标客户群准确。通过搜索恰当的关键词去寻找客户，目的性很强，搜索到的往往就是准备购买产品的准客户；细分寻找行业协会的关键词，我们所搜索到的就是细分产品的最相关行业协会，这样大大加快了搜索过程。

（2）通过中国商务部网站来寻找行业协会。在中华人民共和国商务部的网站上可以找到中国驻各个国家大使馆经济商务参赞处的网站。在这些网站上可以找到很多和该国有关的商务信息，其中包括一些国家的行业协会。这些行业协会有的是分门别类的，像建筑行业协会、化工行业协会等；有的就是单一的进出口商会。通过这些行业协会，可以找到一些有价值的客户资源。

3. 行业协会中客户信息的来源

（1）成员名单。成员名单是获得潜在用户的最直接途径。对于大多数行业协会而言，其成员名单是公开的，在栏目里会看到成员（member）一类的项目，这里面都是该协会的成员名单。通常情况下分为三个部分，即制造商（manufacturer）、承包商（contractor）、经销商（dealer）。有些协会还会提供成员的联系方式、公司地址等。也有一些行业协会的网站，让用户通过一些表格的选择，进一步筛选出可供联系的成员的范围，网站上会给出各个筛选条件，包括成员类型、主要从事行业、产品、地址等。可以依照这些条件进行选择，进一步缩小搜索范围，找出潜在客户。

对于一些不提供该行业协会成员名单的网站，可以试着查找一下该协会所出的书籍。一般的行业协会都会有自己的出版物，而且出版物中有很多重要信息，比如通常情况下，都有成员目录（member directory）。这些资料会非常详细，不过对于非会员来讲，这些资料的价格会较高一些。

如何利用企业外贸独立网站做外贸网络推广

（2）网站链接。网站的链接会提供更大的信息量。在链接信息里不仅有成员名单，而且还有相关的行业协会和网站，里面会有更多的信息可供选择。同时，很多网站的链接也会提供很多展会的信息，对于从事该行业贸易的人员来讲，就是获得潜在客户资源的重要契机。

（3）潜在信息。有些行业协会，通过直接搜索网络或者打开链接是搜索不到成员名单的。除非通过缴纳一定数额的年费成为这个行业协会的成员，否则是无法获得这个行业协会的成员名单的。但是在有些网站上，可以找到董事会的名单，名单上列有董事会的成员和他们的公司介绍，实际上这些公司就可能成为潜在的客户。

（4）网站新闻。一些大型的行业网站会不断更新行业的最新动态，其中不乏相关行业的知名展会信息，里面有详细的关于展会及主要参展商的介绍。这些对于我们寻找客户、增加对同行业企业的了解十分有益。

任务实施

▶ 同步训练

实训项目：

义乌鹏达进出口贸易有限公司欲开发美国市场，现要求业务员张舒进行市场开拓。

具体任务：

张舒要做好哪些前期准备工作？在公司经费有限的情况下，他应如何寻找客户？

习题 3-1

任务二　交易磋商

案例导入

请参看下列一组电文。

1．A于星期三向B发出电报："中国松香W级100吨，香港仓库交货价，每吨500美元，现货现金交易，星期五电复有效。"

2．B于星期四复电："中国松香W级，100吨，香港仓库交货价，每吨500美元，你能否同意两个月内交货。"

3．B于星期五下午1时25分，在尚未接到A的复电的情况下，立即发出接受电报："中国松香W级，100吨，香港交货价，每吨500美元，现金现货交易，我接受。"

思考：

A与B的合同关系有无建立？为什么？

任务要求

了解并掌握国际贸易磋商的一般步骤，重点掌握交易磋商的必经环节：发盘与接受。

任务分析

要了解并掌握国际贸易磋商的一般步骤，我们必须充分认识询盘、发盘、还盘和接受的内涵及其法律效力。要重点掌握发盘和接受这两项交易磋商必不可少的基本环节，对其构成条件、撤回与撤销等进行细致的学习。

任务学习

交易磋商是买卖双方为买卖商品，对交易的各项条件进行协商以达成交易的过程。在国际贸易中，交易磋商有明确的内容和规范的程序。

交易磋商可以是口头的（面谈或电话），也可以是书面的（传真、电传或信函）。交易磋商的过程可分成询盘、发盘、还盘和接受四个环节，其中发盘和接受是必不可少的，是达成交易所必经的法律步骤。

一、询盘

（一）询盘的含义

询盘（inquiry），也称询价，是指交易一方向另一方询买或询卖某件商品的交易条件。

询盘的内容包括商品的品质、规格、数量、包装、价格、装运等成交条件或索取样品。

□ 出口业务
询盘范例

（二）询盘的种类

由于询盘人的地位不同，询盘可分为两种。

（1）买方询盘，也称"邀请发盘"。

例：飞鸽牌自行车请报盘。

Please Offer Flying Pigeon Brand Bicycles.

（2）卖方询盘，也称"邀请递盘"。

例：可供 1000 辆飞鸽牌自行车 5 月份装运请递盘。

Can Supply 1000pcs Flying Pigeon Brand Bicycles May Shipment Please Bid.

（三）询盘的法律效力

在实际业务中，询盘只是探询交易的可能性，所以不具有法律上的约束力，也不是每笔业务的必经程序。

（四）询盘范例

Dear Sir or Madam,

We obtained your name and address from the international internet and we know that you are interested in Telecontrol Racing Car produced in China. Now, we are writing to you to hope establish business relations with you .

Our company was founded in 1975, specialized in toy and handicraft, and have already became one of the biggest import & export company in China now. Telecontrol Racing Car is our new product, and it is very popular all over the world.

Our products hold high reputation by the clients worldwide with high quality and favorable price.

In order to give you a general idea of various kinds of products that we are handling, we are airmailing you under separate cover our latest catalogue for your reference. Please let us know immediately if you are interested in our products.

We look forward to your early reply.

Yours faithfully,
Catherine

二、发盘

（一）发盘的含义

发盘（offer/quote/bid），也称发价、报价，是指交易的一方向另一方提出买入或卖出某种商品的各项交易条件，并愿意按这些交易条件达成交易、订立合同的一种肯定表示。在法律上称发盘为"要约"。

（二）发盘的种类

根据发盘人的地位不同，发盘可分为以下两种。

（1）卖方发盘，或称"售货发盘"（selling offer）。

（2）买方发盘，或称"购货发盘"（buying offer），习称"递盘"（bid）。

例：兹发盘美加净牙膏货号101纸箱装每箱6打每罗32英镑CIF伦敦12月装运即期不可撤销信用证付款。

OFFER MAXAM TOOTHPASTE ART. NO.101 PACKED IN CARTONS OF SIX DOZ EACH STERLING THIRTY-TWO PER GROSS CIF LONDON DECEMBER SHIPMENT IRREVOCABLE SIGHT CREDIT.

（三）构成发盘的条件

根据《联合国国际货物销售合同公约》（以下简称《公约》）第十四条第一款规定："向一个或一个以上特定的人提出订立合同的建议，如果十分确定并且表明发盘人在得到接受时，承受约束的意旨，即构成发盘。一个建议如果写明货物并且明示或暗示地规定数量和价格或规定如何确定数量和价格，即为十分确定。"《公约》第十五条第二款规定："发盘于送达被发盘人时生效。"据此，可以归纳构成发盘的四个条件，具体如下。

（1）发盘应向一个或一个以上特定的人提出。发盘必须指定受盘人，可以是一个人也可以是多个，但必须向有名有姓的公司或个人提出。不指定受盘人的发盘，仅应视为发盘的邀请，或称邀请做出发盘。

（2）发盘内容必须十分确定。根据《公约》的规定，所谓"十分确定"，即指一项订约建议中只要列明三大要素：货物品名、质量与数量、价格。这样，即被认为其内容"十分确定"，从而构成一项有效发盘。关于构成一项发盘究竟应包括哪些内容，各国（地区）法律解释不一致。我国实际业务中，为了避免发生争议，在对外发盘时，应明示或暗示至少六项主要交易条件，即货物的品质、数量、包装、价格、交货和支付条件。

（3）发盘应表明订约的意旨。即发盘人必须表明：其发盘一旦被受盘人接受，就承担与受盘人按发盘条件订立合同的责任。发盘只是订立合同的建议，如果根本没有"承受约束"的意思，就不能被认为是一项发盘。例如，在订约建议中加注"仅供参考""以……确认为准"等保留条件的，都不能算是一项发盘，只是邀请对方发盘。

（4）发盘应送达受盘人。根据《公约》规定，发盘只有被送达受盘人时才生效。

（四）发盘的有效期

发盘的有效期是指受盘人接受发盘的期限，超过发盘规定的时限，发盘人即不受其约束。也就是说，受盘人在有效期内接受发盘，发盘人须承担按发盘条件与之订立合同的责任；而受盘人超过有效期做出接受，发盘人就不承担与之订立合同的义务。发盘的有效期对发盘人和受盘人而言，既是一种限制又是一种保障。

在国际（地区间）货物买卖中，对发盘的有效期可做明确规定，也可以不做明确规定。不作明确规定有效期的发盘，按法律在"合理时间"内有效。关于"合理时间"，国际上并无统一规定，容易引起纠纷，我们对外发盘，一般采用明确有效期的方法。

在实际业务中，常见的明确规定有效期的方法如下。

（1）规定最迟接受期限。

例：发盘限 10 月 5 日复到。

OFFER SUBJECT TO REPLY HERE OCTOBER 5TH.

（2）规定一段接受的期限。

例：发盘有效期为 5 天

OFFER VALID 5 DAYS.

这种规定方法，必须明确"一段时间"的起止问题。《公约》规定：以电报交发时刻或信上载明的发信日期起算；如信上未载明发信日期，则从发盘送达受盘人时起算。如接受期限的最后一天是发盘人营业地的正式假日或非营业日，则应顺延至下一个营业日。

注意：受盘人能够利用的有效接受的时间范围，并非发盘有效期的全部范围，一般是有效期扣除通知传递时间，而且发盘有效期一般不是从发盘生效开始计算的。

（五）发盘的撤回和撤销

在实际业务中，一项发盘发出以后，由于种种原因，发盘人可能要求撤回或撤销发盘。

在法律上，"撤回"和"撤销"属于两个不同的概念。

撤回是指在发盘尚未生效时，发盘人采取行动阻止它的生效，《公约》第十五条第二款规定："一项发盘，即使是不可撤销的，也可以撤回，如果撤回的通知在发盘到达受盘人之前或同时到达受盘人。"

撤销是指发盘已生效后，发盘人以一定方式解除发盘的效力。根据《公约》的规定，发盘可以撤销，其条件是：发盘人撤销的通知必须在受盘人发出接受通知之前传达到受盘人。但在下列情况下，发盘不能再撤销。

（1）发盘中注明了有效期，或以其他方式表示发盘是不可撤销的。

（2）受盘人有理由信赖该发盘是不可撤销的，并且已本着对该发盘的信赖行事。

这一款规定了不可撤销的两种情况：①发盘人规定了有效期，即在有效期内不能撤销。如果没有规定有效期，但以其他方式表示发盘不可撤销，如在发盘中使用了"不可撤销"字样，那么在合理时间内也不能撤销。②受盘人有理由信赖该发盘是不可撤销的，并采取了一定的行动。

（六）发盘的失效

发盘失效是指发盘的法律效力消失，也就是发盘人不再受发盘的约束，受盘人失去接受该发盘的权利。关于发盘效力终止的原因，一般有下列几种情况。

（1）过期。发盘超过规定的有效期，或未规定有效期，则超过合理时间后，发盘即告失效。

（2）拒绝。受盘人明确拒绝接受一项发盘，则该发盘失效。

（3）还盘。还盘，实际上就是受盘人对发盘的拒绝，一经受盘人做出还盘，原发盘就失效。

（4）撤销。发盘人对发盘进行有效撤销，发盘失效。

（5）不可控因素。这包括政府发布禁令或限制措施造成发盘失效。另外，还包括发盘人死亡、法人破产等特殊情况。

（七）发盘的法律效力

在实际业务中，发盘对发盘人具有法律上的约束力，即在发盘有效期限内，发盘人不得随意撤销或修改其内容。如果在发盘有效期内，发盘人表示接受发盘，发盘人必须承担按发盘条件与对方订立合同的法律责任。

（八）发盘范例

Dear Sir or Madam，

We thank you for your inquiry of July 16th, and now we are making you an offer subject to your answer reaching us by 5:00 a.m. our time, July 20th as follows:

Commodity：Man's shirt

Specification：As per attached list

Packing：Standard export packing

Quantity：1000 dozen

Price：USD 50.00 per dozen CIF New York

Shipment：Aug. / Sep. 2001

Payment terms：Confirmed, irrevocable letter of credit payable by draft at sight to be opened 30 days before the time of shipment.

Under separate cover, we have sent you sample of various kinds of our other products. Please let us know if you are interested in any of them.

We are looking forward to your early order.

Yours faithfully

James Wang

因商品的特质不同，在发盘询价的时候，往往带有其特殊性。

小案例 3-1

服装行业，生产的季节性比较明显，以梭织服装为例，出口到欧洲的产品，一般分为一年两季，分别是春夏季和秋冬季。

以 2018 年为例，5—6 月份之前，属于境内内销的淡季，大部分梭织服装的工厂会以养工人为目的降低接单的工缴价格。因此，在这一季之前出货的服装价格会比较低；7 月或 7 月底开始，境内的内销棉装订单开始大量下来，而这时候欧洲客人询盘的是 2019 的春夏季服装，报价接单后，生产周期会同境内的内销棉装订单相冲突，工厂势必抬高外销订单工缴价格。

在这种形势下，上半年的报价会非常宽松，而下半年的订单发盘报价就显得比较困难。此时，下半年报价就需要跟客户斗智斗勇。一方面，可以从交期上同时跟工厂和客户双方确认，尽量避开工厂的内销出货高峰期，以求获得相对低一些的工缴价格；另一方面，可以跟客户协商是否先出一部分货，留一部分到工厂内销单出完之后再进入生产周期。这样既保证了客户在境外的销货上架时机，又能使全单的价格均衡下调。

发盘是很讲究技巧的，以上仅仅是从梭织服装的生产周期来阐述这一问题。在实际操作中，都应做到举一反三，机智应对大宗贸易中的报价问题，以求获得最大限度的利润。

三、还盘

（一）还盘的含义

还盘（counter offer），也称还价，是指受盘人对发盘内容不完全同意，而提出修改或变更的表示。还盘的形式可以不同，有的明确使用"还盘"字样，有的则不使用，在内容中表示出对发盘的修改。

例：你方 2 日电还盘 30 英镑 CIF 伦敦限 8 日我方时间复到有效。

YOUR CABLE 2ED COUNTER OFFER STERLING 30 CIF LONDON REPLY HERE 8TH.

（二）还盘的法律效力

（1）只有受盘人才可以还盘。

（2）还盘是对发盘的拒绝或否定。

（3）还盘等于受盘人向发盘人提出的一项新发盘。

新的受盘人又可以对还盘进行还盘，这种称为再还盘。再还盘就是对还盘的还盘。一项交易的达成往往经过若干次的反复还盘。还盘并不是每一笔交易磋商的必经环节，但多数情况下，一笔交易的达成往往离不开还盘。

（三）还盘范例

Dear Sir or Madam,

Thank you for your letter and samples sent on June 15. We are glad to inform you that our customers are very satisfied with the test result of your samples, but they are still hesitating at the moment.

After careful comparison with similar goods, we find your quotation on the high side. The current market is swollen up with various brands and quality brands such as COCO, which are easily available. These brands have already gained recognition of the local markets.

Although its quality has already measured up to our customers' requirements, it still needs price advantage in order to open up a market here. Otherwise it can hardly compete against the established brands.

In view of this, our customers request you to reduce your original price by 10%. Please consider this and give us a prompt reply.

Yours faithfully

Jane

小案例 3-2

某年 5 月 3 日 A 公司向国外 B 公司发盘，报谷物 300 公吨，每公吨 250 美元，发盘有效期为 10 天。5 月 6 日 B 公司复电，称对该批谷物感兴趣，但要进一步考虑。5 月 8 日，B 公司来电，要求将谷物数量增加到 500 公吨，价格降低为 225 美元/公吨。5 月 9 日，B 公司又来电，重复 5 月 8 日的来电。5 月 11 日，A 公司方将货物卖给了 C 公司，并于 5 月 13 日复电 B 公司，货已售出。但 B 公司坚持要 A 公司交货，否则以 A 公司方擅自撤约为由，要求赔偿。问：我方应否赔偿？为什么？

分析：我方不需要赔偿。还盘是对发盘的拒绝或否定；还盘等于受盘人向发盘人提出的一项新发盘。案例中 B 公司要求将谷物数量增加到 500 公吨，价格降低为 225 美元/公吨，已经构成还盘，原发盘因还盘而失效，没有达成合同。

四、接受

（一）接受的含义

接受（acceptance）是指交易的一方同意对方发盘中提出的交易条件，并愿意按这些交易条件达成交易、订立合同的一种肯定表示。接受在法律上称为"承诺"。

（二）构成有效接受的条件

根据《公约》规定，构成有效接受应具备以下 4 个条件。

（1）接受必须由指定的受盘人做出。发盘是向特定的受盘人做出，与其相对应，接受必须由指定的受盘人做出。除受盘人之外的第三者做出的接受都不是有效接受。

（2）接受必须表示出来。根据《公约》规定，缄默与不行动本身不等于接受，接受必须以某种方式表示出来。在实际业务中，接受的表示方式有口头或书面声明，另外还有行为声明。例如，进口商向出口商发盘，由于发盘内容明确、肯定，出口商装运货物这一行为就表示同意，无须向发盘人发接受通知。接受于该项行为做出时生效。

（3）接受必须是同意发盘所提出的交易条件。根据《公约》规定，受盘人必须无条件地、全部同意发盘的条件，才能表明有关的交易条件达成一致，合同才能成立。所以接受必须是绝对地、完全地和无保留地符合发盘要求。

（4）接受必须在发盘的有效期内送达发盘人。凡是发盘都规定了有效期，有效期既是对发盘人约束的期限，又是受盘人接受发盘的期限。受盘人只有在有效期内接受发盘，发盘人才承担按发盘条件与之订立合同的责任，超过有效期的接受无效。

（三）有条件的接受

有条件的接受是指受盘人在答复发盘时，使用了"接受"（accepted）字样，但又对接受的发盘内容做出某些添加、限制或其他更改。从法律上讲，有条件的接受，只能是还盘，但是根据国际贸易的实际业务，《公约》对"有条件的接受"又做出了一些特殊规定。

《公约》将接受中对发盘条件的变更分两大类：一是实质性变更（material alteration），即在实质上变更发盘的条件；二是非实质性变更（non-material alteration），即实质上并不变更发盘的条件。这两种变更在法律效力上完全不同，例如，对货物的价格、付款金额、质量和数量、交货地点和时间、赔偿责任范围或解决争端等方面的变更，为实质性变更，只能构成还盘，接受无效，合同不成立；再如，要求提供重量单、装箱单、商检证、产地证等单据，或增加某种单据的份数等附加条件，应视为非实质性变更的接受，仍构成有效接受，合同成立。

（四）逾期接受

逾期接受（late acceptance），又称迟到的接受，是指受盘人发出的接受通知超过发盘人规定的有效期或发盘中未明确规定有效期而超过合理时间才送达发盘人。逾期接受在一般情况下无效。

但《公约》对这一问题做了灵活处理。

第一，只要发盘人毫不迟延地口头或书面通知受盘人，认为该项逾期接受有效，那么合同就成立。如发盘人对逾期的接受表示拒绝或不立即向受盘人发出上述通知，则该项逾期接受无效，合同不成立。

第二，如果载有逾期接受的信件或其他书面文件显示，在传递正常的情况下，本应是能够送达发盘人的，则这项接受应当有效。除非发盘人毫不迟延地用口头或书面方式通知受盘人，他认为发盘已经失效。

总之，逾期接受是否有效，关键要看发盘人如何表态。

（五）接受的撤回

接受的撤回是指接受生效之前给予取消，以阻止其生效。根据《公约》规定："接受得予撤回，如果撤回通知于原接受生效之前或同时送达发盘人。"由于接受是送达到发盘人才生效。撤回通知只要同时或先于原接受送达发盘人，就可以撤回接受。

接受通知一经到达发盘人即不能撤销。因为，接受一生效，合同即告成立。

（六）重新接受

重新接受是指受盘人接到一项发盘时，首先做出了拒绝或还盘，然后又表示接受。这种接受是否有效，要根据情况而定：如果受盘人采用更加快捷的传递方式将接受通知发出，并使其先于拒绝或还盘送达发盘人，则该项接受有效；如果接受通知与拒绝或还盘同时送达发盘人，或者迟于拒绝或还盘送达发盘人，则此项接受无效。因为拒绝或还盘一旦送达发盘人，发盘即告失效，受盘人已无接受的权利。

（七）接受的法律效力

它与发盘一样，接受一经做出，也就承担了与对方订立合同的法律责任。接受是交易磋商的最后一个环节，是交易磋商必经的一个环节。

（八）接受函范例

Dear Sirs,

Your quotation of toy-bear has been accepted and we are glad to place our order NO.7298 as follows:

ART.NO.18812USD19.88/PIECE CIF C3NEWYORK

ART.NO.18814USD20.66/PIECE CIF C3NEWYORK

ART.NO.18817USD21.94/PIECE CIF C3NEWYORK

ART.NO.18819USD23.06/PIECE CIF C3NEWYORK

Please pay attention that the shipment must be effected by the end of this Nov. Other terms and conditions are the same as we agreed before.

As this is the very first transaction we have concluded, your cooperation would be very much appreciated. Please send us your sales confirmation in duplicate for counter-signing.

Best regards!

Yours faithfully,
Charles Jinny
Manger of Tianjin Import & Export Co.Ltd.

小案例 3-3

我出口企业对意大利某商人发盘限 10 日复到有效，第 9 日意大利商人用电报通知我方接受该发盘。由于电报局传递延误，我方于 11 日上午才收到对方的接受通知，而我方在收到接受通知前获悉市场价格已上涨。对此，我方应如何处理？

分析：中国与意大利均系《联合国国际货物销售合同公约》缔约成员，该案在双方洽谈过程中，均未排除或做出任何保留。因此，双方当事人均应受《公约》约束。我方于 11 日收到意大利商人的接交电报属因传递延误而造成的逾期接受。因此，如我方不能同意此项交易，应即复电通知对方："我方原发盘已经失效。"如我方鉴于其他原因，愿按原发盘达成交易，订立合同，可回电确信，也可不予答复，予以默认。

小案例 3-4

我某外贸公司打算进口一批罐装鱼片，请境外某公司发价。5月1日境外公司发出报价："每箱2美元CFR中国口岸，共200箱。7月份纽约港装运，限5月5日复到有效。"第二天（5月2日），我公司回电："对你方5月1日的报价还盘为每箱1.8美元，共200箱。纽约港装运，如有争议在中国仲裁。"5月5日我方仍未收到回电，鉴于该货价有上涨的趋势，我方于5月6日又向对方发报："你方5月1日报盘。我方无条件接受，信用证已开出。"但境外客户不理睬我方接受，退回信用证。为什么？

分析：外商退回信用证是有道理的。

我方5月2日对外商发回的电报，属于交易磋商的还盘行为。还盘就是受盘人对发盘内容不完全同意并提出修改或变更的表示，是受盘人对发盘的拒绝。发盘一经还盘，原发盘即失去效力。同时，还盘又是受盘人以发盘人的地位所提出的新发盘。直至5月5日，我方也未收到对方答复，也就是说对方并没有接受我方5月2日向其提出的新发盘。

由于价格上涨，我方5月6日又向对方发报，无条件接受对方5月1日的发盘，这实质是对已失效发盘表示接受。因此，这次接受是无效的，双方之间不能成立合同，并没有产生任何关系。由于货价上涨，对方完全可以不理睬我方，所以退回信用证。

任务实施

▶**案例讨论**

【案例1】

（1）我某公司向法国一客户发盘，后者很快回复接受，但数量增加50公吨，我方不予理睬，而是以高价卖给了其他客户，法国客户坚持合同有效。

（2）我某公司向美国一客户发盘，后者很快回复接受，但要求提供产地证明。我方不予理睬，而是以高价卖给了其他客户，美国客户坚持合同有效。

思考题：

以上两种情况，分别诉诸法律，最后结果会怎样？

【案例2】

某公司与外商谈进口交易一宗，经往来电传磋商，就合同的主要条件达成协议，但最后一次我方所发的表示接受的电传中列有"以签订确认书为准"。事后对方拟就合同草稿，要我方确认，但由于对某些条款的措辞尚待进一步研究，故未及时给予答复。不久，该商品的国际市场价格下跌，外商催我方开立信用证，我方以合同未有效成立为由拒绝开证。

思考题：

试分析我方做法是否有理。

【案例3】

请分析下列情况：

① 10月1日：A邮寄一份实盘给B。

② 10月8日：A邮寄一份撤回通知给B。

③ 10月11日：B收到A的实盘，并立即用电报发出接受通知。

④ 10 月 15 日：B 又邮寄一份确认函，确认他于 10 月 11 日发出的接受电报。

⑤ 10 月 20 日：B 收到 A 邮寄的撤回通知。事后双方对该项合同是否成立发生纠纷。

思考题：

试问 A 与 B 之间的合同是否成立？为什么？

【案例 4】

中国 C 公司于 2001 年 7 月 16 日收到巴黎 D 公司发盘："马口铁 500 公吨，每吨 545 美元 CFR 中国口岸，8 月份装运，即期信用证支付，限 20 日复到有效。"我方于 17 日复电："若单价为 500 美元 CFR 中国口岸可接受 500 公吨马口铁，履约中如有争议在中国仲裁。"D 公司复电"市场坚挺，价格不能减，仲裁条件可接受，速复"。此时马口铁价格确实趋涨。我方于 19 日复电"接受你 16 日发盘，信用证已由中国银行开出，请确认"。但法商未确认并退回信用证。

思考题：

问：合同有没有成立？我方失误在哪里？

【案例 5】

我某外贸公司 4 月 1 日用电传向境外 A 商发盘销售某商品，限 4 月 7 日复到。第二天收到外商电传称，"若单价降到 1000 美元可接受"。我方尚未对外商来电做出答复，此时商品价格趋涨，外商于 4 月 3 日来电表示："无条件接受你 4 月 1 日发盘，信用证已开出。"

思考题：

试问，这种情况我方应如何处理？为什么？

▶ **同步训练**

实训项目：

为了开发美国市场，义乌鹏达进出口贸易有限公司的张舒现要通过电脑网络寻找客户，首先要写开发信。

具体任务：

撰写开发信。

习题 3-2

项目四 合同签订

学习目标

1. 熟悉国际贸易书面合同的形式、结构及基本内容，掌握合同有效成立的条件。

2. 熟悉主要进出口合同条款，能熟练地进行主要合同条款的中英文互译。

3. 了解进出口合同其他条款，包括一般交易条件的主要内容，能够进行该类条款的英译中操作。

4. 掌握进出口买卖合同的填制规范。

5. 熟悉通行的国际贸易规则和惯例。

培养技能

培养起草和签订国际贸易合同的能力，以及运用国际贸易惯例、国际贸易法律处理国际贸易纠纷的能力。

学习任务

任务一：了解国际贸易合同的形式及内容。

任务二：订立国际贸易合同的品名条款。

任务三：订立国际贸易合同的质量条款。

任务四：订立国际贸易合同的数量条款。

任务五：订立国际贸易合同的包装条款。

任务六：订立国际贸易合同的价格条款。

任务七：订立国际贸易合同的装运条款。

任务八：订立国际贸易合同的运输保险条款。

任务九：订立国际贸易合同的支付条款。

任务十：订立国际贸易合同的检验条款。

任务十一：订立国际贸易合同的索赔、不可抗力和仲裁条款。

在这些任务的学习中，如果你认真学习理论知识，积极参与实践训练，并且能够顺利地完成具体任务，那么你会惊喜地发现自己能根据谈判记录、往来函电或其他信息，规范、准确、完整地进行进出口合同的缮制或对进出口合同条款进行审核修改。

任务一　了解国际贸易合同的形式及内容

案例导入

合同成立形式要件纠纷案

某年 4 月 4 日，境外 C 公司向我方 F 公司发来出售鱼粉的实盘，并规定于当天下午 5 时前答复有效。该实盘主要内容是：秘鲁或智利鱼粉，数量为 10000 公吨，溢短装 5%，价格条款为 CFR 上海，价格为每公吨 483 美元，交货期为当年 5～6 月，信用证付款，还有索赔及其他条件等。

4 月 5 日，C 公司与 F 公司直接通过电话协商，双方各做了让步。F 公司同意接受每公吨 483 美元的价格，但坚持修改索赔条款，即："货到 45 天内，经境内商检机构检验后，如发现问题，在此期限内索赔。"C 公司也同意了对这一条款的修改。至此，双方口头上达成了一致意见。4 月 7 日，C 公司在给 F 公司的电传中，重申了实盘的主要内容和双方电话协商的结果。同日，F 公司回电传给 C 公司，并告知由 F 公司的部门经理某先生在广交会期间直接与 C 公司签署书面合同。

4 月 22 日，C 公司副总裁来广交会会见了 F 公司部门经理，并交给他 C 公司已签了字的合同文本。该经理表示要审阅后再签字。4 天后，当 C 公司派人去取该合同时，F 公司的部门经理仍未签字。C 公司副总裁随即指示被派去的人将 F 公司仍未签字的合同索回。5 月 2 日，C 公司致电传给 F 公司，重申了双方 4 月 7 日来往电传的内容，并谈了在广交会期间双方接触的情况，声称要对 F 公司不执行合同、未按合同条款规定开出信用证而造成 C 公司的损失提出索赔要求，除非 F 公司在 24 小时内保证履行其义务。

5 月 3 日，F 公司给 C 公司发传真称，该公司部门经理某先生 4 月 22 日在接到合同文本时明确表示："须对合同条款做完善补充后，我方才能签字。"在买卖双方未签约之前，不存在买方开信用证问题，并对 C 公司于 4 月 26 日将合同索回的行为，F 公司认为，C 公司"已改变主意，不需要完善合同条款而做撤约处理，没有必要等我方签字生效"，并明确表示根本不存在要承担责任的问题。5 月 5 日，C 公司致电传给 F 公司辩称，该公司索回合同不表示撤约，双方之间有约束力的合同仍然存在，重申要对所受损失保留索赔的权利。

思考:

你认为该合同有效吗？

任务要求

了解国际贸易书面合同的形式及内容。

要完成任务，就必须了解国际上一般常用的国际贸易书面合同主要采用的形式、我国出口业务中书面合同主要采用的形式、国际贸易书面合同包含的基本内容，以及合同有效成立的条件。

经过交易磋商，一方的发盘或还盘被对方有效地接受后，买卖双方就达成了交易，合同宣告成立。如果在交易磋商时，买卖双方的一方曾声明"合同的成立以双方签订正式合同或确认书为准"，并得到了另一方同意，那么，即使双方已经对交易条件全部取得一致意见，在正式书面合同或确认书签订之前，还不存在法律上有效的合同。按照国际贸易的习惯做法，双方当事人为慎重起见，通常还要将各自的权利和义务以书面的形式确定下来，即签订书面合同（written contract）。

一、国际贸易书面合同的形式

合同的书面形式并不限于某种特定格式，任何载明双方当事人名称，标的物的质量、数量、价格、交货和支付及其他交易条件的书面文件，包括买卖双方为达成交易而交换的信件、电报、电传，都足以构成书面合同。一般常用的书面合同主要有国际货物销售合同、确认书、形式发票、采购合同。以下主要介绍前三种书面合同形式。

（一）国际货物销售合同

正式合同（contract）是带有"合同"字样的法律契约，包括销售合同和购货合同，又称出口合同和进口合同。这两种合同的格式和主要内容基本一致，其中包括商品的名称、品质、数量、包装、价格、装运、保险、支付、商检、索赔、仲裁、不可抗力等条款。

成交金额较大的交易，多采用此种形式合同。合同有正副本之分。在我国的对外贸易业务中，通常由我方缮制合同正本，一式两份，经双方签字后，买卖双方各保存　份。合同副本与正本同时制作，无须签字，亦无法律效力，仅供交易双方内部留作参考资料，其份数视双方需要而定。以下是一份售货合同的样本，如表4-1所示。

表4-1　售货合同样本

售 货 合 同
SALES CONTRACT

合同编号：
Contract No.：
签订地点：
Signed at：
签订日期：
Date：

买方：
Buyers：
卖方：
Sellers：

续表

双方同意按下列条款由买方售出下列商品：

The Buyers agree to buy and the Sellers agree to sell the following goods on terms and conditions as set forth below：

（1）商品名称、规格及包装 Name of Commodity，Specifications and Packing	（2）数量 Quantity	（3）单价 Unit Price	（4）总值 Total Value
	（装运数量允许有 ____% 的增减） （Shipment Quantity____% more or less allowed）		

（5）装运期限：

Time of Shipment：

（6）装运口岸：

Port of Loading：

（7）目的口岸：

Port of Destination：

（8）保险由 ____ 方负责，按本合同总值110% 投保 ____ 险。

Insurance：To be covered by the____for 110% of the invoice value against____.

（9）付款：凭保兑的、不可撤销的、可转让的、可分割的即期有电报套汇条款／见票／出票 ____ 天期付款信用证，信用证以 ____ 为受益人并允许分批装运和转船。该信用证必须在 ____ 前开到卖方，信用证的有效期应为上述装船期后第 ____ 天，在中国到期，否则，卖方有权取消本售货合约，不另行通知，并保留因此而发生的一切损失的索赔权。

Terms of Payment：By confirmed, irrevocable, transferable and divisible letter of credit in favour of ____payable at sight with TT reimbursement clause/____days' /sight/date allowing partial shipment and transshipment. The covering letter of credit must reach the Sellers before ____and is to remain valid in China until____days after the aforesaid time of shipment, failing which the Sellers reserve the right to cancel this sales contract without further notice and to claim from the Buyers for losses resulting therefrom.

（10）商品检验：以中国 ____ 所签发的品质、数量、重量、包装、卫生检验合格证书作为卖方的交货依据。

Inspection：The Inspection Certificate of Quality/Quantity/Weight/Packing/Sanitation issued by____of China shall be regarded as evidence of the Sellers' delivery.

（11）装运唛头：

Shipping Marks：

其他条款：

OTHER TERMS：

1. 异议：品质异议须于货到目的口岸之日起30天内提出，数量异议须于货到目的口岸之日起15天内提出，但均须提供经卖方同意的公证行的检验证明。如责任属于卖方者，卖方于收到异议20天内答复买方并提出处理意见。

Discrepancy：In case of quality discrepancy, claim should be lodged by the Buyers within 30 days after the arrival of the goods at the port of destination, while for quantity discrepancy, claim should be lodged by the Buyers within 15 days after the arrival of the goods at the port of destination. In all cases, claims must be accompanied by Survey Reports of Recognized Public Surveyors agreed to by the Sellers. Should the responsibility of the subject under claim be found to rest on the part of the Sellers, the Sellers shall, within 20 days after receipt of the claim, send their reply to the Buyers together with suggestion for settlement.

2. 信用证内应明确规定卖方有权可多装或少装所注明的百分数，并按实际装运数量议付（信用证之金额按本售货合约金额增加相应的百分数）。

The covering Letter of Credit shall stipulate the Sellers's option of shipping the indicated percentage more or less than the quantity hereby contracted and be negotiated for the amount covering the value of quantity actually shipped（the Buyers are requested to establish the L/C in amount with the indicated percentage over the total value of the order as per this Sales Contract）.

3. 信用证内容须严格符合本售货合约的规定，否则，修改信用证的费用由买方负担，卖方并不负因修改信用证而延误装运的责任，并保留因此而发生的一切损失的索赔权。

The contents of the covering Letter of Credit shall be in strict conformity with the stipulations of the Sales Contract. In case of any variation there of necessitating amendment of the L/C, the Buyers shall bear the expenses for effecting the amendment. The Sellers shall not be held responsible for possible delay of shipment resulting from awaiting the amendment of the L/C and reserve the right to claim from the Buyers for the losses resulting therefrom.

4. 除经约定保险归买方投保者外，由卖方向中国的保险公司投保。如买方须增加保险额及 / 或须加保其他险，可于装船前提出，经卖方同意后代为投保，其费用由买方负担。

Except in cases where the insurance is covered by the Buyers as arranged, insurance is to be covered by the Sellers with a Chinese insurance company. If insurance for additional amount and/or for other insurance terms is required by the Buyers, prior notice to this effect must reach the Sellers before shipment and is subject to the Sellers' agreement, and the extra insurance premium shall be for the Buyers' account.

5. 因人力不可抗拒事故使卖方不能在本售货合约规定期限内交货或不能交货，卖方不负责任，但是卖方必须立即以电报通知买方。如果买方提出要求，卖方应以挂号函向买方提供由中国国际贸易促进委员会或有关机构出具的证明，证明事故的存在。买方不能领到进口许可证，不能被认为系属人力不可抗拒范围。

The Sellers shall not be held responsible if they fail, owing to Force Majeure cause or causes, to make delivery within the time stipulated in this Sales Contract or cannot deliver the goods. However, the Sellers shall inform immediately the Buyers by cable. The Sellers shall deliver to the Buyers by registered letter, if it is requested by the Buyers, a certificate issued by the China Council for the Promotion of International Trade or by any competent authorities, attesting the existence of the said cause or causes. The Buyers' failure to obtain the relative Import Licence is not to be treated as Force Majeure.

6. 仲裁：凡因执行本合约或有关本合约所发生的一切争执，双方应以友好方式协商解决；如果协商不能解决，应提交中国国际经济贸易仲裁委员会，根据该会的仲裁规则进行仲裁。仲裁裁决是终局的，对双方都有约束力。

Arbitration: All disputes arising in connection with this Sales Contract or the execution thereof shall be settled by way of amicable negotiation. In case no settlement can be reached, the case at issue shall then be submitted for arbitration to the China International Economic and Trade Arbitration Commission in accordance with the provisions of the said Commission. The award by the said Commission shall be deemed as final and binding upon both parties.

7. 附加条款（本合同其他条款如与本附加条款有抵触，以本附加条款为准）：

Supplementary Condition(s)(Should the articles stipulated in this Contract be in conflict with the following supplementary condition(s), the supplementary condition(s) should be taken as valid and binding).

卖方（Sellers）： 买方（Buyers）：

（二）确认书

确认书（cofirmation）在格式上与正式合同有所不同，条款比较简单，主要就一般内容做出规定，对双方义务的规定不是很详细。它是买卖双方在通过交易磋商，达成交易后，寄给双方加以确认的列明达成交易条件的书面证明，经买卖双方签署的确认书，是法律上有效的文件。

确认书主要适用于金额不大、批次较多的商品，或者已订立代理、包销等长期协议的交易。在我国的对外贸易业务中，确认书通常由我方缮制，一式两份，经双方签字后，买卖双方各保存一份，但无正本和副本之分。以下是一销售确认书的样本，如表 4-2 所示。

表 4-2　销售确认书样本

销售确认书
SALES CONFIRMATION

合同号：
Contract No：
日期：
Date：
签约地点：
Signed At：

卖方（Sellers）：
买方（Buyers）：　　　　　　　　传真（Fax）：
地址（Address）：
兹经买卖双方同意，按下列条款成交：
The undersigned Sellers and Buyers have agreed to close the following transactions According to the terms and conditions stipulated below：

货号 Art No.	品名及规格 Description	数量 Quantity	单价 Unit Price	金额 Amount	总值 Total Value

1. 数量及总值均有 ＿＿% 的增减，由卖方决定。
With＿＿% More or Less both in amount and quantity allowed at the Sellers option.
2. 包装（Packing）：
3. 装运唛头（Shipping Mark）：
4. 装运期（Time of Shipment）：
5. 装运口岸和目的地（Loading & Destination）：
6. 保险由卖方按发票全额 110% 投保至 ＿＿ 为止的 ＿＿ 险。
Insurance：To be effected by Buyers for 110% of full invoice value covering ＿＿ up to ＿＿ only.
7. 付款条件（Payment）：买方须于 ＿＿ 年 ＿＿ 月 ＿＿ 日将保兑的、不可撤销的、可转让可分割的即期信用证开到卖方。信用证议付有效期延至上列装运期后 15 天在中国到期，该信用证中必须注明允许分运及转运。
By confirmed, irrevocable, transferable and divisible L/C to be available by sight draft to reach the Sellers before ＿＿(Date) and to remain valid for negotiation in China until 15 days after the aforesaid time of shipment. The L/C must specify that trans shipment and partial shipments are allowed.
8. 仲裁条款（Arbitrate Clauses）：凡因本合同引起的或与本合同有关的争议，均应提交中国国际经济贸易仲裁委员会，按照申请仲裁时该会现行有效的仲裁规则进行仲裁，仲裁地点在 ＿＿，仲裁裁决是终局，对双方均有约束力。
Any dispute arising out of in connection with this contract shall be referred to China international Economic and Trade Arbitration Commission for Arbitration in accordance with its existing rules of arbitration. The place of arbitration shall be at ＿＿. The arbitral award is final and binding upon the two parties.
9. 本确认书用中英文两种文字写成，两种文字具有同等效力。本确认书共 ＿＿ 份，自双方代表签字（盖章）之日起生效。
This Confirmation is executed in two counterparts each in Chinese and English，each of which shall deemed equally authentic. This Confirmation is in ＿＿ copies，effective since being signed/sealed by both parties.
备注（Remark）：
　　　　　卖方（Sellers）：　　　　　　　　买方（Buyers）：

（三）形式发票

形式发票样本如表 4-3 所示。

表 4-3　形式发票样本

上海 XX 贸易有限公司
Shanghai XX Trading Co., Ltd.
Room XX, XX, NO. XX Street, XX, Shanghai, China

to: Ms.

company name:

Invoice Number:

address info:

Invoice Date: 11 of Jan., 2018

PROFORMA INVOICE
形式发票

装货港	卸货港
From	To

货期
Vessel Date
付款方式
Payment terms
BENEFICIARY:
ADDRESS:
DRAWEE:
ADDRESS：
SWIFT BIC:
A/C:
INTERMEDIARY BANK:
SWIFT BIC:
MESSAGE:

Marks & No.	Description	Quantity	Unite Price	Amount
ORDER NO.:			FOB SHANGHAI BY SEA.	
100% POLYESTER LADIES WOVEN COAT STYLE NO.		6000 PCS	US $16.80 /PC	US $100800.00
100% POLYESTER LADIES WOVEN COAT STYLE NO.		12000 PCS	US $15.60 /PC	US $187200.00
100% POLYESTER LADIES WOVEN COAT STYLE NO.		5000 PCS	US $16.00 /PC	US $80000.00

Remarks: 10% deposit shall be paid before. Feb.10.
Country of final destination:

TOTAL:		23000 PCS	US $368000.00	

Company Name:
Stamp:

二、国际贸易书面合同的基本内容

书面合同一般由 3 个部分组成。

（1）约首（preamble）：指合同的序言，包括合同的名称、订约双方当事人的名称（全名）和详细地址及双方订立合同的意愿和执行合同的保证。序言对双方都具有约束力，所以在规定序言时应特别慎重。

（2）正文（body）：指合同的主体部分，具体列明各项交易条件或条款，包括品名条款、质量条款、数量条款、包装条款、价格条款、装运条款、支付条款、商检裁条款、索赔条款、仲裁条款、不可抗力条款等。这些条款体现了双方当事人具体的权利和义务，如图 4-1 所示。

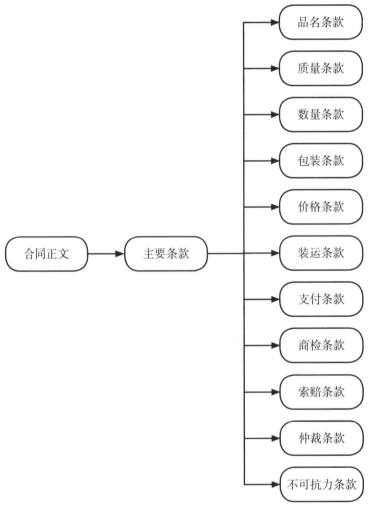

图 4-1　合同正文的构成

（3）约尾（end）：一般列明合同使用的法律、惯例、合同的有效期、合同的有效份数及保管办法、合同使用的文字及其效力、双方代表的签字等内容。有时，订约地点、订约时间也出现在约尾。合同的订约地点往往涉及合同准据法的问题，要慎重对待。我

国的出口合同的订约地点一般都写在我国。有的合同将订约时间和地点在约首订明。

三、合同有效成立的条件

一方的发盘或还盘被对方有效地接受后，合同即告成立。但合同要具有法律效力、受法律保护，还须具备以下几个条件。

（1）当事人必须在自愿基础上就合同条款达成协议。

（2）当事人必须具有订立合同的行为能力。

（3）合同标的内容必须合法。

（4）合同必须对价，即合同当事人之间相互给付，互为有偿。

任务实施

▶案例讨论

【案例1】

我国上海的一家外贸公司与一家设在东京的企业在北京签订了一项买卖合同，交货地点为上海港船上交货，合同未规定处理争议所适用的法律。但在履行合同时买卖双方发生纠纷。

思考题：

（1）这个事例能给我们什么启示？

（2）如果由你来处理该纠纷，你会不会由于该合同的缔约地在北京和履行交货的地点在上海，认为与该合同有最密切联系的国家是中国，应当适用中国的法律？

【案例2】

我国某进口企业与某外商磋商进口纺织机械设备交易。经往来电传磋商，已就合同的基本条款初步达成协议，但在我方最后所发的表示接受的电传中写有"以签署确认书为准"的字样。事后，外商拟就合同书，要我方确认，但由于对某些条款我方认为需要修改，此时该设备的市场价格有下跌趋势，于是我方并未及时对外方予以答复，外商又多次来电催证，我方答复拒绝开证。

思考题：

试分析这一拒绝是否合理。

▶同步训练

实训项目：

常用的书面合同有销售合同、购货合同、成交确认书、协议、备忘录、意向书、订单、委托订购单等。调查当地外贸公司在国际贸易中采用的书面合同形式，并收集一份书面合同。

习题4-1

任务二　订立国际贸易合同的品名条款

案例导入

注意选择合适的品名

一家公司出口苹果酒，品名写为"cider"，结果遭到拒付。原因是这个词除了苹果酒的意思之外，还有"苹果汁"的意思，海关无从收税。正确的写法应为"apple wine"。

思考：

（1）如何理解国际货物买卖合同中品名条款的重要性？

（2）如何规定国际货物买卖合同中的品名条款？

任务要求

规范填制国际贸易合同中的品名条款。

任务分析

要完成任务，就必须了解国际贸易合同中列明品名的意义、品名条款的内容及填制品名条款的注意事项。要很好地完成任务，就必须进入理论学习环节。

任务学习

一、品名条款的内容

国际货物买卖合同中的品名条款，并无统一的要求和格式，通常由买卖双方协商确定。品名条款的内容一般比较简单，通常都是在"商品名称"或"品名"的标题下，列明交易双方成交商品的名称。有时为了省略起见，也可不加标题，只在合同的开头部分，列明交易双方同意买卖某种商品的文句。另外，有些商品还出现了品名和质量条款合并的情况，如"含绒90%的鸭鸭牌羽绒服"。

二、列明商品的意义

（一）业务上的需要

商品的名称（name of commodity），亦称品名，是国际货物买卖合同中构成商品说明的一个重要组成部分，是交易赖以进行的物质基础和前提条件。因此，买卖双方在磋商和签订进出口合同时，一定要明确、具体地订明商品的品名，并尽可能地使用国际上通用的名称，避免履约的麻烦。

（二）法律上的需要

在合同中规定标的物的具体名称，关系到买卖双方在货物交接方面的权利。在国际货物买卖业务中，如果卖方所交货物不符合约定的品名规定，则买方有权索赔，甚至拒收货物或撤销合同。

三、规定品名条款的注意事项

由于品名条款是国际货物买卖合同中的主要条款，因此，在规定此条款时，应注意下列事项。

（一）内容明确具体

规定商品的名称时，应避免笼统地概括和形容。

（二）尽可能使用国际上通行的名称

商品名称及编码协调制度

国际上关于商品分类的标准有：1950年，由联合国经济理事会发布的《国际贸易标准分类》（*Standard International Trade Classification*，SITC）；其后，世界各主要贸易国在比利时布鲁塞尔签订的《海关合作理事会商品分类目录》（*Customs Cooperation Council Nomenclature*，CCCN），又称《布鲁塞尔海关商品分类目录》（*Brussels Tariff Nomenclature*，BTN）。海关合作理事会在上述两个规则的基础上，主持制定《商品名称及编码协调制度》（*The Harmonized Commodity Description and Coding System*，H.S.）。我国在采用商品名称时，应与 H.S. 规定的品名相适应。

（三）选用合适的品名

目前，一些仓库和班轮运输是按商品等级确定收费标准的，有时会存在同一商品因名称不同而收取的费率不同的现象。因此，选择合适的品名可以节省运费。在海关收税时，也存在着相类似的情况，在不影响国家有关政策的前提下，应选择有利于减低关税或方便进口的名称作为合同的品名。

任务实施

▶案例讨论

上海一家出口服装的外贸公司，在一次出口中把有夹层的衬衣的品名写为"防寒服"，上海海关认为其品名和实物不符，要求其重新报关，导致延期交货而造成巨额损失。

思考题：

（1）这个事例能带给我们什么启示？

（2）应如何描述该商品的品名？

▶同步训练

实训项目：

如果中国上海一服装外贸公司向德国出口一批男士全涤夹克服装，请拟写合同中的品名条款，并调查向境外出口服装时合同中填制品名条款应注意哪些问题。

习题 4-2

任务三　订立国际贸易合同的质量条款

案例导入

利用质量条款的欺诈案

我方 A 公司向新加坡 B 公司按 FOB XX USD 610 per MT 出口铸铁井盖 5000 公吨，合同规定整批货物分十批每两月装运一批，每批供货 500 公吨，货物由买方提供图样生产，并经买方验收后方可接收。该合同质量条款规定：①铸件表面应光洁；②不得有气孔、裂纹、沙眼、缩孔、夹渣和其他铸造缺陷。合同还规定，合同签订后 10 天内，卖方须向买方预付相当于第一批货物金额 10% 的保证金，第一批 500 公吨合格货物交付后，卖方可在 5 天内收回保证金；货物装运前卖方应通知买方前往产地抽样检验，并签署质量合格确认书；若卖方提供的货物质量不符合合同要求，买方有权拒收货物；不经双方一致同意，任何一方不得单方面终止合同，否则，由终止合同的一方承担全部经济损失。

合同签订后，A 公司很快将保证金 25 万元人民币汇 B 公司，然后按其提供的图样，投入了相当的人力、物力进行试生产。当生产出部分产品后，卖方电告买方按合同约定前来验货，一旦验收合格，立即进行大批量生产。但 B 公司先是借口工作繁忙，一拖再拖，迟迟不来验货，在卖方再三催促后，买方提出先请当地商检部门代为验货。为及时取得合格确认书，保证按期交货，卖方无奈之下请求当地商检局检验货物。当检验人员赶赴现场并仔细审查合同后，发现质量条款中所谓"光洁"概念十分含糊，没有具体标准和程度，存在着引起纠纷的可能，第二条存在的隐患更大，极易使卖方陷于被动。商检人员立即意识到，这极有可能是一起利用质量条款的欺诈案。于是，检验人员立即封存样品，并让卖方再次通知 B 公司按合同规定由其前来验货，在未得到品质合格结论之前，卖方决不可贸然进行大批量生产。但 B 公司接到通知后，不仅不来验货，反而回函称卖方不能在合同规定的期限内生产出符合合同规定的产品，属于单方面违约，并声称要通过法律程序解决。至此，卖方彻底醒悟，后经多方查证，B 公司采用上述手段已经诈骗我方多家企业，此次卖方虽及时停止生产，避免了更大损失，但被骗的 25 万元人民币保证金却无法追回。

思考：

（1）如何理解国际货物买卖合同中质量条款的重要性？

（2）国际货物买卖合同中如何根据不同的商品选择不同的质量表示方法？

任务要求

规范填制国际贸易合同中的质量条款。

要完成任务，就必须了解国际贸易合同中商品质量的表示方法，以及填制质量条款应注意的问题。要很好地完成任务，就必须进入理论学习环节。

一、商品质量的含义和重要性

商品的质量（quality of goods），又称商品的品质，是指商品的内在本质和外在形态的综合。前者包括商品的化学成分、物理和机械性能、生物性能等自然属性。后者包括商品的外形、色泽、款式和透明度等。

《公约》规定："卖方交付的货物，必须符合约定的质量。如果卖方交货不符合合同的规定，买方有权要求损害赔偿，拒收货物，甚至撤销合同，商品的品质影响到买卖双方的权利义务。"

商品质量的优劣直接影响商品的使用价值和价格，它是决定商品使用效能和商品市场价格的重要因素。

二、商品质量的表示方法

国际贸易中规定商品质量的方法多种多样，但概括起来主要分为两大类：一类是用实物样品表示；一类是用文字说明。

（一）用实物表示商品质量

1．看货买卖

看货买卖（sale by actual quality），是指卖方向买方展示双方准备成交的商品，经买方检验满意后成交，只要卖方所交付的货物是经买方所检视过的货物，买方不得以任何理由或借口对其质量提出异议。

在国际贸易中，由于双方相距遥远，因此，这种交易方式主要用于零售、拍卖或展卖中。

2．凭样品买卖

（2）凭样品买卖的种类

样品是指从一批商品中随机抽取出来，或由生产部门设计、加工出来的可以代表整批货物质量的少量实物。凡以样品表示商品质量并以此作为交货依据的，称为凭样品买卖（sale by samples）。国际贸易中，按样品提供者的不同，凭样品买卖可分为下列三种。

①凭卖方样品买卖。由卖方提供的样品称为"卖方样品"。凭卖方样品买卖（sale by sellers' sample）就是交易双方约定以卖方样品为交货的质量依据。此后，卖方所交的整批货物的质量，必须与卖方样品相符。

②凭买方样品买卖。由买方提供的样品称为"买方样品"。凭买方样品买卖（sale by buyers' sample）就是交易双方约定以买方样品为交货的质量依据，又称为"来样成交"或"来样制作"。此后，卖方所交的整批货物的质量，必须与买方样品相符。

③凭对等样品买卖。在国际贸易中，卖方对以买方样品成交的商品质量比较谨慎，

为避免因交货质量与买方样品不符而导致买方索赔或退货的情况的发生，卖方往往根据买方提供的样品，加工复制出一个类似的样品交买方确认。这种经确认的样品，称为"对等样品"（counter sample）或"回样"。

（2）凭样品买卖应注意的事项

①卖方对外寄送的样品必须具有代表性，品质既不要偏高，也不要偏低。偏高会造成交货困难，偏低会影响交易的达成，在价格上也会吃亏。

②卖方在将原样（或称"标准样品"）送交买方的同时，应保留与送交样品完全一致的另一样品，即留样（或称"复样"），以备将来组织生产、交货或处理质量纠纷时核对。

③要留有一定的余地，卖方可在合同中加列"品质与样品大致相同"（quality shall be about equal to the sample）。

④卖方应防止卷入侵犯第三方工业产权的纠纷。在合同中规定：如发生买方来样侵犯第三方工业产权的事情，概由买方负责，与卖方无关。

⑤在凭实物样品成交时，合同中除了要列明商品的名称外，还应列明凭此达成交易的样品的编号，必要时还要列出寄送样品的日期。例如：长毛绒玩具狗，样品号为S1608，尺码为30英寸（1英寸＝2.54厘米），根据卖方2012年6月16日寄送的样品。

小案例 4-1

我方某公司与A国某客商凭样品成交一笔出口镰刀的交易。合同中规定复验有效期为货物到达目的港后的60天内。货物到目的港经A国商人复验后，未提出任何异议。但时隔半年，A国商人来电称：镰刀全部生锈，只能降价出售。A国商人因此要求我方按成交价格的40%赔偿其损失。我方接电后立即查看我方留存的复样，也发现类似情况。问：应否同意对方的要求，为什么？

分析：我方不能同意对方的要求，因为留存的样品也生锈了。

（二）用文字说明表示商品的质量

用文字说明表示商品的质量指以文字、图表、相片等方式来说明商品的质量，包括以下几种。

1. 凭规格买卖（sale by specification）

商品规格是指一些足以反映商品质量的主要指标，如化学成分、含量、纯度、性能、容量、长短、粗细等。国际贸易中的商品由于质量特点不同，其规格也各异。买卖双方用商品的规格确定质量时，就称为"凭规格买卖"。例如：我国出口大豆的规格：水分（MAX）15%，含油量（MIN）17%，杂质（MAX）1%，不完善粒（MAX）7%。凭规格买卖时，卖方只需在合同中列入主要指标，而对商品的质量不起重大影响的次要指标不必过多罗列。

2. 凭等级买卖（sale by grade）

商品的等级是指同一类商品按规格上的差异，分为品质优劣各不相同的若干等级。凭等级买卖时，由于不同等级的商品具有不同的规格，为了便于履行合同和避免争议，在品质条款中列明等级的同时，最好一并规定每一等级的具体规格。这对简化手续、促

进成交和体现按质论价等，都有一定的作用。

例如：AA 级鲜鸡蛋，蛋壳浅棕色，清洁，大小均匀。

AA 级　　　每枚鸡蛋净重 61 ～ 65 克

A 级　　　　每枚鸡蛋净重 56 ～ 60 克

B 级　　　　每枚鸡蛋净重 51 ～ 55 克

C 级　　　　每枚鸡蛋净重 46 ～ 50 克

D 级　　　　每枚鸡蛋净重 40 ～ 45 克

3. 凭标准买卖（sale by standard）

商品的标准是指将商品的规格和等级予以标准化。商品的标准，有的由国家或有关政府主管部门规定，有的由同业公会、交易所或国际性的工商组织规定。世界各国都有自己的标准。此外，还有国际标准，如 ISO 9000（质量管理和质量保证系列标准）、ISO 14000（环境管理系列标准）等。美国国家标准学会（ANSI）、英国标准学会（BSI）。

我国是国际标准化组织理事国。1992 年 10 月，我国质量技术监督局将 ISO 系列标准等效转化为 GB/T 19000 系列国家标准，以双编号形式出现，于 1993 年 1 月 1 日起实施。实施 ISO 的这两个一体化管理体系，有助于改善和提高我国企业和产品在境内外消费者、客户中的形象，降低经营及管理成本，使我国产品适应国际市场对于产品在质量上的新需求，提高我国产品的国际竞争能力。

在国际贸易中，对于某些质量变化较大而难以规定统一标准的农副产品，往往采用"良好平均品质"（fair average quality，FAQ）这一术语来表示其品质。良好平均品质是指一定时期内某地出口货物的平均品质水平，一般是指中等货，也称大路货。在标明中等货的同时，通常还约定具体规格作为品质依据。

随着科学技术的发展，商品的标准不断被修改或变动。在合同中援引标准时，应注明采用标准的名称及年份，例如：利福平　英国药典　1993 年版。

4. 凭说明书和图样买卖（sale by descriptions and illustrations）

在国际贸易中，有些机、电、仪等技术密集型产品，因其结构复杂、对材料和设计的要求严格、用以说明其性能的数据较多，很难用几个简单的指标来表明品质的全貌，而且有些产品，即使其名称相同，但由于所使用的材料、设计和制造技术的某些差别，也可能导致功能上的差异。因此，对这类商品的品质，通常以说明书并附以图样、照片、设计图纸、分析表及各种数据来说明具体性能和结构特点。按此方式进行交易，称为凭说明书和图样买卖。在以说明书和图样表示商品质量时，还应在合同中列明说明书、图样的名称、份数等内容。

5. 凭商标或品牌买卖（sale by trade mark or brand）

商标（trademark）是指生产者或商号用来识别所生产或出售的商品的标志。品牌名称（brand name）是指工商企业给制造或销售的商品所冠的名称。在国际贸易中，有些商品的商标或品牌所代表的商品质量较好、较为稳定且在市场上已形成一定的声誉时，人们在交易中可以只凭商标或品牌进行买卖，无须对质量提出详细要求，如"张小泉"剪刀、"海尔"家用电器、"Software"软件等。

6．凭产地名称买卖（sale by name of origin）

在国际货物买卖中，有些产品，因产区的自然条件、传统加工工艺等因素的影响，在质量方面具有其他产区的产品所不具有的独特风格和特色，对于这类产品，一般也可用产地名称来表示品质，如"中国东北大米""绍兴花雕酒"。这种买卖方式即属于凭产地名称买卖。

上述各种表示品质的方法，一般是单独使用，但有时也可酌情将其混合使用。

三、买卖合同中的质量条款

（一）基本内容

根据商品特性确定表示质量的方法。例如，工艺品用样品表示，土特产用产地表示，机电产品用说明书、图样表示等。表示商品质量的方法不同，合同中质量条款的内容也各不相同。

（二）品质机动幅度和品质公差

为了避免交货质量与买卖合同不符，在出口业务中，可以在合同的质量条款中做一些变通规定。其常见做法是规定品质机动幅度和品质公差。

品质机动幅度指允许卖方所交商品的质量指标可在一定幅度内机动掌握。尤其是适用于一些农、副、土、特等初级产品，规定品质机动幅度的方法有以下 3 种。

1．规定范围

它是指对某项质量指标有差异的范围。例如：棉布，36～37 英寸。

2．规定极限

对某些商品的规格使用上下限。上限可用最大、最高、最多等词，下限可用最小、最低、最少等词。例如：籼米的含水率最高为 15%，杂质含量最高为 1%，碎粒含量最高为 30%。

3．规定上下差异

对某些商品的质量规定上下差异。例如：鸭鹅绒的含绒量为 70%，允许上下 2% 浮动。

品质公差是指有些工业制成品，在生产过程中不能做到很精确地控制品质，可根据国际惯例或经买卖双方同意，对合同的品质指标订有合理的"公差"，如手表每天误差几秒，某一圆形体的直径误差几毫米。品质公差的允许值可以是国际上同行业所公认的允许值，也可以是由买卖双方商定的允许值。

为了体现按质论价，在使用品质机动幅度和品质公差时，有些货物可以根据交货品质情况调整价格。

小案例 4-2

我国 A 公司和某国 B 公司签订出口羊绒衫合同，共出口羊绒衫 10000 件，价值 100 万美元。合同规定羊绒含量为 100%，商标上也标明"100% 羊绒"。当 B 公司对我方 A 公司出口羊绒衫进行检查后，发现羊绒含量不符合合同规定而索赔，要求赔偿 200 万美元。

最后，以我方公司赔偿数十万美元结案。

分析：这个案例说明，在签订合同质量条款时，做些变通规定是非常必要的。

（三）签订国际货物买卖合同中的质量条款应注意的问题

（1）能用一种方法表示质量的，一般不要用两种或两种以上的方法来表示。

（2）注意各质量指标之间的内在联系和相互关系，要有科学性和合理性。

（3）商品的质量描述应准确具体、科学合理，避免笼统含糊，如"大约""左右"，又忌绝对化，如"棉布无瑕疵"。

（4）凡能采用品质机动幅度或品质公差的商品，应订明幅度的上下限或公差的允许值。如所交货物的质量超出了合同规定的幅度或公差，买方有权拒收货物或索赔。

小案例 4-3

境内公司向境外出口一批纺织原料，合同规定含水率最高为15%，杂质含量不超过3%，但成交前曾向买方寄过样品。订约后，我方又电告对方成交货物与样品相似。货到后，买方开出其货物的质量比样品低7%的检验证明，并要求我方赔偿损失。

分析：表示质量的方法一般不要用两种或两种以上的方法来表示。

任务实施

▶案例讨论

【案例1】

出口合同规定的商品名称为"手工制造书写纸"（hand-made writing paper），买方收到货物后，经检验发现部分制造工序为机械操作，而我方提供的所有单据均为手工制造。对方要求我方赔偿，而我方拒赔。主要理由如下：①该商品的生产工序基本上是手工操作，而且关键工序完全采用手工；②该交易是经买方当面看样品成交的，且实际货物品质又与样品一致。因此，应认为所交货物与商品的品质一致。

思考题：试分析上述案例，判断责任在哪方，并说明理由。

【案例2】

我某出口公司向外商出口一批苹果。合同及对方开来的信用证上均写的是三级品，但卖方交货时才发现三级苹果库存告罄，于是该出口公司改以二级品交货，并在发票上加注："二级苹果仍按三级计价，不另收费。"

思考题：

卖方这种做法是否妥当？为什么？

▶同步训练

实训项目：

（1）请为面粉、MP3、自行车、绒毛玩具这四项产品拟写合同中的商品质量条款。

习题 4-3

（2）翻译以下合同条款。

绒毛兔，白色，17厘米，货号 JB602，交货品质与确认样品大致相同。

任务四　订立国际贸易合同的数量条款

案例导入

重量短缺的原因

我国某出口公司与匈牙利商人订立了一份出口水果合同，支付方式为货到验收后付款。但货到经买方验收后发现水果总重量缺少10%，而且每个水果的重量也低于合同规定，匈牙利商人既拒绝付款，也拒绝提货。后来，水果全部腐烂，匈牙利海关向中方收取仓储费和处理水果费用5万美元。我国出口公司陷于被动。

思考：

（1）订立国际货物买卖合同中数量条款应该注意哪些问题？

（2）如何订立国际货物买卖合同中的数量条款？

任务要求

规范填制国际贸易合同中的数量条款。

任务分析

要完成任务，就必须了解国际贸易合同中商品数量的表示方法，以及订立数量条款应注意的问题。要很好地完成任务，就必须进入理论学习环节。

任务学习

《公约》第三十五条规定：按约定的数量交付货物是卖方的一项基本义务。若卖方提交的货物数量大于约定的数量，则买方可以拒收多交的部分，也可以收取多交部分中的全部或部分，但应按合同价格付款；若卖方交货不足，则应在规定的交货期内补足，并赔偿买方可能的损失。英国《货物买卖法》规定：对卖方未按合同约定的数量提交货物，视为违约。在卖方多提供了货物时，买方可以接收也可以拒收货物。

数量条款是买卖双方交接货物的数量依据。在国际贸易合同中，数量条款主要包括成交商品的具体数量和计量单位，有的合同还需要规定确定数量的方法。在实际进出口业务中，有些商品可以精确计量，而有些商品受本身特性、生产、运输或包装条件及计量工具的限制，交货时不易精确计量。为了减少贸易争议，保证合同的顺利履行，买卖双方通常在合同中规定数量的机动幅度条款，允许卖方交货时数量在一定范围内灵活浮动。例如：中国东北大米，8000公吨，卖方可溢装或短装5%（China Northeast Rice 8000M/T, with 5% More or Less at Seller's Option）。

一、计量单位

从国际贸易的实际情况看，经常被采用的计量单位有 6 种。

（一）重量（weight）单位

常用的重量单位有千克（kilogram, kg）、克（gram, g）；公吨（metric ton, M/T）、长吨（long ton, L/T）、短吨（short ton, S/T）、磅（pound, LB）、盎司（ounce, oz）等。

（二）容积（capacity）单位

常用的容积单位有升（litre, L）、加仑（gallon, gal）、蒲式耳（bushel, bu）等。

（三）数量（number）单位

常用的数量单位有只（piece, pc）、双（pair）、件（package, pkg）、套（set）、打（dozen, doz）、罗（gross）、令（ream, rm）、箱（case）、盒（box）、捆（bale）、卷（roll, coil）、听（tin）等。

（四）长度（length）单位

常用的长度单位有米（meter, m）、厘米（centimeter, cm）、英尺（foot, ft）、英寸（inch, in）、码（yard, yd）等。

（五）面积（area）单位

常用的面积单位有平方米（square meter）、平方英尺（square foot）、平方英寸（square inch）、平方码（square yard）等。

（六）体积（volume）单位

常用的体积单位有立方米（cubic meter）、立方英尺（cubic foot）、立方英寸（cubic inch）、立方码（cubic yard）等。

二、计量方法

在国际贸易中，按重量计量的商品很多，计算重量的方法主要有以下几种。

（一）按毛重计

毛重（gross weight）是指商品本身的重量加皮重，也就是商品连同包装物的重量。这种计算重量的方法一般适用于低值商品。例如："Fish Meal in Gunny Bags of 50kg, Gross for Net"（鱼粉，50 千克麻袋装，以毛作净）。

（二）按净重计

净重（net weight）指商品本身的重量，即毛重扣除皮重（包装物）的重量。常见的皮重计算方法有以下 4 种。

（1）按实际皮重（actual tare）计算：按包装材料的实际重量计算。

（2）按平均皮重（average tare）计算：从全部商品中抽出几件，称其包装的数量，除以抽取的件数，得出平均数，再以平均数乘以总件数，算出全部包装重量。

（3）按习惯皮重（customary tare）计算：有些商品的包装比较规格化，并已形成一定的标准，即可按商品公认的包装重量计算，不必过秤，例如"每只麻袋皮重为 2.5 磅"。

（4）按约定皮重（computed weight）计算：按双方事先约定的单件包装重量乘以总件数，求得皮重。

（三）按公量计

公量（conditioned weight）是指在计算货物重量时，用科学的方法将商品的实际水分抽出，再加标准含水量所求得的重量。有些商品，如羊毛、生丝、棉花等具有较强的吸湿性，所含水分易受环境的影响，其重量很不稳定。为了正确计算这类商品的重量，国际上通常采用按公量计算，计算公式为

公量＝干量＋标准水分量＝实际重量×（1＋标准回潮率）／（1＋实际回潮率）

小案例 4-4

境内某出口公司向韩国出口 10 公吨羊毛，标准回潮率为 11%，经抽样证明 10 千克纯羊毛用科学方法抽干水后净重 8 千克干羊毛，求用公量计算的交货重量。

分析：所求公量＝10×（1＋11%）／（1＋2/8）＝8.88（公吨）。

（四）按理论重量计

按理论重量（theoretical weight）计算商品重量的方法适用于有固定规格和固定体积的商品。规格一致、体积相同的商品，每件重量也大体一致。因此，可以根据件数算出其总重量，如马口铁、钢板等。

（五）按法定重量计

法定重量（legal weight）是指纯商品重量加上直接接触商品的包装材料，如内包装等的重量。按照一些国家海关法的规定，在海关征收从量税时，商品的重量是以法定重量计算的。

三、国际贸易中常用的度量衡制度

在选择计量单位时，还要注意的是所采用的度量衡制度。国际贸易中通常采用的度量衡制度有 4 种：公制（the metric system）、英制（the Britain system）、美制（the U.S. system）和国际标准计量组织在公制基础上颁布的国际单位制（the international system of unit）。此外，有些国家对某些商品还规定有自己习惯使用的或法定的计量单位。

不同的度量衡制度下，同一计量单位，所表示的实际数量是不一样的。如表示重量的"吨"，实行公制的国家一般采用公吨，每公吨为 1000 千克；实行英制的国家一般采用长吨，每长吨为 1016 千克；实行美制的国家一般采用短吨，每短吨为 907 千克。

我国采用以国际单位制为基础的法定计量单位。

小案例 4-5

某出口公司在某次交易会上与外商当面谈妥出口大米 10000 公吨，每公吨 USD 275 FOB 中国口岸。但我方在签约时，合同上只笼统地写了 10000 吨（ton），我方当事人主观认为合同上的吨就是指公吨（metric ton）。后来，外商来证要求按长吨（long ton）供货。如果我方照证办理则要多交 160.5 公吨，折合 44137.5 美元。于是，我方要求修改信用证，而外商坚持不改，双方发生贸易纠纷。

分析：在国际货物买卖时，要特别注意不同度量衡制度下的计量单位。在采用吨为计量单位时，一定注明是公吨、长吨还是短吨。

四、买卖合同中的数量机动幅度条款

在国际贸易某些商品的买卖中，交易双方往往在合同中规定合理的数量机动幅度，方法主要有以下几种。

（1）溢短装条款。即在买卖合同的数量条款中明确规定可以增减的百分比。卖方交货时有权根据具体情况多交或少交一定数量的货物，但以不超过规定数量的百分比为限。

例如，中国大米1000公吨，3%增减，由卖方选择（Chinese Rice 1000 metric tons，3% more or less at seller's option）。

（2）在跟单信用证业务中，按国际商会《跟单信用证统一惯例》第600号出版物（简称"UCP 600"）第三十九条 a 款规定："大约""近似"或类似意义的词语用于涉及信用证规定的数量时，应解释为允许有关数量可有10%的增减。该条 b 款规定：除非信用证规定货物数量不得增减，只要支取的金额不超过信用证金额，则可有5%的增减幅度。但当信用证规定的数量按包装单位或以个数计数时，则此增减幅度不适用。

数量机动幅度范围内的计价方法一般按合同价计算，有时也可按装运时或货到时的市场价计算。数量机动幅度的选择权一般由卖方决定居多，但也有由买方决定的，但无论何方有决定权，都应在合同中做出明确的规定。

小案例 4-6

我方某公司出口布匹以信用证结算。买方银行来证规定，数量大约为3000码，每码1美元，但金额注明为不超过总额3000美元，我某公司如何掌握装运数量？

分析：在跟单信用证业务中，使用"大约"，数量可有10%的增减幅度。但由于数量的限制，因此，我方某公司的装运数量在2700～3000码都是符合规定的。

小案例 4-7

我方某贸易出口公司与某国某公司成交一笔黄豆出口交易。合同数量条款规定：每袋黄豆净重100千克，共1000袋，合计100吨。但货物运抵某国后，经某国海关检查，每袋黄豆净重只有96千克，1000袋黄豆共96吨，当时正遇市场黄豆价格下跌，某国某公司以单货不符为由，提出降价5%的要求，否则拒收。问：某国某公司的要求是否合理？若该案例黄豆不是用袋装而是散装，则结果又如何？

分析：在跟单信用证业务中，除非信用证规定货物数量不得增减，只要支取的金额不超过信用证金额，则可有5%的增减幅度。因此，我方交货数量在95～105吨之间都是符合合同规定的。但由于黄豆是袋装的，数量不得增减，因此，某国某公司的要求是合理的。若该案例中黄豆不是用袋装而是散装，则某国某公司的要求是不合理的。

任务实施

▶ **案例讨论**

【案例1】

某公司出口生丝一批，买卖双方约定标准回潮率为11%，卖方交付的生丝在到达目的港后的实际重量为105公吨，经过科学方法抽出水分为9.45公吨。

思考题：

（1）请计算一下该批生丝的公量是多少。

（2）如果生丝的单价是每公吨1980美元，那么公司的收入是多少美元？

【案例2】

我国某公司出口布匹以信用证结算。买方银行来证规定，数量大约为3000码，每码1美元，但金额注明为不超过总额3000美元。

思考题：

我国某公司如何掌握装运数量？

【案例3】

我国某公司向境外海湾某港口城市出口冻羊肉类20公吨，每公吨FOB价值400美元。合同国某公司规定数量可增减10%。境外按时来证，证中规定金额为8000美元，数量约20公吨。我国某公司按规定22公吨发货装运，但持单到银行办理议付进而遭拒付。

思考题：

（1）银行拒付是否有理？

（2）出口单位有无补救办法？

【案例4】

合同中数量条款规定"1000M/T 5% more or less at seller's option"。卖方正待交货时，该货物国际市场价格大幅度上涨。

思考题：

（1）卖方的交货范围是什么？

（2）如果你是卖方，拟实际交付多少货量？

▶ **同步训练**

实训项目：

（1）迪拜FLESHHEAD公司向中国义乌鹏达贸易公司购买一个20英尺集装箱的建华牌闹钟。每24只闹钟装一纸箱。纸箱的尺码长为60厘米，宽为41厘米，高为45厘米。请拟写合同中的商品数量条款。

（2）翻译以下条款。

中国东北大豆，1000公吨，卖方可溢装或短装5%，以及"哔叽布约10000码"。

习题4-4

任务五　订立国际贸易合同的包装条款

按照合同条款进行包装

A 公司出口自行车 800 辆，合同规定用木箱装，来证也写明了 PACKED IN WOODEN CASE，但在 CASE 之后加有 CKD 3 个缩写字母。A 公司所有单据按来证照打，结果货到目的港被海关罚款，并多上税，因而买方向 A 公司索赔。

思考：

（1）CKD 是什么意思？

（2）如何理解国际货物买卖合同中包装条款的重要性？

任务要求

规范填制国际贸易合同中的包装条款。

任务分析

要完成任务，就必须了解国际贸易合同中商品包装的种类及各种包装标志，并了解订立包装条款应注意的问题。要很好地完成任务，就必须进入理论学习环节。

任务学习

在国际贸易中，除少数商品采取裸装外，绝大多数商品都需要有适当的包装。包装条款是国际货物买卖合同的重要内容，买卖双方必须认真洽商，取得一致意见，并在合同中做出明确具体的规定。合同中包装条款的内容一般包括包装材料、包装方式和每件包装中所含物品的数量或重量。有时还要规定包装费用和运输标志等内容。例如：布包，每包 20 匹，每匹 42 码（In Cloth Bales Each Containing 20 pcs, of 42 yds）。

一、商品包装的种类

根据包装在流通过程中所起的不同作用，以及国际贸易中的习惯做法，可以将包装分为以下几种类型。

（一）运输包装

1. 种类

运输包装（transport packing）又称外包装（outer packing），可分为单件运输包装和集合运输包装。单件运输包装是指在运输过程中作为一个计件单位的包装，常见的有箱（case）、盒（box）、捆包（bundle, bale）、袋（bag）、桶（drum）、罐（can）、瓶（bottle）等。集合运输包装是指将若干单件运输包装组合成一件包装，如托盘（pallet）（见图4-2）、集装袋（flexible container）、集装箱（container）等。集装箱（见图4-3），也称"货柜""货箱"，是指具有一定强度、刚度和规格专供周转使用并且便于机械操作和运输的大型装货容器。因其外形像一只箱子，又可集中装载成组的货物，故称为集装箱。集装箱有多种类型，根据国际标准化组织的规定，集装箱的规格有3个系列、13种之多。在国际货运上使用的主要为20英尺和40英尺两种，即1C型8英尺×8英尺×20英尺和1A型8英尺×8英尺×40英尺。20英尺集装箱的有效容积为25立方米，40英尺集装箱的有效容积为55立方米。20英尺集装箱的载货量为17500千克，40英尺集装箱的载货量为24500千克。在集装箱运输中，通常以20英尺集装箱作为标准箱，它同时也是港口计算吞吐量和船舶大小的一个重要的度量单位，一般以TEU（twenty foot equivalent unit）表示，意即"相当于20英尺箱单位"。在统计不同型号的集装箱时，应按集装箱的长度换算成20英尺标准箱加以计算。

小托盘撬动大物流

图4-2　托盘

图4-3　集装箱

一般地讲，在包装材料方面，进口国（地区）主要禁止或限制某些原始包装材料和部分回收复用的包装材料，如木材、稻草、竹片、柳条、原麻、泥土和以泥土为基础的包装制品，如木箱、草袋、草麻、竹篓、柳条筐篓、麻袋、布袋等，以及回收复用的包装。在包装辅料方面，主要禁止或限制的是作为填充料的纸屑、木丝和作固定用的衬垫、支撑件等。对上述包装材料及辅料一般要求事先进行消毒、除鼠、除虫或进行其他必要的卫生处理。

2. 标志

运输包装的标志是指为了方便商品的运输、装卸及储存保管，便于识别货物而在商品外包装上刷写的标志。按其作用可分为运输标志、指示标志和警告性标志。

（1）运输标志（shipping mark）。运输标志俗称"唛头"，如图4-4所示。其作用是在运输途中使有关人员易于辨认货物，避免货物发生混乱。一般包括以下几部分内容。

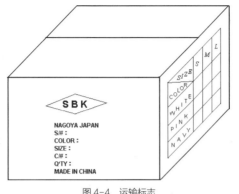

📖 运输标志

图4-4　运输标志

①收/发货人的名称代号。通常用简单的几何图形或英文字母表示。

②目的地或目的港名称。一般应写全称，不能用简称或缩写。重名的要注明国家（地区）名称。

③件号。既要列明货物的总件数，又要列明该件货物的序号，如"No.1/100"表示该批货物总件数是100，该件货物是100件中的第一件。

④参考号。如运单号、订单号、发票号、买卖合同号等。

例如：
ABCCO	收货人名称
SC9750	合同号码
LONDON	目的港
No. 4-20	件号（顺序号和总件数）

包装上采用的运输标志应按合同规定。如合同和信用证都没有规定具体要求，由卖方决定。

小案例 4-8

境外B公司向我方A公司购买货号为934的产品，共计一个20英尺的集装箱。货号为934的产品有两种规格，每一规格有两种不同的包装。也就是说，同是货号为934的产品有4种不同样式的产品包装；每种包装的产品100箱，共计400箱。A公司在向工厂下订单时没有规定工厂应在唛头的"C/NO."后按照流水号来编写具体的箱号，导致工厂没有在唛头上按照箱子的流水号来编写。货物到达目的港后，由于B公司无法区分货物，不得不一箱箱打开包装找货，支付了额外的人工费。客户索赔，A公司给予B公司赔款，但是B公司从此断绝了与A公司的贸易往来。

分析：一般在给工厂下订单时需要考虑到B公司的具体要求，站在B公司的立场上考虑收货后如何区分货物的问题。

（2）指示性标志（indicative mark）。指示性标志是指根据商品的特性，对一些容易破碎、残损、变质的商品，在搬运装卸操作和存放保管条件方面提出的要求和注意事项，并用文字或图形来表示的标志。图4-5列举了一些常用的指示性标志。

图4-5 常用的指示性标志

（3）警告性标志(warning mark)。警告性标志又称为危险品标志,是指在装有爆炸品、易燃物品、腐蚀物品、放射物品等危险物品的运输包装上用图形或文字表示危险品的标志。图4-6列举了一些常用的警告性标志。

图4-6 常用的警告性标志

在实际业务中,我国出口危险品上应刷制我国和国际海运所规定的两套标志,以防到目的港时,不被允许靠岸卸货。关于制作危险品的标志,我国颁布有《包装储运标志》和《危险货物包装标志》相关文件,其对危险品标志的制作均有详细的规定。

（二）销售包装

1.销售包装的含义

销售包装（selling packing）又称内包装（inner packing）,指直接接触商品并随商品进入零售网点与消费者直接见面的包装,它具有保护、美化、宣传商品的作用。

2.销售包装的分类

根据所采用包装材料和造型结构、式样的不同,常见的销售包装分为以下几类。

（1）挂式包装。可在商店货架上悬挂展示的包装。

（2）堆叠式包装。通常指包装品顶部、底部都设有吻合装置使商品在上下堆叠过程中可以相互咬合的包装。其特点是堆叠稳定性强，大量堆叠而节省货位。

（3）便携式包装。包装造型和长宽高比例的设计均适合消费者携带使用的包装。

（4）一次用量包装。又称单份包装、专用包装或方便包装，以使用一次为目的的较简单的包装。

（5）易开包装。包装容器上有严密的封口结构，使用者无须另备工具即可容易地开启。

（6）喷雾包装。在气密性容器内，当打开阀门或压按钮时，内装物由于推进产生的压力能喷射出来的包装。

（7）配套包装。将消费者在使用上有关联的商品搭配成套，装在同一容器内销售的包装。

（8）礼品包装。专作为送礼用的销售包装。礼品包装的造型应美观大方、有较高的艺术性，有的还使用彩带、花结、吊牌等。使用礼品包装的产品范围极广，如化妆品、工艺品等。

在销售包装上，一般都附有装潢画面和文字说明，有的还印有条形码的标志。所谓条形码，就是由一组粗细间隔不等的平行线条及相应数字组成的标记，这些线条及间隙代表特定的信息，通过光电扫描和阅读装置扫描，就能判定该商品的国别、生产厂家、品种规格和售价等。国际上通用的条形码很多，主要有两种，一种是美国统一代码委员会编制的 UPC 条码，另一种是国际物品编码协会编制的 EAN 条码。我国于 1991 年参加国际物品编码协会，使用 EAN 条码。EAN 码由 12 个数字的产品代号和 1 位校验码组成，前3 位是国别号，中间 4 位数字是厂商号，后 5 位是产品代号。国际物品编码协会分给我国的国别码有 690、691、692。

商标条码
组成含义

小案例 4-9

境外 B 公司向境内 A 公司购买货号为 828-12 的产品。客户在电子邮件中要求所有包装上不能显示货号"828"，因为进口国海关对于"828"等几种产品征收很高的反倾销关税。而 A 公司在给供应商下的订单上仅仅注明了在货物的外箱上不能标有"828"字样，其他具体要求和以前的出货一致，结果造成供应商没有去掉产品彩卡包装上的"828"字样。客户在收到 A 公司寄来的货样照片时，发现彩卡上仍有"828"字样，随即提出去掉"828"字样。由于货物已全部生产完成，若换彩卡会造成 5 万元的经济损失，同时交货期将推迟 20 天。A 公司告诉客户货物已全部生产完毕，若返工将造成 5 万元损失并希望客户接受有"828"的彩卡。最后，客户答应愿意接受货物，但是需要 A 公司支付客户疏通海关 2000 美元的费用，A 公司只好同意接受。

分析：从上述案例中 A 公司应吸取以下教训：①在客户下订单时，对于一些合同的细节问题要询问清楚，尤其对于客户特殊要求要特别重视；②给工厂下订单时，在生产清单上对于产品的细节要求不可写"与以前订单相同",有特殊要求的必须注明清楚；③生产前将生产样品给客户确认,以免造成不必要的麻烦和损失。

境外客户在给供应商下订单时,在生产清单上若有需供应商填写的内容,须考虑供应商的英文水平,必要时在英文旁边注明中文。如有特殊的要求,除在生产清单上注明以外,还要同供应商在电话里特别强调,以防供应商对境外客户具体要求没有注意到,造成生产的东西不符合要求而返工,延误交货期。

（三）定牌、无牌和中性包装

定牌、无牌和中性包装是国际贸易中的通常做法。我国在出口业务中,一些出口企业有时也可应客户的要求,采用这些做法。

定牌包装（packing of nominated brand）是指买方要求在出口商品或包装上使用买方指定的商标或牌名的做法。无牌包装（no brand packing）是指买方要求在出口商品或包装上免除任何商标或品牌名的做法。它主要用于一些尚待进一步加工的半制成品。其目的主要是避免浪费、降低费用成本。采用定牌和无牌时,在我国出口商品或包装上均须标明"中国制造"字样。

一起由贴牌供货而引发风险的案例及其分析

中性包装（neutral packing）是指在商品上和内外包装上不注明生产国别的包装。中性包装有定牌中性和无牌中性之分。定牌中性是指在商品或包装上使用买方指定的商标/牌名,但不注明生产国别。无牌中性是指在商品和包装上均不使用任何商标/牌名,也不注明生产国别。

小案例 4-10

某外商欲购我"菊花"牌手电钻,但要求改为"鲨鱼"牌,并不得注明"Made in China"。请问这种情况可否接受？应注意什么问题？

分析：可以。但应让客户说明"鲨鱼"品牌的持有人。如果品牌是客户自己,应该要求客户出具书面正式的使用授权书。

二、订立包装条款应注意的问题

（1）除非买卖双方对包装方式的具体内容经事先充分交换意见或由于长时期的业务交往已取得一致认识,否则,在合同中不宜采用笼统的规定方法,如使用"适合海运包装"（seaworthy packing）、"习惯包装"（customary packing）或"卖方惯用包装"（seller's usual packing）等术语。

（2）按国际贸易习惯,运输标志一般由卖方决定,并无必要在合同中做具体规定。如买方要求,也可在合同中做出具体规定；如买方要求在合同订立以后由其另行指定,则应具体规定指定的最后时限,并订明若到时尚未收到有关运输标志通知,卖方可自行决定。

（3）包装费用一般包括在货价以内。如买方要求特殊包装,除非事先明确包装费用包括在货价内,其超出的包装费用原则上应由买方负担,并应在合同中具体规定负担的费用金额和支付办法。如双方商定,全部或部分包装材料由买方负责供应的,合同中应同时规定包装材料最迟到达卖方的时限和逾期到达的责任。该项时限应与合同的交货时间相衔接。在进口合同中，特别是对于包装技术性较强的商品，通常要在单价条款后注明"包括包装费用"（packing charges included），以免事后发生纠纷。

小案例 4-11

我方某公司与欧洲某公司签订了一份销售合同，由我方向对方出售碳化硅和氧化铝。合同中的价格条款为 CFR 鹿特丹，包装条款为"适于海运的包装"，索赔条款为"货物到达目的港后须经卖方同意的检验人员检验后向卖方提出索赔要求"。我方对该类商品的习惯包装是 25 千克一袋，塑料袋内包装和聚丙烯编织袋外包装。在货物发运前，对方公司的专业负责人员到我方仓库查看货物及包装情况，表示满意。之后，我方开始向对方发货，装船后船方出具了清洁提单。但货物运抵目的港后，对方发现"货物有部分托盘和包装袋损坏"，便单方面聘请了某公证行检验货物，将损坏的托盘更换为新托盘，以便继续在陆路运输。对方的检验报告表明，包装袋破损是由于"托盘木条强度不够，不适宜海上运输，以及包装带捆扎不紧所致"。对方于是向我方提出索赔，要求我方负责赔偿重新包装破损货物所使用的人力、铲车、制作新托盘、购买新包装袋、监工、货物检验等费用。

分析：该案例中索赔条款为"货物到达目的港后须经卖方同意的检验人员检验后向卖方提出索赔要求"，但买方单方面聘请了某公证行检验货物，未经我方同意，因此我方可不予赔偿。

任务实施

▶案例讨论

【案例 1】

某外贸公司出口水果罐头一批，合同规定纸箱包装，每箱 30 听，共 80 箱。但业务员在发货时将其改为每箱 24 听，共计 100 箱，总听数没变。之后，境外商人向该公司提出索赔。

思考题：

这个事例能给我们什么启示？

【案例 2】

某笔交易合同订明由我方提供双层旧麻袋装。装船时，因缺这种麻袋就自行换成单层新麻袋，也没有要求对方额外支付费用，但对方认为我方包装不符规定，向我方索赔。

思考题：

对方是否有理？

【案例 3】

某公司在一笔出口合同中，规定由我出运输标志。因此，我方备货时就刷好运输标志，但到装船时，境外来证又指定运输标志。

思考题：

这种情况下应如何处理？

▶同步训练

实训项目：

（1）迪拜 FLESHHEAD 公司向中国义乌鹏达贸易公司购买一个 20 英尺集装箱的建华牌闹钟。每 24 只闹钟装一纸箱。纸箱长为 60 厘米，宽为 41 厘米，高为 45 厘米。请拟写合同中的包装条款。

（2）翻译以下条款。

①纸箱装，每箱 100 套，每套用塑料袋包装。

②用塑料袋包装，50 磅装一袋，4 袋装一木箱。

③用布袋包装，内衬聚乙烯袋，每袋净重 50 千克。

习题 4-5

任务六　订立国际贸易合同的价格条款

案例导入

对外报价不全惹麻烦

2009 年夏，河北省某进出口公司（以下称"河北公司"）通过函电与马来西亚一个客商建立了贸易联系。该客商对河北产的鸭梨很感兴趣，经过实地看样后，订购了 6 个 40 英尺集装箱的货物。初次进行对外贸易，河北公司的业务员小王兴奋不已，但是其欠缺经验，对外报价时只是说明：每箱 55 元人民币，采用前 T/T 的支付方式。客商表示同意。随后，河北公司按照客户的订单要求开始准备货物。交货期临近，河北公司见客商始终没有前来提货，于是询问。几经催问，客户告知价格为"到岸价"，必须由卖方送货到目的地，而小王的报价中并没有包含出口运费，为"离岸价"。一时双方陷入僵局。

思考：

（1）国际贸易中的价格条款包含几个组成部分？

（2）对外报价时应注意什么？

任务要求

规范填制国际贸易合同中的价格条款，掌握各种国际贸易术语。

任务分析

要完成任务，就必须掌握国际贸易合同中价格条款的组成部分，了解作价方法的选择、计价货币的选择和贸易术语的选用，特别是要理解和掌握各种贸易术语的内涵。

一、价格条款的内容

买卖合同中的价格条款由两部分组成：单价和总值。

（一）单价

单价主要由计量单位、单位货币金额、计价货币价格术语 4 部分组成。一般用 at 开头（有时可省略）。

例如：　　　每公吨　　　　　　　100　　　　　　美元　　　　CIF 纽约

　　　　　　计量单位　　　　单位货币金额　　　计价货币　　价格术语

USD 100 per M/T CIF New York

常见的价格条款实例如下。

例：每公吨 500 港元 CIFC 5（或 CIF 香港包含 5% 的佣金）。

HK $500 PER M/T CIFC5 HONGKONG.

例：每纸箱 800 美元 FOB 南通，以毛作净。

USD800 PER CARTON FOB NANTONG, GROSS FOR NET.

例：每件 85 美元成本加运保费至纽约港减 1% 的折扣。

USD85 PER PC CIF NEW YORK LESS 1% DISCOUNT.

（二）总值

总值由阿拉伯数字和字母两部分构成。

例如：$8000 美元，TOTAL VALUE：USD 8000（SAY US DOLLARS EIGHT THOUSAND ONLY）。

在用文字填写时应适当注意以下三点。

（1）第一个词用 Say，最后一个词用 Only。

（2）每个单词的第一个字母大写，或者所有字母都大写。

（3）币别也可以写在后面，如 SAY EIGHT THOUSAND US DOLLARS ONLY。

二、作价方法的选择

国际货物买卖合同中价格的作价方法，主要有固定价格、非固定价格及部分固定、部分不固定价格等。

（一）固定价格

这种做法在国际货物买卖中采用得非常普遍，具体做法是：交易双方通过协商就计量单位、计价货币、单位货币金额和使用的贸易术语达成一致，在合同中以单价条款的形式规定下来，如 USD100 per Dozen CIF London。采用这种方法时，合同价格一经确定，就要严格执行，除非合同中另有约定，或经双方当事人一致同意，任何一方不得擅自更改。固定价格的做法具有明确具体、便于核算的优点。但是，在这种方式下，当事人要承担从签约到交货付款乃至转卖时价格波动的风险。

（二）非固定价格

非固定价格习惯上又称"活价"。具体做法上又分为如下几种。

（1）合同中只规定作价方式，具体作价留待以后确定。例如，规定"在装船月份前××天，参照当地及国际市场价格水平，协商议定正式价格"或"按照提单日期的国际市场价格计算"。

（2）在合同中暂定一个初步价格，作为买方开立信用证和初步付款的依据，待以后双方确定最终价格后再进行清算，多退少补。

（3）规定滑动价格的做法。这主要是在一些机械设备的交易中采用，由于加工周期较长，为了避免原料、工资等变动带来的风险，可由交易双方在合同中规定基础价格的同时，规定"如交货时原料、工资发生变化，并超过一定比例，卖方可对价格进行调整"的条款。

（三）部分固定、部分不固定价格

部分固定、部分不固定价格是指在国际货物买卖合同中，根据实际需要，一部分按固定价格，一部分按非固定价格作约定。

三、计价货币的选择

在国际贸易中，买卖双方使用何种货币主要依据双方自愿进行选择，一般来说有三种情况：使用卖方国家（地区）货币、使用买方国家（地区）货币和使用第三国（地区）货币。

对任何一方来说，使用本国（地区）货币，承担的风险较小，但如果使用外币则可能要承担外汇汇率变动所带来的风险。因为当今国际金融市场普遍实行浮动汇率制，汇率上下浮动是必然的，任何一方都有可能因汇率浮动造成损失。

因此，在进出口业务中，买卖双方必须考虑如何选择货币才能最大限度地减少外汇风险，主要有下列方法可供参考。

（1）尽量使用可以自由兑换，且汇率较稳定的外汇。

（2）出口时争取使用"硬币"或"强币"（指从成交至收汇这段时间内汇价比较稳定且趋势上浮的货币），进口时争取使用"软币"或"弱币"（指从成交至收汇这段时间内汇价比较疲软且趋势下浮的货币）。

（3）如果出口时使用了"软币"，在确定价格时，将货币在我方收汇时可能下浮的幅度考虑进去，相应提高报价；进口时使用"硬币"，在确定价格时，将货币在我方收汇时可能上浮的幅度考虑进去，相应压价。

（4）"软币""硬币"结合使用。在国际金融市场上，往往是两种货币互为"软""硬"的，甲币之"软"即乙币之"硬"。而且常有今日视为"软币"而后成为"硬币"，或相反的情形。因此，在合同中适当结合使用多种"软币"和"硬币"，也可以起到减少外汇风险的作用。

📖 各国（地区）货币及国际贸易中常用的计价货币名称

除此之外，还有不少减少外汇风险的方法，如订立外汇保值条款、黄金保值条款、特别提款权保值条款等。

国际贸易中常用的计价货币名称可扫描二维码了解。

四、价格术语的选用

（一）国际贸易术语概述

国际贸易是在国家或地区间进行，其交易活动不仅涉及买卖双方的责任、风险、费用的划分，还牵涉到货物运输、保险、进出口清关的手续和费用由谁来承担等一系列错综复杂的问题。如果每笔交易都就以上问题进行协商，势必影响交易的进程，增加交易费用。因此，经过长期的国际贸易实践，一种能解决上述问题的方法应运而生，即在上述价格中加上一个特别的"贸易术语"，用来表示一个完整价格的构成，并据以确定卖方应在哪里交货、承担哪些责任和风险、买方的责任和风险又如何划分等，从而简化了交易洽商的内容，缩短了成交过程，节省了业务费用。

1．贸易术语的含义

贸易术语（trade terms）又称价格术语。它是一个简短的概念或三个字母的缩写，用来说明商品的价格构成和买卖双方的有关费用、风险及责任的划分，以确定买卖双方在交货和接货过程中应尽的义务。

2．贸易术语的作用

（1）确定交货条件，即说明买卖双方在交接货物时各自应承担的风险、责任、费用。

（2）表示该商品的价格构成。

（3）简化交易手续，缩短洽商时间，节约费用开支。

3．有关贸易术语的国际贸易惯例

早在19世纪初，在国际贸易中已开始使用贸易术语，而且价格术语的出现的确给国际贸易带来了很大的便利，但最初各国并没有统一的解释。为了推进国际贸易的发展，某些国际组织和工商团体曾制定了有关国际贸易术语方面的规则、条例，以统一和规范国际贸易交易行为。这些规则和条例虽然无强制性，但得到了世界很多国家的认可，并在其国际贸易实践中加以运用，逐渐成为国际性的贸易惯例。

目前，国际上有较大影响的有关价格术语的惯例有三个。

（1）《华沙—牛津规则》。《华沙—牛津规则》（*Warsaw-Oxford Rules 1932*，W. O. Rules 1932）是由国际法协会制定的。该协会于1928年在华沙举行会议，制定了有关CIF买卖合同的统一规则，共22条，称为《1928年华沙规则》。后经1930年纽约会议、1931年巴黎会议和1932年牛津会议修订，定名为《1932年华沙—牛津规则》，共21条。本规则主要说明CIF买卖合同的性质和特点，并且具体规定了CIF合同中买卖双方所承担的费用、责任与风险。本规则适用的前提是必须在买卖合同中明确表示采用此规则。

虽然这一规则现在仍得到国际上的承认，但实际上已很少采用。

（2）《美国对外贸易定义修订本》。1919年美国九大商业团体共同制定了《美国出口报价及其缩写条例》，随后即得到世界各国（地区）买卖双方的广泛承认和使用。但自该条例出版以后，贸易习惯已有很大变化，因而在1940年举行的第27届全国对外贸易会议上强烈要求对它做进一步的修订。1941年7月30日，美国商会、美国进出口协会及全国对外贸易协会所组成的联合委员会通过《1941年美国对外贸易定义修订本》。1990年该惯例再次进行了修订，称为《1990年美国对外贸易定义修订本》（*Revised American Foreign Trade Definitions 1990*）。该惯例主要对以下6种术语做了解释：

EXW（ex works［named place］）、FOB（free on board）、FAS（free alongside ship）、CFR（cost and freight）、CIF（cost, insurance and freight）和 DEQ（delivered ex quay）。

本定义主要适用于美洲国家，在很多解释上与其他惯例不同，因此，使用本定义或与该地区交易时要慎重，不要轻易使用。

《国际贸易术语解释通则》（2020 年）

（3）《国际贸易术语解释通则》。国际商会自 20 世纪 20 年代初开始对重要的贸易术语进行统一解释的研究。1936 年制定了《国际贸易术语解释通则》，后来该通则于 1953 年、1967 年、1976 年、1980 年、1990年和 2000 年先后进行了 6 次修订和补充。2010 年 9 月，国际商会又公布了对《2000 年国际贸易术语解释通则》（以下简称《2000 通则》）做了修订的新版本《2010 年国际贸易术语解释通则》（*International Rules for the Interpretation of Trade Terms*，INCOTERMS 2010，简称《2010 通则》），于 2011 年 1 月 1 日正式生效。

国际贸易术语的每次修改，主要是为了适应当代的商业实践。1980 年修改是为了适应运输技术——集装箱运输和多式联合运输的发展，1990 年修订是为了适应运用日益广泛的电子数据交换（electronic data interchange，EDI）技术。

①《2000 通则》。对《2000 通则》进行修订是考虑到当时无关税区的广泛发展、交易中使用电子信息的增多，以及运输方式的变化。《2000 通则》继续采用《1990 通则》的结构，共包含 13 种价格术语，为了便于记忆，根据卖方义务的不同类型分为 E、F、C、D 四组，具体内容如表 4-4 所示。

表 4-4　《2000 通则》的贸易术语分类

▶E 组（启运）：		
EXW	ex works 工厂交货	适用于各种运输方式
▶F 组（主运费未付）：		
FCA	free carrier 货交承运人	适用于各种运输方式
FAS	free alongside Ship 船边交货	只适用于海运及内河运输
FOB	free on board 船上交货	只适用于海运及内河运输
▶C 组（主运费已付）：		
CFR	cost and freight 成本加运费	只适用于海运及内河运输
CIF	cost, insurance and freight 成本加保险费、运费	只适用于海运及内河运输
CPT	carriage paid to 运费付至	适用于各种运输方式
CIP	carriage and insurance paid to 运费、保险费付至	适用于各种运输方式
▶D 组（到达）：		
DAF	delivered at frontier 边境交货	适用于各种运输方式
DES	delivered ex ship 目的港船上交货	只适用于海运及内河运输
DEQ	delivered ex quay 目的港码头交货	只适用于海运及内河运输
DDU	delivered duty unpaid 未完税交货	适用于各种运输方式
DDP	delivered duty paid 完税后交货	适用于各种运输方式

E 组：只有 EXW 一种术语。按此术语，卖方在他自己的交货地点将货物交给买方（发货）。

F 组：包括 FCA、FAS 和 FOB 术语。由买方付费订立运输合同和指定承运人，卖方将货物交至买方指定的承运人（主运费未付）。

C 组：包括 CFR、CIF、CPT 和 CIP 术语。卖方必须自费签订运输合同，在 CIF 和 CIP 术语下，卖方还要办理保险并支付保险费，但货物灭失或损坏的风险及发运后产生的费用卖方不负责任（主运费已付）。

D 组：包括 DAF、DES、DEQ、DDU 和 DDP 术语。卖方必须负责将货物运送到约定的目的地或目的港，并负担货物交至该处为止的一切风险和费用。

②《2010 通则》。对《2010 通则》的修订考虑了目前世界上免税区的增加，电子通信技术的普遍使用，以及货物运输安全性的提高等实际情况，删去了《2000 通则》D 组术语中的 DDU、DAF、DES、DEQ，只保留了 DDP，同时新增加了两种 D 组贸易术语，即 DAT（delivered at terminal）与 DAP（delivered at place）以取代被删去的术语。修订后的《2010 通则》取消了"船舷"的概念，卖方承担货物装上船为止的一切风险，买方承担货物自装运港装上船后的一切风险。在 FAS、FOB、CFR 和 CIF 等术语中加入了货物在运输期间被多次买卖（连环贸易）的责任与义务的划分。考虑到一些大的区域贸易集团内部贸易的特点，规定《2010 通则》不仅适用于国际销售合同，也适用于国内销售合同。

《2010 通则》未沿用以往将贸易术语按交货地点分类的方法，而是简单地将 11 种贸易术语按适用范围分为两类（见表 4-5）：一是适用于各种运输方式的 EXW、FCA、CPT、CIP、DAT、DAP、DDP，二是只适用于海运和内河运输方式的 FAS、CFR、FOB、CIF。《2000 通则》按交货地点分类与分组如表 4-6 所示。

表 4-5　《2010 通则》的 11 种贸易术语

适用范围	国际代码	中英文全称
适用于任何单一运输方式或多种运输方式	EXW	ex works［insert named place of delivery］ 工厂交货［插入指定交货地点］
	FCA	free carrier［insert named place of delivery］ 货交承运人［插入指定交货地点］
	CPT	carriage paid to［insert named place of destination］ 运费付至［插入指定目的地］
	CIP	carriage and insurance paid to［insert named place of destination］ 运费、保险费付至［插入指定目的地］
	DAT	delivered at terminal［insert named terminal at port or place of destination］ 运输终端交货［插入指定港口或目的地的运输终端］
	DAP	delivered at place［insert named place of destination］ 目的地交货［插入指定目的地］
	DDP	delivered duty paid［insert named place of destination］ 完税后交货［插入指定目的地］

续表

适用范围	国际代码	中英文全称
适用于海运和内河运输	FAS	free alongside ship［insert named port of shipment］ 船边交货［插入指定装运港］
	CFR	cost and freight［insert named port of destination］ 成本加运费［插入指定目的地］
	FOB	free on board［insert named port of shipment］ 船上交货［插入指定装运港］
	CIF	cost insurance and freight［insert named port of destination］ 成本加保险费、运费［插入指定目的地］

表 4-6 《2000 通则》按交货地点分类与分组

按交货地点分类	组别	性质	国际代码	交货地点	使用范围
出口地境内	E 组	启运术语	EXW	商品所在地	全能
	F 组	主运费未付术语	FCA	出口地指定地点	全能
			FAS	装运港船边	水运
			FOB	装运港船上	水运
	C 组	主运费已付术语	CFR	装运港船上	水运
			CIF	装运港船上	水运
			CPT	出口地指定地点	全能
			CIP	出口地指定地点	全能
进口地境内	D 组	到达术语	DAT	进口地指定地点	全能
			DAP	进口地指定地点	全能
			DDP	进口地指定地点	全能

（二）国际贸易中 6 种主要的贸易术语

《2010 通则》中共有 11 种价格术语，其中最主要的价格术语是 FOB、CIF、CFR、FCA、CIP、CPT。前 3 种价格术语是国际贸易中最常用的，仅适用于海运和内河运输；后 3 种是根据前 3 种发展而来的，适用于各种运输方式。现就上述 6 种术语的含义、买卖双方的义务和责任、风险和费用的划分界限，以及在使用中应注意的问题等进行较为详细的介绍。

1. FOB

（1）FOB，free on board［insert named port of shipment］即船上交货［插入指定装运港］。它是指卖方以指定装运港将货物装上买方指定的船舶或通过取得已交付至船上货物的方式交货。货物灭失或损坏的风险在货物交到船上时转移，同时买方承担自那

时起的一切费用。本术语只适用于海运和内河运输。

（2）买卖双方的义务和责任划分。根据《2010 通则》对 FOB 的解释，买卖双方的义务和责任各分为十个方面，主要义务如下。

①卖方义务。a. 卖方必须在指定的装运港内的装船点（如有的话），以将货物置于买方指定的船舶之上的方式，或以取得已在船上交付的货物的方式交货。在其中任何情形下，卖方都必须在约定的日期或期限内，按照该港口的习惯方式交货。b. 自担风险和费用，取得所有的出口许可或其他官方授权，办理货物出口所需的一切海关手续。c. 负担货物在指定装运港交到船上之前的一切风险和费用。d. 提供商业发票和证明已履行交货义务的通常证据。

②买方义务。a. 买方必须收取卖方按合同规定交付的货物，接受按合同规定提交的交货凭证，按照销售合同规定支付价款。自担风险和费用，取得任何进口许可或其他官方授权，办理货物进口和在必要时从他国（地区）过境的一切海关手续。b. 负责租船或订舱，支付运费，并给予卖方有关船名、装船地点和要求交货时间的充分通知。c. 买方为其自身利益考虑，应负责办理保险手续并支付保险费（无强制义务）。d. 负担货物在指定装运港交到船上之后的一切风险和费用。

为便于记忆，现将上述买卖双方的责任和义务归纳为表 4-7。

表 4-7　FOB 术语买卖双方责任和义务划分一览

贸易术语	交货地点	风险转移点	租船订舱方	办理保险方	出口清关承担方	进口清关承担方	适用的运输方式
FOB	装运港	船上	买方	买方	卖方	买方	水上运输

（3）使用 FOB 贸易术语应注意的问题。装船费用的负担。卖方负担装船费用，但卖方应注意运输合同和买卖合同的协调。在租船运输时，由于船方通常按照"不负担装卸费用"（free in and out）条件出租船舶，装货费用和理舱费用不包括在其中，买卖双方就费用承担问题容易产生争议，为此，对于装卸费用可以在合同中用文字做出具体规定，或可以通过 FOB 的变形来解决这一问题。

① FOB 班轮条件（FOB liner terms）。按此变形，装船费用按班轮条件来办理，即由支付运费的一方——买方负担。

② FOB 吊钩下交货（FOB under tackle）。这是指卖方将货物运到船舶吊钩所及之处，从货物起吊开始的装船费用由买方负担（由于吊钩下可能在码头，也可能是驳船，而且大件货物涉及岸吊和浮吊的租用，易引起争议，因此，一般不用此变形）。

③ FOB 包括理舱费（FOB stowed）。这是指卖方负责将货物装入船舱并负担包括理舱费在内的装船费用。

④ FOB 包括平舱费（FOB trimmed）。这是指卖方负责将货物装入船舱并负担包括平舱费在内的装船费用。

⑤还有如 FOB stowed and/or trimmed（FOB 包括理舱费和 / 或平舱费）；FOB stowed and secured（FOB 包括理舱费和加固费）；FOB stowed and lashed（FOB 包括理舱费和捆扎费）等。

以上 FOB 变形一般只涉及装船费用的划分，风险、责任划分和正常的 FOB 术语没有任何区别，为避免纠纷，最好在合同中加以明确说明。

（4）《1990 年美国对外贸易定义修订本》对 FOB 的不同解释。《1990 年美国对外贸易定义修订本》中的 FOB 有 6 种解释。其中，5 种 FOB 术语与《2000 通则》中的 FOB 有明显的区别，只有一种与《2010 通则》中的 FOB 基本相似，即 FOB vessel〔named port of shipment〕，如卖方在装运港纽约交货应写成：FOB vessel New York。同时，《1990 年美国对外贸易定义修订本》规定，只有买方提出请求，并且由买方负担费用的情况下，卖方才有义务协助买方取得为出口所需要的出口国证件，并且出口税及其他因出口需征收的各项费用由买方承担。

小案例 4-12

营业地均在《公约》缔约国的 A 公司与 B 公司订立了一份以 FOB 价格为条件的货物买卖合同，A 公司出口棉纱 200 包，每包净重 200 千克。货物装船时已经双方认可的检验机构检验，认定货物品质符合合同的规定。B 公司安排了装货的船舶，A 公司按照合同所规定的时间将货物运抵装运的码头。在货物装船后当天就起航前往 B 公司所在国。装船后第三天，A 公司以传真方式将装船事宜通知了 B 公司。但是，在船舶起航后 18 小时，船只遇到恶劣天气，致使棉纱全部浸湿。由于 B 公司是在装船后第三天才收到装船通知的，未能及时办理运输保险手续，因此，货物损失无法获得保险公司的补偿。为此，B 公司遂以 A 公司未及时发出装船通知为由，要求 A 公司承担赔偿责任。A 公司反驳认为，在 FOB 合同中，货物的风险自货物在装运港越过船舷后就已转移给买方，对此后的损失作为卖方的 A 公司不承担任何责任。

分析： 按《2000 通则》的规定，以 FOB、CFR 贸易术语达成交易时，卖方交货后应给予买方充分的通知，并且卖方在买方的请求下必须向买方提供投保所需的信息，以便买方能及时办理保险，否则，由此引起的不良后果卖方要承担相应的责任。

小案例 4-13

某公司以 FOB 条件出口一批茶具，买方要求公司代为租船，费用由买方负担。由于公司在约定日期内无法租到合适的船，且买方不同意更换条件，以致延误了装运期，买方以此为由提出撤销合同。问：买方的要求是否合理？

分析： 在 FOB 条件下，由买方负责租船订舱，并将船名、船期通知卖方，而卖方必须负责在合同规定的装船期和装运港，将货物装上买方指定的船只。这里就有个船货衔接问题。

如果船只按时到达，而卖方货未备齐，则卖方应承担由此造成的空舱费和滞期费；反之，如果买方延迟派船，由此引起的卖方仓储费的增加应由买方负责。

在具体业务中，卖方也可接受买方的委托代为租船订舱或投保，但这纯属代办，费用均由买方负担。如卖方不能完成买方之委托，如订不到舱位则风险由买方负担，买方不得因此而向卖方提出任何异议或借以撤销合同。

2. CIF

（1）CIF，cost insurance and freight［insert named port of destination］即成本加保险费加运费［插入指定目的地］。CIF 指卖方在船上交货或以取得已经这样交付的货物方式交货。货物灭失或损坏的风险在货物交到船上时转移。卖方必须签订合同，并支付必要的成本和运费，将货物运至指定的目的港，同时卖方还要为买方在运输途中货物的灭失或损坏风险办理保险。本术语只适用于海运和内河运输。

（2）买卖双方的义务和责任划分。根据《2010 通则》对 CIF 的解释，买卖双方的主要义务如下。

①卖方义务：a.卖方必须在指定的装运港内的装船点（如有的话），以将货物置于买方指定的船舶之上的方式，或以取得已在船上交付的货物的方式交货。b.自担风险和费用，取得所有的出口许可或其他官方授权，办理货物出口所需的一切海关手续。c.负责签订或取得运输合同，并支付至目的港的运费。d.负责办理货物运输保险，支付保险费。e.负担货物在指定装运港交到船上之前的一切风险和费用。f.提供商业发票和证明已履行交货义务的通常证据。

②买方义务：a.买方必须收取卖方按合同规定交付的货物，接受按合同规定提交的交货凭证，按照销售合同规定支付价款。b.自担风险和费用，取得任何进口许可或其他官方授权，办理货物进口和在必要时从他国过境的一切海关手续。c.负担货物在指定装运港交到船上之后的一切风险和费用。

为便于记忆，现将上述买卖双方的义务和责任归纳为表 4-8。

表 4-8 CIF 术语买卖双方义务和责任划分一览

贸易术语	交货地点	风险转移点	租船订舱方	办理保险方	出口清关承担方	进口清关承担方	适用的运输方式
CIF	装运港	船上	卖方	卖方	卖方	买方	水上运输

（3）使用 CIF 贸易术语应注意的问题

①卸货费用的负担。买方负担卸货费用，但卖方应注意运输合同和买卖合同的协调，如果卖方按照运输合同在目的港发生了卸货费用，除非双方事先另有约定，卖方无权向买方要求补偿该项费用。

在租船运输中，卸货费往往需要另行规定，可采用 CIF 的变形来解决，国际贸易中有关 CIF 的变形主要有以下几种。

a. CIF 班轮条件（CIF liner terms）：指卸货费用按班轮条件办理，即由支付运费的一方（卖方）负担。

b. CIF 舱底交货（CIF ex ship's hold）：指买方负担将货物从目的港船舱舱底起吊卸到码头的费用。

c. CIF 吊钩交货（CIF ex tackle）：指卖方负担将货物从舱底吊至船边卸离吊钩为止的费用。

d. CIF 卸到岸上（CIF landed）：指货物到达目的港后，包括驳船费和码头捐在内的卸货费由卖方负担。

②象征性交货。CIF 是典型的象征性交货术语，卖方凭单交货，买方凭单付款。这意味着只要单据齐全（主要是提单、保险单和商业发票）和正确（符合合同要求），卖方提交单据即推定为履行交货义务，买方凭单据履行付款义务。也就是说，买方凭单付款而不是凭实际交货付款，即使在卖方提交单据的时候，货物已经发生灭失或损坏，但只要单据是正确的、齐全的，买方仍须按合同规定支付货款。反之，如果卖方所交单据不正确或不齐全，买方有权拒付，即使所交货物与合同完全相符。基于上述特点，CIF 合同不是到达合同，而是装运合同，故把 CIF 价格称为到岸价格是不确切的，容易引起争议。

（4）投保的有关规定。按 CIF 术语达成的交易，保险是卖方的责任，《2010 通则》对此有明确规定。

① 保险合同应与信誉良好的保险人或保险公司订立，在无相反明确协议时，卖方只须按《协会货物保险条款》（*Institute Cargo Clauses*，LMA/IUA）"条款（C）"（Clause C）或其他类似条款的最低险别投保。当买方要求且能够提供卖方所需的信息时，并由买方负担费用，卖方应办理任何附加险。

② 最低保险金额应包括合同规定的价款另加 10%（即 110%）。

③ 保险时应以合同货币投保。

在实际业务中，为了明确责任，我国外贸公司在与国外客户洽谈交易采用 CIF 术语时，一般应在合同中具体规定保险险别、投保加成、保险金额，以防发生争议。

（5）明确交付点。CIF 术语成交，卖方必须签订合同，并支付运费将货物运至指定的目的港，但是卖方完成交货义务是在装运港船上，风险随交货而转移。因此，买卖双方应在合同中尽可能准确地约定装运港。同时，买卖双方应在合同中尽可能准确地约定目的港的交付点，以便卖方准确地核算应该支付的运费。

小案例 4-14

我方按 CIF 条件进口一批床单，货物抵达后发现床单在运输途中部分受潮，而卖方已如期向我方递交了合同规定的全套合格单据并要求我方支付货款。问我方能否以所交货物受潮而拒付货款并向卖方索赔？

分析：CIF 是典型的象征性交货术语，卖方凭单交货、买方凭单付款。这意味着只要单据齐全（主要是提单、保险单和商业发票）和正确（符合合同要求），卖方提交单据即推定为履行交货义务，买方凭单据履行付款义务。也就是说，买方凭单付款而不是凭实际交货付款，即使在卖方提交单据的时候，货物已经发生灭失或损坏，但只要单据是正确的、齐全的，买方仍须按合同规定支付货款。反之，如果卖方所交单据不正确或不齐全，买方有权拒付，即使所交货物与合同完全相符。

因此，在本案例中，我方必须凭卖方提交的全套合格单据支付货款。至于床单在运输途中部分受潮，应追究原因，向相关当事人索赔。

小案例 4-15

某公司按 CIF London 向英国出口一批季节性较强的货物，双方在合同中规定：买方必须于 9 月底前将信用证开到，卖方保证运货轮船不得迟于 12 月 2 日驶抵目的港。如货轮迟于 12 月 2 日驶抵目的港，买方有权取消合同。如货款已收，卖方必须将货款退还买方，如此签约是否正确？

分析：不正确。CIF 合同属于装运合同，货物风险和费用的划分点在转运港船上。卖方负责货物越过装运港船上以前的风险和费用，而买方负责货物越过装运港船上以后的风险和费用。合同中要求卖方负责货物于 12 月 2 日货轮驶抵目的港，延长卖方责任至目的港，有违 CIF 术语的责任划分，对卖方不利。

小案例 4-16

A 公司与欧洲某进口商签订一份皮具出口合同，CIF 鹿特丹，向 PICC 投保一切险，货物到达后检验，全部货物表面湿、霉、玷污、变色，损失 10 万美元。据分析，货损的主要原因是生产厂家未将皮具的湿度降低到合理的程度。试问：保险公司是否应负责赔偿？进口商是否要支付货款？出口商应如何处理？

分析：（1）保险公司不需要赔偿。A 公司虽向 PICC 投保一切险，但保险公司是对货物运输过程中所遭受的海上风险和一般外来风险承担责任，对货物质量问题所造成的损失无须承担责任。

（2）进口商不需要支付货款。虽然 CIF 属于象征性交货，卖方凭单据交货，买方凭单据付款，但是，对于交货以前就已经存在的质量问题，卖方不能免责。《公约》规定："卖方交货必须符合约定的质量，如卖方交货不符约定的品质条件，买方有权要求损害赔偿，也可要求修理或交付替代货物，甚至拒收货物和撤销合同。"

（3）出口商应该届期补交货物，并承担给买方造成的不合理的损失。

3. CFR

（1）CFR，cost and freight（insert named port of destination）即成本加运费（插入指定目的地），指卖方在装运港船上交货，卖方需支付将货物运至指定目的地港所需的费用。货物灭失或损坏的风险在货物交到船上时转移。卖方必须签订合同，并支付必要的成本和运费，将货物运至指定的目的港。本术语只适用于海运和内河运输。

（2）买卖双方的义务和责任划分。根据《2010 通则》对 CFR 的解释，买卖双方的主要义务如下。

①卖方义务：a. 卖方必须在指定的装运港内的装船点（如有的话），以将货物置于买方指定的船舶之上的方式，或以取得已在船上交付的货物的方式交货。b. 自担风险和费用，取得所有的出口许可或其他官方授权，办理货物出口所需的一切海关手续。c. 负责签订或取得运输合同，并支付至目的港的运费。d. 负担货物在指定装运港交到船上之前的一切风险和费用；e. 提供商业发票和证明已履行交货义务的通常证据。

②买方义务：a. 买方必须收取卖方按合同规定交付的货物，接受按合同规定提交的交货凭证，按照销售合同规定支付价款。b. 自担风险和费用，取得任何进口许可或其他

官方授权，办理货物进口和在必要时从他国过境的一切海关手续。c.自行负责办理货物运输保险，支付保险费（无强制义务）。d.负担货物在指定装运港交到船上之后的一切风险和费用。

为便于记忆，现将上述买卖双方的义务和责任归纳为表4-9。

表4-9 CFR术语买卖双方义务和责任划分一览

贸易术语	交货地点	风险转移点	租船订舱方	办理保险方	出口清关承担方	进口清关承担方	适用的运输方式
CFR	装运港	船上	卖方	买方	卖方	买方	水上运输

（3）使用CFR贸易术语应注意的问题

①卸货费用的负担。买方负担驳运费和码头费在内的卸货费用。但如果卖方按照运输合同在目的港发生了卸货费用，除非双方事先另有约定，卖方无权向买方要求补偿该项费用。在租船运输中，卸货费需要另行规定，可采用CFR的变形来解决，国际贸易中有关CFR的变形主要有以下几种。

a. CFR班轮条件（CFR liner terms）：指卸货费用按班轮条件办理，即由支付运费的一方（卖方）负担。

b. CFR舱底交货（CFR ex ship's hold）：指买方负担将货物从目的港船舱舱底起吊卸到码头的费用。

c. CFR吊钩交货（CFR ex tackle）：指卖方负担将货物从舱底吊至船边卸离吊钩为止的费用。

d. CFR卸到岸上（CFR landed）：指货物到达目的港后，包括驳船费和码头捐在内的卸货费由卖方负担。

②装船通知。作为CFR合同的卖方，一旦了解配载船名后，应该立即发出装船通知，以满足买方为目的港收取货物采取必要措施（包括办理保险）的需要。有些国家的法律规定：如卖方未向买方发出装船通知，以便买方对货物办理保险，那么，货物在海运途中的风险应被视为由卖方负担。

（4）CFR与FOB、CIF的异同点。CFR与FOB、CIF三种术语都适用于海洋运输和内河运输，而且在交货地点与风险划分界限方面是相同的，但在买卖双方承担的责任和费用方面存在差别。对卖方来说，在CIF贸易术语中，既要承担保险费又要支付运费，而在CFR术语中只要求卖方支付运费，FOB术语只要求卖方在装运港交货，不负责货物的运输和保险。因此，就卖方承担的责任和费用而言，则有CIF > CFR > FOB。

小案例 4-17

我国某公司以CFR条件进口一批大豆，在约定日期未收到卖方的装船通知，却收到卖方要求该公司支付货款的单据。过后，我方接到货物，经检验，部分货物在运输途中因海上风险而丢失。问该公司应如何处理？为什么？

分析：采用CFR贸易术语，卖方应该在货物装船以后发出"充分的通知"（时间上是"毫不延迟的",内容上是"详尽"的,能够满足买方为目的港收取货物采取必要措施,包括办理保险的需要)。按照有关法律和惯例的规定,如果货物在运输途中受损,而卖方未及时发出装船通知使买方漏保,那么卖方不能以风险在船舷转移为由免除责任。

因此,在该案例中,买方有权要求卖方承担相应责任。

4. FCA

(1) FCA,free carrier(insert named place of delivery)即货交承运人(插入指定交货地点),它是指卖方在卖方所在地或其他指定地点将货物交给买方指定的承运人或其他人。由于风险在交货地点转移至买方,特别建议双方尽可能清楚地写明指定交货地。该术语可适用于任何运输方式,也可适用于多种运输方式。

(2) 买卖双方的义务和责任划分。按此术语达成的交易,买卖双方的主要义务分别如下。

①卖方义务:a.卖方必须在约定日期或期限内,在指定地点或指定地点的约定点(如有约定),将货物交付给买方指定的承运人或其他人。b.自担风险和费用,取得所有的出口许可或其他官方授权,办理货物出口所需的一切海关手续。c.负担完成交货之前货物灭失或损坏的一切风险和费用。d.提供商业发票和证明已履行交货义务的通常证据。

②买方义务:a.买方必须收取卖方按合同规定交付的货物,接受按合同规定提交的交货凭证,按照销售合同规定支付价款。b.自担风险和费用,取得任何进口许可或其他官方授权,办理货物进口和在必要时从他国过境的一切海关手续。c.买方必须自付费用签订自指定的交货地点起运货物的运输合同。d.自行负责办理货物运输保险,支付保险费(无强制义务)。e.负担卖方交货时起货物灭失或损坏的一切风险和费用。

为便于记忆,现将上述买卖双方的义务和责任归纳为表4-10。

表4-10 FCA术语买卖双方义务和责任划分一览

贸易术语	交货地点	租船订舱方	办理保险方	出口清关承担方	进口清关承担方	适用的运输方式
FCA	装运地	买方	买方	卖方	买方	任何方式

(3) 使用FCA贸易术语应注意的问题

①交货点(装卸费用划分)。卖方必须在约定日期或期限内,在指定地点或指定地点的约定点(如有约定),将货物交付给买方指定的承运人或其他人。以下情况,交货完成:a.若指定地点是卖方所在地,则当货物被装上买方提供的运输工具时(卖方应负责装货);b.在任何其他情况下,则当货物虽仍处于卖方的运输工具上,但已准备好卸载,并已交由承运人或买方指定的其他人处置时(卖方不负责卸货)。

②通知卖方。买方必须通知卖方以下内容:a.指定的承运人或其他人的姓名,以便卖方有足够时间按照该条款交货;b.如适用时,在约定的交付期限内所选择的由指定的承运人或其他人收取货物的时间;c.指定人使用的运输方式;d.指定地点内的交货点。

③风险转移。买方承担自按照卖方交货时起货物灭失或损坏的一切风险。如果买方未按照上述"通知卖方"的规定通知指定承运人或其他人,或发出通知,或指定的承运人或其他人未在约定的时间接管货物,则买方承担货物灭失或损坏的一切风险:a.自约

定日期起，若无约定日期的；b.自卖方在约定期限内按照被通知的日期起，或若没有通知日期的；c.自任何约定交货期限届满之日起。但以该项货物已清楚地确定为合同项下之货物者为限。

5. CIP

（1）CIP, carriage and insurance paid to（insert named place of destination）即运费、保险费付至（插入指定目的地），它是指卖方将货物在双方约定地点（如双方已经约定了地点）交给其指定的承运人或其他人。卖方必须签订运输合同并支付将货物运至指定目的地的所需费用，卖方还必须为买方在运输途中货物的灭失或损坏风险签订保险合同。该术语可适用于任何运输方式，也可适用于多种运输方式。

（2）买卖双方的义务和责任划分。按此术语达成的交易，买卖双方的主要义务分别如下。

①卖方义务：a.在运输合同规定地点和日期将货物交给承运人，并给予买方已交货的充分通知。b.自担风险和费用，取得所有的出口许可或其他官方授权，办理货物出口所需的一切海关手续。c.卖方必须签订或取得运输合同，将货物自交货地内的约定交货点（如有的话）运送至指定目的地或该目的地的交付点（如有约定）。d.卖方必须自付费用取得货物保险。e.负担完成交货之前货物灭失或损坏的一切风险和费用。f.提供商业发票和证明已履行交货义务的通常证据。

②买方义务：a.买方必须收取卖方按合同规定交付的货物，接受按合同规定提交的交货凭证，按照销售合同规定支付价款。b.自担风险和费用，取得任何进口许可或其他官方授权，办理货物进口和在必要时从他国过境的一切海关手续。c.负担卖方交货时起货物灭失或损坏的一切风险和费用。

为便于记忆，现将上述买卖双方的义务和责任归纳为表4-11。

表4-11 CIP术语买卖双方义务和责任划分一览

贸易术语	交货地点	租船订舱方	办理保险方	出口清关承担方	进口清关承担方	适用的运输方式
CIP	装运地	卖方	卖方	卖方	买方	任何方式

（3）使用CIP贸易术语应注意的问题

①明确两个地点。由于风险转移和费用转移的地点不同，该术语有两个关键点。特别建议双方尽可能确切地在合同中明确交货地点（风险在这里转移至买方），以及指定目的地（卖方必须签订运输合同运到该目的地）。如果运输到约定目的地涉及多个承运人，且双方不能就特定的交货点达成一致时，可以推定：当卖方在某个完全由其选择，且买方不能控制的点将货物交付给第一个承运人时，风险转移至买方。如双方希望风险晚些转移的话（如在某海港或机场转移），则需要在其买卖合同中订明。由于卖方需承担将货物运至目的地具体地点的费用，特别建议双方尽可能确切地在指定目的地内明确该点。建议卖方取得完全符合该选择的运输合同。

②卸货费的负担。卸货费用由卖方负担。如果卖方按照运输合同在指定的目的地卸货发生了费用，除非双方另有约定，卖方无权向买方要求偿付。

6. CPT

（1）CPT，carriage paid to（insert named place of destination）即运费付至（插入指定目的地），它是指卖方将货物在双方约定地点（如果双方已经约定了地点）交给卖方指定的承运人或其他人。卖方必须签订运输合同并支付将货物运至指定目的地所需费用。该术语可适用于任何运输方式，也可适用于多种运输方式。

（2）买卖双方的义务和责任划分。按此术语达成的交易，买卖双方的主要义务分别如下。

①卖方义务：a. 在运输合同规定地点和日期将货物交给承运人，并给予买方已交货的充分通知。b. 自担风险和费用，取得所有的出口许可或其他官方授权，办理货物出口所需的一切海关手续。c. 卖方必须签订或取得运输合同，将货物自交货地内的约定交货点（如有的话）运送至指定目的地或该目的地的交付点（如有约定）。d. 负担完成交货之前货物灭失或损坏的一切风险和费用。e. 提供商业发票和证明已履行交货义务的通常证据。

②买方义务：a. 买方必须收取卖方按合同规定交付的货物，接受按合同规定提交的交货凭证，按照销售合同规定支付价款。b. 自担风险和费用，取得任何进口许可或其他官方授权，办理货物进口和在必要时从他国过境的一切海关手续。c. 自行负责办理货物运输保险，支付保险费（无强制义务）。d. 负担卖方交货时起货物灭失或损坏的一切风险和费用。

为便于记忆，现将上述买卖双方的义务和责任归纳为表4-12。

表4-12　CPT术语买卖双方义务和责任划分一览

贸易术语	交货地点	租船订舱方	办理保险方	出口清关承担方	进口清关承担方	适用的运输方式
CPT	装运地	卖方	买方	卖方	买方	任何方式

（3）使用CPT贸易术语应注意的问题

①明确两个地点。由于风险转移和费用转移的地点不同，该术语有两个关键点。特别建议双方尽可能确切地在合同中明确交货地点（风险在这里转移至买方），以及指定目的地（卖方必须签订运输合同运到该目的地）。如果运输到约定目的地涉及多个承运人，且双方不能就特定的交货点达成一致时，可以推定：当卖方在某个完全由其选择，且买方不能控制的点将货物交付给第一个承运人时，风险转移至买方。如双方希望风险晚些转移的话（如在某海港或机场转移），则需要在其买卖合同中订明。由于卖方需承担将货物运至目的地具体地点的费用，特别建议双方尽可能确切地在指定目的地内明确该点。建议卖方取得完全符合该选择的运输合同。

②卸货费的负担。卸货费用由卖方负担，但如果卖方按照运输合同在指定的目的地卸货发生了费用，除非双方另有约定，卖方无权向买方要求偿付。

7. FCA、CIP、CPT与FOB、CIF、CFR的区别

FCA、CIP、CPT三种价格术语买卖双方义务和责任划分的基本原则与FOB、CIF、CFR三种术语是基本相同的，但由于它们所适用的运输方式完全不同，所以还是有区别的，

具体表现如表4-13所示。

表4-13　FCA、CIP、CPT与FOB、CIF、CFR的区别

术语不同点	FOB、CFR、CIF	FCA、CPT、CIP
适用的运输方式不同	仅适用于海洋运输和内河运输	适用于任何运输方式
交货地点及风险、费用转移界限不同	交货地点均为出口国装运港，风险和费用的划分则以装运港船上为界	交货地点应视不同的运输方式和不同的约定而定，风险和费用则为卖方将货物交由承运人保管时转移至买方
运输单据不同	卖方一般提供海运提单	卖方提交的运输单据因运输方式的不同而不同，如铁路运单、航空运单、国际多式联运单据等
运费负担不同	运费主要是指从装运港到目的港的海运运费	包括从出口国指定地点到进口国指定地点，中间可能涉及几种不同的运输方式
保险的内容不同	主要涉及的是海洋货物运输保险	涉及各种运输方式下的货物保险

（三）其他贸易术语

除了上述6种常用的价格术语外，《2010通则》还包括以下5种贸易术语。

1．EXW

EXW，ex works（insert named place of delivery），即工厂交货（插入指定交货地点）。EXW是指当卖方在其所在地或其他指定的地点（如工厂、车间或仓库等）将货物交给买方处置时，即完成交货。卖方不负责将货物装上买方安排的任何运输工具，也不办理出口清关手续。买方负担自卖方工厂交付后至最终目的地的一切费用和风险。如买方不能直接或间接地办理货物出口报关手续时，则不宜采用此贸易术语。该术语可适用于任何运输方式，也可适用于多种运输方式。

EXW是卖方责任最小的贸易术语。

2．FAS

FAS，free alongside ship（insert named port of shipment），即装运港船边交货（插入指定装运港）。FAS是指卖方在指定的装运港将货物交到买方指定的船边（如置于码头或驳船上）时，即为交货。货物灭失或损坏的风险在货物交到船边时发生转移，同时买方承担自那时起的一切费用和风险。在需要办理海关手续时，办理货物出口所需的一切海关手续，买方承担自装运港船边（或驳船）起的一切费用和风险。本术语只适用于海运和内河运输。

3．DAT

DAT，delivered at terminal（insert named terminal at port or place of destination），即运输终端交货（插入指定港口或目的地的运输终端）。DAT是指当卖方在指定港口或目的地的指定运输终端将货物从抵达的载货运输工具上卸下，交由买方处置时，即为交货。"运输终端"意味着任何地点，而不论该地点是否有遮盖，如码头、仓库、集装箱堆积场或公路、铁路、空运货站。卖方承担将货物送至指定港口或目的地的运输终端并将其

卸下的一切风险。如适用时，DAT 要求卖方办理出口清关手续，进口清关手续则由买方办理。该术语可适用于任何运输方式。

4. DAP

DAP，delivered at place（insert named place of destination），即目的地交货（插入指定目的地）。DAP 是指当卖方在指定目的地将仍处于抵达的运输工具之上，且已做好卸载准备的货物交由买方处置时，即为交货。卖方承担将货物运送到指定地点的一切风险。如适用时，DAP 要求卖方办理出口清关手续，进口清关手续则由买方办理。该术语可适用于任何运输方式，也可适用于多种运输方式。

5. DDP

DDP，delivered duty paid（insert named place of destination），即完税后交货（插入指定目的地）。DDP 是指当卖方在指定目的地将仍处于抵达的运输工具上，但已完成进口清关，且已做好卸载准备的货物交由买方处置时，即为交货。卖方承担将货物运至目的地的一切风险和费用，并且有义务完成货物出口和进口清关，支付所有出口和进口的关税和办理所有海关手续。如卖方无法直接或间接地取得进口许可证时不宜采用该术语。该术语可适用于任何运输方式，也可适用于多种运输方式。DDP 代表卖方的最大责任。

《2010 通则》中共有 11 种贸易术语，每个贸易术语都有其个性，也有其共性。为便于学习、理解和掌握所学的国际贸易术语，现将 11 种贸易术语下关系双方费用划分情况归类汇总为表 4-14。

表 4-14　《2010 年通则》中 11 种贸易术语下买卖双方费用划分

贸易术语	出口清关	装货费	运费	保险费	进口清关	卸货费
EXW	买方	买方	买方	买方	买方	买方
FAS	卖方	买方	买方	买方	买方	买方
FCA	卖方	卖方 / 买方	买方	买方	买方	买方
FOB	卖方	卖方	买方	买方	买方	买方
CFR	卖方	卖方	卖方	买方	买方	买方
CPT	卖方	卖方	卖方	买方	买方	买方
CIF	卖方	卖方	卖方	卖方	买方	买方
CIP	卖方	卖方	卖方	卖方	买方	买方
DAT	卖方	卖方	卖方	卖方	买方	卖方
DAP	卖方	卖方	卖方	卖方	买方	买方
DDP	卖方	卖方	卖方	卖方	卖方	买方

11 种贸易术语交货点 / 风险点示意如图 4-7 所示。

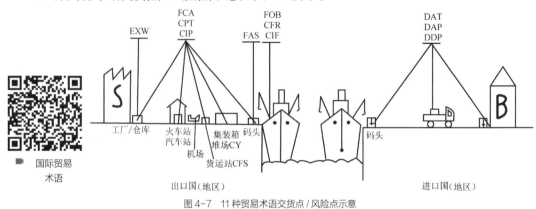

图 4-7　11 种贸易术语交货点 / 风险点示意

（四）价格术语的具体选择

国际贸易中，可供买卖双方选用的价格术语有很多，由于各种价格术语都有其特定的含义，不同的价格术语，买卖双方所承担的责任、义务、风险也不同，价格术语选择正确与否直接关系到买卖双方的经济利益。因此，选择价格术语时必须考虑以下因素。

（1）选用价格术语必须体现我国的对外政策，必须按照平等互利的原则在双方自愿的基础上选择价格术语。

（2）选择双方熟悉的、对买卖双方都较为便利的价格术语。如 FOB、CIF、CFR3 种价格术语，已成为各国商人经常使用的价格术语，且双方风险的划分界限是以装运港船上为界，这有利于双方履行合同。

（3）选择价格术语时应考虑本国保险业和运输业的情况。出口时争取使用 CIF 术语，这将有利于促进我国保险业和运输业的发展，也有助于我方做好船货衔接、按时履行合同。

（4）选用价格术语时应考虑运费因素，运费在价格中占有很大的比重。因此，在选择价格术语时应事先预算运费，如运价不稳定，无法测算运费。出口时，最好使用 FOB 价，以避免运价上涨所造成的损失，如欲按 CIF 或 CFR 成交出口，价格内应考虑运费上涨因素，或在合同内订明以现行运费率为准，超额运费由买方负担。

（5）选用价格术语必须考虑国外港口装卸条件和港口惯例。各国港口装卸条件不同，装卸费和运费水平也不一样，并且某些港口还有一些习惯做法，交易中往往难以把握。如果我方进口时，国外装运港的条件较差、费用较高，则力争采用 CIF 或 CFR 术语，或者用 FOB stowed 或 FOB trimmed；出口时，如果目的港条件较差，费用较高，我方应力争用 FOB 术语成交，如果必须使用 CIF 或 CFR 术语，则应选用其变形 CIF ex ship's hold 或 CFR ex ship's hold。

（6）选用价格术语时应考虑海上风险程度。在国际贸易中，出口人一般都不愿意用目的地交货类的价格术语，如 DAT、DAP、DDP；进口人一般不愿意用出口国内陆交货的价格术语，如 EXW。这主要是由于对国外情况不了解，谁都不愿冒此风险。

（7）根据情况可适当选用 FCA、CIP、CPT 这三种价格术语。这三种价格术语虽然早就出现在《国际贸易术语解释通则》中，但一直没有被我国广大的进出口商所接受。主要原因是：一方面出口商对这三种贸易术语不了解、不熟悉，另一方面由于我国大部

分机构无法承担"国际多式联运经营人"（multi-model transport operator，MTO）的工作。事实上，这三种价格术语与 FOB、CFR、CIF 相比较是有一些优势的：一是减少了出口人的风险；二是加快了出单时间，出口人可以提前收汇。

结合以上各种因素及我方的经营意图，权衡利弊，选择适当的价格术语。

五、出口报价核算

（一）佣金和折扣

在合同价格条款中，有时会涉及佣金（commission）和折扣（discount）。

价格条款中所规定的价格，可分为包含有佣金或折扣的价格和不包含这类因素的净价（net price）。包含有佣金的价格，在业务中通常称为"含佣价"。

1．佣金

（1）佣金的含义

在国际贸易中，有些交易是通过中间代理商进行的。因中间商介绍生意或代买代卖而需收取一定的酬金，此项酬金叫佣金。凡在合同价格条款中，明确规定佣金的百分比，叫作"明佣"。如不标明佣金的百分比，甚至连"佣金"字样也不标示出来，有关佣金的问题由双方当事人另行约定，这种暗中约定佣金的做法，叫作"暗佣"。佣金直接关系到商品的价格，货价中是否包括佣金和佣金比例的大小，都影响商品的价格。显然，含佣价比净价要高。正确运用佣金，有利于调动中间商的积极性和扩大交易。

（2）佣金的规定办法

在商品价格中包括佣金时，通常应以文字来说明。例如："每公吨 200 美元 CIF 旧金山，包括 2% 佣金"（US＄200 per M／T CIF San Francisco including 2% commission）。也可在贸易术语上加注佣金的缩写英文字母"C"和佣金的百分比来表示。例如："每公吨 200 美元 CIFC2％ 旧金山"（US＄200 per M／T CIF San Francisco including 2% commission）。商品价格中所包含的佣金，除用百分比表示外，也可以用绝对数来表示。例如："每公吨付佣金 25 美元。"如中间商为了从买卖双方获取"双头佣金"或为了逃税，有时要求在合同中不规定佣金，而另按双方暗中达成的协议支付。佣金的规定应合理，其比率一般掌握在 1%～5% 之间，不宜偏高。

（3）佣金的计算

多数情况下，以何种价格术语成交，就以何种价格为基础计算佣金。关于计算佣金的公式为

单位货物佣金额＝含佣价 × 佣金率

净价＝含佣价－单位货物佣金额

上述公式也可写成

净价＝含佣价 ×（1－佣金率）

假如已知净价，则含佣价的计算公式应为

含佣价＝净价／（1－佣金率）

在这里，值得注意的是，如在洽商交易时，我方报价为 10000 美元，对方要求 3% 的佣金，在此情况下，我方改报含佣价，按上述公式算出应为 10309.3 美元，这样才能

保证实收 10000 美元。

（4）佣金的支付

一般有两种做法：一种是由中间代理商直接从货价中扣除佣金；另一种是在委托人收清货款之后，再按事先约定的期限和佣金比率，另行付给中间代理商。在支付佣金时，应防止错付、漏付和重付等事故发生。

【例4-1】我国某公司出口商品报价为：USD 300 CFRC3% NEW YORK。计算 CFR 净价和佣金各为多少？如对方要求将佣金增加到 5%，我方同意，但出口净收入不变。问 CFRC5% 应如何报价？

分析：CFR 净价：$300 \times (1 - 3\%) = 291$（美元）

佣金：$300 \times 3\% = 9$（美元）

如出口净收入不变，则 $CFRC5\% = 291/(1 - 5\%) = 306.3$（美元）。

2．折扣

（1）折扣的含义

折扣是指卖方按原价给予买方一定百分比的减让。凡在价格条款中明确规定折扣率的，叫作"明扣"；凡交易双方就折扣问题已达成协议，而在价格条款中却不明示折扣率的，叫作"暗扣"。折扣直接关系到商品的价格，货价中是否包括折扣和折扣率的大小，都影响商品价格，折扣率越高，则价格越低。折扣如同佣金一样，都是市场经济的必然产物，正确运用折扣，有利于调动采购商的积极性和扩大销路，在国际贸易中，它是加强对外竞销的一种手段。

（2）折扣的规定办法

折扣通常在合同价格条款中用文字明确表示出来。例如："CIF伦敦每公吨200美元，折扣3%"（US＄200 per metric ton CIF London including 3% discount）。此例也可这样表示："CIF伦敦每公吨200美元，减3%折扣"（US＄200 per metric ton CIF London less 3% discount）。此外，折扣也可以用绝对数米表示。例如，"每公吨折扣6美元"。

（3）折扣的计算与支付方法折扣通常是以成交额或发票金额为基础计算出来的。例如，CIF 伦敦，每公吨 2000 美元，折扣 2%，卖方的实际净收入为每公吨 1960 美元。其计算方法为

单位货物折扣额＝原价（或含折扣价）×折扣率

卖方实际净收入＝原价－单位货物折扣额折扣

一般是在买方支付货款时预先予以扣除。也有的折扣金额不直接从货价中扣除，而按暗中达成的协议另行支付给买方，这种做法通常在给"暗扣"或"回扣"时采用。

（二）FOB/CIF/CFR 三种贸易术语价格之间的换算

（1）FOB 价算为 CFR 价的公式为

CFR=FOB+F（运费）

（2）FOB 价换算为 CIF 的公式为

CIF=FOB+F（运费）+I（保险费）

【例4-2】我某公司欲出口商品一批，对外报价每公吨1300美元 CIFC3% 纽约，外商要求改报CFRC5%纽约价。已知保险按报价110%投保，保险费率为基本费率0.8%，

附加费率 0.3%。在保持卖方净收入不变的情况下，试求改报为 CFRC5% 纽约价。

分析：把 CIFC 3% 纽约价变成 CIF 纽约价，则

CIF= 含佣价 ×（1 —佣金率）=1300×（1 — 3%）=1261（美元）

CIF 价变成 CFR 价，则

CFR = CIF — I = 1300 —（1300×110%×8%）= 1185.6（美元）

CFR 价变成 CFRC5% 价，则

CFRC5% = 净价 /（1 —佣金率）= 1185.6÷（1 — 5%）= 1248（美元）

（三）出口价格核算

价格核算是出口业务的关键环节，它直接关系到交易磋商的成败和买卖双方的利益，因此，只有掌握出口价格核算，才能保证所报价格的准确与合理。

国际贸易中的出口价格主要由成本、费用和预期利润三部分构成。

（1）成本 (cost)

成本是整个价格的核心。一般来说，我们掌握的成本是购货成本或含税成本，即包含增值税。但我国为了降低出口商品的成本，增强其产品在国际市场上的竞争能力，对出口商品采取增值税全部或部分退还的做法。在实施出口退税制度的情况下，在核算出口商品价格时，就应该将含税的采购成本中的税收部分根据出口退税比率予以扣除，从而得出实际采购成本，计算公式为

实际采购成本 = 含税成本—退税收入

退税收入 = 含税成本 × 出口退税率 /（1+ 增值税率）

由此得出实际采购成本的计算公式为

实际采购成本 = 含税成本［1 —出口退税率 /（1+ 增值税率）］

（2）费用（expense/charge）

出口价格中费用的核算最为复杂，主要有境内费用和境外费用两部分。境内费用有加工整理费用、包装费用、保管费用（包括仓租、火险等）、境内运输费（仓库至码头）、证件费用（包括商检费、公证费、领事签证费、产地证费、许可证费、报关单费等）、装船费（装船、起吊费和驳船费等）、银行费用（贴现利息、手续费等）、预计损耗（耗损、短损、漏损、破损、变质等）、邮电费（电报、电传、邮件等费用）。境外费用主要有境外运费（自装运港至目的港的海上运输费用）、境外保险费（海上货物运输保险）、如果有中间商，还包括支付给中间商的佣金。

（3）预期利润（expected profit）

预期利润指卖方的预期利润，一般以成交额为基数计算。

【例 4-3】渤海水产有限公司收到日本河野株式会社求购 17 吨冷冻水产（计 1 个 20 英尺集装箱）的询盘，要求报出包含客户 3% 佣金的 FOB 上海、CFR 以及 CIF 神户的美元出口单价。

成本：采购价格为每吨 5600 元人民币（含增值税 17%），出口冷冻水产的退税率为 3%

费用：出口包装费每吨 500 元；该批货物的国内运杂费共计 1200 元，商检报关费 400 元，港区港杂费为 950 元，公司业务费用共计约 1000 元，其他费用共 500 元；

向银行贷款的年利率为8%,预计贷款时间2个月;银行手续费为0.5%;海洋运费至日本神户一个20英尺冷冻集装箱的包箱费率是2200美元;客户要求按成交价格的110%投保,保险费率0.85%

利润:预期利润率是成交价格的10%

人民币对美元汇率为6.8∶1。

分析:实际成本:$5600 - 5600 \times 3\% / (1 + 17\%) = 5456.4103$(元)

费用:境内费用:$500 + (1200 + 300 + 100 + 950 + 1500) \div 17 + 5600 \times 8\% \div 6 = 812.902$(元)

客户佣金:报价 $\times 3\%$

银行手续费:报价 $\times 0.5\%$

海洋运费:$2200 \times 8.25 \div 17 = 1067.6473$(元)

出口保费:CIF 报价 $\times 110\% \times 0.85\%$

利润:报价 $\times 10\%$

FOB 报价 = 成本 + 费用 + 利润

$\qquad = 5456.4103 + 812.902 +$ 报价 $\times 3\%$(佣金)+ 报价 $\times 0.5\%$(手续费)+ 报价 $\times 10\%$(预期利润)

$$FOBC3 = \frac{5456.4103 + 812.902}{1 - 3\% - 0.5\% - 10\%}$$
$$= 6269.3123 \div 0.865 \div 6.8$$
$$= 1065.85（美元 / 吨）$$

CFR 报价 = 成本 + 费用 + 利润

$\qquad = 5456.4103 + 812.902 + 1067.6471 +$ 报价 $\times 3\%$(佣金)+ 报价 $\times 0.5\%$(手续费)+ 报价 $\times 10\%$(利润)

$$CFRC3 = \frac{5456.4103 + 812.902 + 1067.6471}{1 - 3\% - 0.5\% - 10\%}$$
$$= 7336.9594 \div 0.865 \div 6.8 = 1247.35（美元 / 吨）$$

CIF 报价 = 成本 + 费用 + 利润

$\qquad = 5456.4103 + 812.902 + 1067.6471 +$ 报价 $\times 3\%$(客户佣金)+ 报价 $\times 10\%$(利润)+ 报价 $\times 0.5\%$(银行手续费)+ 报价 $\times 1.1 \times 0.85\%$(保险费)

$$CIFC3 = \frac{5456.4103 + 812.902 + 1067.6471}{1 - 110\% \times 0.85\% - 3\% - 0.5\% - 10\%}$$
$$= 7336.9594 \div 0.85565 \div 6.8 = 1260.99（美元 / 吨）$$

任务实施

▶案例讨论

【案例1】

有一份 FOB 合同，甲公司出口卡车 500 辆，该批货物装于舱面，其中 40 辆是卖给某国乙公司的。货物抵运目的港后由承运人负责划分，船行驶途中遇恶劣天气，有 50 辆卡车冲进海里。事后甲公司宣布出售给乙公司的 40 辆卡车已在运输途中全部损失。乙公司认为甲公司未履行交货义务，要求赔偿损失。甲公司认为货物已越过船舷，风险已转移，无须赔偿。

思考题：

孰是孰非？为什么？

【案例2】

我某公司以每公吨 242 美元 FOB vessel New York 的条件从某美商处进口 200 公吨钢材。我方如期开出信用证，但美商来电要求增加信用证金额至 50000 美元，不然有关出口捐税及签证费应由我方另行电汇。

思考题：

美方此举是否合理？

【案例3】

我与美商达成的合同中采用的术语为 FOB 上海，合同规定的交货时间为 2012 年 3—4 月。可是到了 4 月 30 日，买方指派的船只还未到达上海港。

思考题：

（1）货物在 5 月 2 日因仓库失火而全部损失，此次灭失的后果应由谁负责？

（2）船于 5 月 2 日到达并装运，由此为保存货物而发生的额外费用由谁负担？

【案例4】

按 CIF 贸易术语出口。卖方按合同的规定装船完毕后取得包括提单在内的全套单据。但是，载货轮船在起航后第二天就触礁沉没，买方闻讯后提出拒收单据，拒绝付款。

思考题：

卖方应如何处理？为什么？

【案例5】

20 世纪 80 年代，有一出口商同国外买方达成一交易，合同约定的价格条件为 CIF。当时正值海湾战争，装有出口货物的轮船在公海上航行时，被一发导弹击沉。由于卖方投保时没有加投战争险，买方不能向保险公司索赔。

思考题：

买方为此向卖方索赔是否合理？

▶同步训练

实训项目：

（1）以下是中国义乌鹏达贸易公司鹏达公司（出口商）的对外报价，请纠正错误。

①每打 25 元 CIF 上海。

② 每公吨 1000 美元 FOB 伦敦。

③ 每箱 80 欧元 CIFC 马赛。

④ 500 美元 CIF 鹿特丹减 1% 折扣。

⑤ 每包 CFR 上海 25 港币。

（2）翻译以下价格条款。

① 每码 14 人民币 CFR 纽约。

② 每听 8 欧元 FOB 上海港减 1% 的折扣。

③ 每公吨 3500 日元，成本加运保费至东京，以毛作净。

④ 每打 25 美元 CIF 鹿特丹含 5% 的佣金。

⑤ 每件 1000 港元 CIF 香港。

备注：上列价格为暂定价，实际价格于装运月份 15 天前由买卖双方另行协商确定。

习题 4-6

任务七　订立国际贸易合同的装运条款

案例导入

卸货港约定不当致损案

我某出口公司按 CFR 条件向日本出口红豆 250 吨，合同规定卸货港为日本口岸。发货时，正好有一船驶往大阪，我公司打算租用该船，但在装运前，我方主动去电询问哪个口岸卸货。时值货价下跌，日方故意让我方在日本东北部的一个小港卸货，而我方坚持要在神户、大阪卸货。双方争执不下，日方就此撤销合同。

思考：

（1）我方做法是否合适？

（2）日本商人是否违约？

任务要求

规范填制国际贸易合同中的装运条款。

任务分析

要完成任务，就必须了解国际货物运输方式、装运时间的规定方法，装运港或装运地、目的港或目的地的规定方法，分批装运和转运、装船通知的规定方法，以及各类运输单据。

国际贸易合同中的装运条款是买卖合同中的重要条款之一，装运条款中以海上装运条款为常用。这种装运条款通常包括装运时间、装运港或装运地、目的港或目的地，以及分批装运和转运等内容，有的还规定卖方应予交付的单据和有关装运通知的条款，例如：2010 年 5 月装运，由上海至伦敦。卖方应在装运月份前 45 天将备妥货物可供装船的时间通知买方，允许分批和转船（Shipment from Shanghai to London during May 2010. The Sellers shall advise the Buyers 45 days before the month of shipment of time the goods will be ready for shipment. Partial shipments and transhipment allowed）。

一、运输方式

（一）海洋运输

海洋运输因其运费相对较低、对货物几乎没有限制的特点，占据了全球 80% 的国际贸易量。海洋运输可以分为班轮运输和租船运输。

1．班轮运输

（1）定义

班轮运输（liner transport）是在固定的航线上，以既定的港口顺序，按照事先公布的船期表航行的水上运输方式。班轮运输有两种方式，其中

▮◀ 宁波舟山港

一种是杂货班轮运输。这种班轮运输的特点是货物不装在集装箱内，运输的货物以件杂货为主，也可以是一些散货、重大件货物等。20 世纪 60 年代以后，随着集装箱运输的发展，班轮运输中出现了以集装箱为运输单元的集装箱运输班轮方式。到 90 年代后期，集装箱班轮运输已逐渐取代了传统的杂货班轮运输，如图 4-8 所示。

图 4-8　集装箱班轮运输

（2）特点

①"四固定"，指班轮公司有固定航线、固定停靠港口、固定船期，并按照相对固定的运费率收取运费。

②班轮运价内包括装卸费用，即货物由承运人负责配载装卸，承托双方不计滞期费和速遣费。

③承运双方的权利、义务和责任豁免以签发的提单为依据，并受统一的国际公约的制约。

④班轮承运货物的品种、数量比较灵活，货运质量较有保证，且一般采取在码头仓库交接货物的方式，货物交接比较便利。

（3）班轮运费

班轮运费由基本运费和附加运费两部分组成。基本运费是对任何一种托运货物计收的运费；附加运费则是根据货物种类或不同的服务内容，视不同情况而加收的运费。

①基本运费。这是指对每批货物所应收取的最基本的运费，由对基本运价和计费吨的计算而得出。确定费率的主要因素是各种成本的支出，主要有船舶的折旧费或租金、燃油费、修理费、港口使用费、管理费、人员工资等。市场供求关系也是影响费率的一大主要因素。

②附加运费。附加运费名目繁多，通常有下列几种。

a. 燃油附加费。这是由于燃油价格上涨，使船舶的燃油费用支出超过原核定的运输成本中的燃油费用，承运人在不调整原定运价的前提下，为补偿燃油费用的增加而增收的附加费。

b. 货币贬值附加费。这是由于国际金融市场汇率发生变动，计收运费的货币贬值，使承运人的实际收入减少，为了弥补货币兑换过程中的汇兑损失而加收的附加费。

港口拥挤附加费。这是由于港口拥挤，船舶抵港后需要长时间等泊而产生额外的费用，为补偿船期延误损失而增收的附加费。

c. 港口附加费。这是由于港口装卸效率低，或港口使费过高，或存在特殊的使费（如进出港要通过闸门等）都会增加承运人的运输经营成本，承运人为了弥补这方面的损失而加收的附加费。

d. 转船附加费。这是指运输过程中货物需要在某个港口换装另一船舶运输时，承运人增收的附加费。

f. 超长附加费。这是指由于单件货物的外部尺寸超过规定的标准，运输时需要特别操作，从而产生额外费用，承运人为补偿这一费用所计收的附加费。一般长度超过9米的一件杂货就可能要有这一附加费。

g. 超重附加费。这是指每件商品的毛重超过规定重量时所增收的附加运费。通常承运人规定货物重量超过5吨时就要增收超重附加费。

h. 直航附加费。托运人要求承运人将其托运的货物从装货港，不经过转船而直接运抵航线上某一非基本港时所增收的附加费。

i. 选港附加费。即选择卸货港所增加的附加费。由于买卖双方贸易的需要，有些货物直到装船时仍不能确定最后卸货港，要求在预先指定的两个或两个以上的卸货港中，待船舶开航后再做选定。这样，就会使整船货物的积载变得困难，甚至会造成舱容的浪费。另外，选择的卸货港所选定的港口必须是该航次挂靠的港口。在集装箱班轮运输中，选择卸货港已很少被船公司接受。

除了上述各种附加费外，还有变更卸货港附加费、绕航附加费、旺季附加费、超额责任附加费等。

（4）计费标准

① 按重量计收，用 W 表示。

② 按体积、容积计收，用 M 表示。

③ 按重量、尺码计收，选择其中较高者计算运费，用 W/M 表示。

④ 从价计收，按货物 FOB 价收取一定的百分比作为运费，称为从价运费，用 AV 表示或 ad.val. 表示。

⑤ 综合计收，用 W/M 或 ad.val. 表示（即在重量、尺码、价格中选最高的收取）

⑥ 按件计收（汽车按辆，牲口按头计收）。

⑦ 议价计收（适用于货价比较低、运量大、容易装卸的农副产品和矿产品，如粮食、豆类、矿石、煤炭等）。

⑧ 在货物重量或尺码中选择其高者，再加上从价运费计算，以 W/M plus ad.val. 表示。

（5）件杂货物（散货）运费计算

① 选择相关的运价表（运价本），如表 4-15 所示。

表 4-15　中远集团第一号运价表

中远集团第一号运价表 COSCO GROUP TARIFF NO.1			
中国—日本航线集装箱费率表 CHINA—JAPAN CONTAINER SERVICE		美元 IN USD	
上海—神户，大阪，名古屋，横滨，四日市，门司 SHANGHAI—KOBE, OSAKA, NAGOYA, YOKOHAMA, YOKKAICHI, MOJI 宁波—神户，横滨 NINGBO—KOBE, YOKOHAMA		温州—横滨 WENZHOU—YOKOHAMA	
等　级 CLASS	LCL W/M	CY/CY	
		20″	40″
1～7		770.00	1 460.00
8～10	55.00	820.00	1 560.00
11～15	58.00	870.00	1 650.00
16～20	61.00	920.00	1 750.00
CHEMICALS.N.H.	64.00	870.00	1 650.00
SEMI–HAZARDOUS	61.00	1 200.00	2 280.00
HAZARDOUS	68.00	1 650.00	3 100.00
REEFER		2 530.00	4 800.00

② 根据货物名称，在货物分级表中查出运费计算标准（BASIS）和费率等级（CLASS），如表 4-16 所示。

表 4-16　部分货物分级

货名 （COMMODITIES）	费率等级 （CLASS）	计费标准 （BASIS）
童车	9	M
轮胎	7	M
丝织品	17	M
搪瓷器皿	9	W/M
医疗设备	10	W/M
地砖	7	W
千斤顶	10	W

资料来源：鲁丹萍. 国际贸易实务教程［M］. 北京：中国商务出版社，2010.

③ 在等级费率的基本费率部分，找到相应的航线、启运港、目的港，按等级查出基本运价。

④ 再从附加费部分查出所有应收（付）的附加费项目和数额（或百分比）及货币种类。

⑤ 根据基本运价和附加费算出实际运价。

⑥ 班轮运费＝总货运量 × 基本运费率 ×（1 ＋附加费率）。

小案例 4-18

我公司出口某国家商品 1000 箱，每箱体积 40 厘米 ×30 厘米 ×20 厘米，毛重为 30 千克。经查，该商品计费标准为 W/M，等级为 10 级，每吨运费率为 200 港币。另查得知，该国要加收港口附加费 20%。问：我公司应付轮船公司运费多少？

分析：商品总体积：（0.4×0.3×0.2）×1000 ＝ 24（米^3）

因为该商品计费标准为 W/M，总重量大于总体积，所以计费吨以 W 为标准，即 30 千克。

海运运费＝基本运费＋港口附加费

基本运费＝运价 × 计费吨 ＝ 200×30 ＝ 6000（港币）

港口附加费 ＝ 6000×20% ＝ 1200（港币）

海运运费 ＝ 6000 ＋ 1200 ＝ 7200（港币）

（6）集装箱班轮运费的计算

① 拼箱货（less than container load，LCL）按普通班轮运费的计算方法。

② 整箱货（full container load，FCL）采用包箱费率的计算方法。包箱费率以每个集装箱为计费单位，常见的包箱费率有以下三种形式。

a. FAK（freight for all kinds）包箱费率，即不分货物种类，但也不计货量，只规定统一的每个装箱收取的费率，如表 4-17 所示。

b. FCS（freight for class）包箱费率，即按不同货物等级制订的包箱费率，如表 4-18 所示。

c. FCB（freight for class and basis）包箱费率，即按不同货物等级或货物差别及计算标准制定费率。

表 4-17　中国—欧洲航线集装箱费率表（FAK 包箱费率）

×××第××号运价表	
Page	
Rev	
Kfft. Date	
Corr. No.	

中国—欧洲航线集装箱费率表 CHINA-EUROPE CONTAINER SERVICE	美元 IN USD

上海、新港、大连、青岛—鹿特丹、汉堡、费力克斯托、安特卫普、勒哈弗尔
SHANGHAI, XINGANG, DALIAN, QINGDAO-ROTTERDAM, HAMBURG, FELIXSTOWE, ANTWERP, LE HARVE

等级 （CLASS）	黄埔直达 HUANGPU （DIRECT）			厦门、湛江 （经香港转船） XIAMEN, ZHANJIANG （VIA HONG KONG）			温州、海门、宁波 （经香港转船） WENZHOU, HAIMEN, NINGBO （VIA HONG KONG）		
	LCL W/M	CY/CY 20 英尺	40 英尺	LCL W/M	CY/CY 20 英尺	40 英尺	LCL W/M	CY/CY 20 英尺	40 英尺
1～20 一般化工品 CHEMICALS.N.H.	105.00 105.00	1550.00 1550.00	3000.00 3000.00	125.00 125.00	1950.00 1950.00	3700.00 3700.00	140.00 140.00	2200.00 2200.00	4200.00 4200.00
半危险品 SEMI-HAZARDOUS	105.00	2350.00	4450.00	170.00	2750.00	5250.00	173.00	2800.00	5350.00
全危险品 HAZARDOUS		3050.00	5800.00		3450.00	6550.00			
冷藏货物 REEFER		3250.00	5400.00		3850.00	6100.00		3850.00	6300.00

注：1. 黄埔经香港转船出口欧洲货物其费率在直达费率基础上加 USD150/20 英尺或 USD300/40 英尺或 USD8.00/ 英尺。
黄埔始发的欧洲货物班轮不靠 LE LAVRE 港。黄埔出口 LE LAVRE 货物须经香港转船，其运货按香港转船费率计收。
2. 福州经香港转船出口欧洲其费率在厦门、湛江费率基础上加 USD50/20 英尺或 USD100/40 英尺或 USD3.00/ 英尺。

表 4-18　中国—欧洲航线集装箱费率表（FCS 包箱费率）

×××第××号运价表	
Page	
Rev:	
Efft. date	
Corr. NO.	

中国—欧洲航线集装箱费率表 CHINA—EUROPE CONTAINER SERVICE	美元 IN USD

续表

上海、新港、大连、青岛—鹿特丹、汉堡、费力克斯托、安特卫普、勒哈弗尔
SHANGHAI, XINGANG, DALIAN, QINGDAO—ROTTERDAM, HAMBURG, FELIXSTOWE, ANTWERP, LE HAVRE

等 级 （CLASS）	直达			经香港或上海、新港转船		
	DIRECT			TRANSHIPMENT VIA HONG KONG OR SHANGHAI, XINGANG		
	LCL W/M	CY/CT 20 英尺	40 英尺	LCL W/M	CY/CY 20 英尺	40 英尺
1～8	120.00	1850.00	3500.00	130.00	2050.00	3900.00
9	125.00	1950.00	3700.00	135.00	2150.00	4100.00
10～11	130.00	2050.00	3900.00	140.00	2250.00	4300.00
12～20	135.00	2150.00	4100.00	145.00	2350.00	4500.00
一般化工品 CHEMICALS.N.H	130.00	2050.00	3900.00	140.00	2250.00	4300.00
半危险品 SHMI-HAZARDOUS	148.00	2650.00	5050.00	158.00	2850.00	5450.00
全危险品 HAZARDOUS		3300.00	6300.00		3500.00	6700.00
冷藏货物 REEFER		3850.00	6100.00		4050.00	6500.00

小案例 4-19

某托运人通过中远集装箱公司承运货物，两个20英尺的集装箱，采用包箱费率的计算方法，从上海黄埔港出口到法国勒哈弗尔港，并加收货币贬值附加费10%、燃油附加费5%。查图4-13中国—欧洲集装箱费率表可知：从黄埔港到勒哈弗尔港，须经中国香港转船，运费为直达费率的基础上加150美元/20英尺。从黄埔港出口直达费率为1550美元/20英尺。

分析：海运运费＝基本运费＋货币贬值附加费＋燃油附加费

基本运费＝（1550＋150）×2＝3400（美元）

货币贬值附加费＝3400×10%＝340（美元）

燃油附加费＝3400×5%＝170（美元）

海运运费＝3400＋340＋170＝3910（美元）

2. 租船运输

租船运输（charter transport）是根据协议，租船人向船东租借船舶用于货物运输，并按商定运价，向船东支付运费或租金的运输方式。大宗货物利用租船进行运输有利于节约运费开支、降低成本。

租船方式有定期租船和定程租船两种。定期租船指在一定的期限内，船东根据一定的合同要求将船出租给租船人使用。在此期限内，租船人对船只进行自行调度及经营。定期租船合同一般只规定船只行驶的区域而不规定船只的航线及停靠港口。船只的维修由船东负责。运费按每月每载重吨计算。定期租船合同不需要规定装卸率和滞期速

遣条款。

定程租船又称程租船或按航次租船，是按照航程来出租的方式。定程租船一般运输价值较低的货物，如矿产品、粮食、茶叶等大宗货物。程租船的装卸港口、航线及航行船期由船东和租船人协商决定。定程租船合同需要规定装卸率和滞期速遣条款。港口的装卸费用承担有几种方式：①船方不负担装卸费（free in and out，FIO）；②船方负担装卸费（liner terms）；③船方只负担装货费，而不负担卸货费（free out，FO）；④船方只负担卸货费，而不负担装货费（free in，FI）。

定期租船和定程租船最大的区别有两点。

第一，在定程租船方式下，船方除负责船舶的日常经营管理外，还要负责将货物运送到合同规定的目的港；而在定期租船方式下，船方仅负责对船舶的日常养护和保证船员的工资与给养。至于船舶的调度、货物的运输，以及在租期内因运营管理所产生的其他费用支出一概由租船人负责。

第二，在定程租船方式下，要规定装卸期限和装卸率，用以计算滞期费和速遣费；而在定期租船方式下则无须规定此内容。

（二）航空运输

航空运输的优点是运输速度快，运行时间短，发生货损的风险小，不受河海和道路的限制，节省包装、保险和储存的费用；缺点是运量有限，运费较高。

航空货物运输的方式很多，有班机、包机、集中托运和航空急件传送等。班机有固定航线和固定的停靠航站，又能定期开航，准确到达世界各地，所以使用最广泛。包机分为整包和分包两种。集中托运方式是指由航空代理机构把若干批单独发运的货物组成一整批向航空公司集中托运的方式。航空货运代理填写一张总运单发运到同一目的地，再对每一个委托人另外签发一份运单用于结算货款。航空急件是由一个专门经营这项业务的机构与航空公司合作，设专人用最快速度将货物在发货人、机场和收货人之间传送。有名的国际快递公司有 DHL（中外运敦豪国际航空快递有限公司）、FedEx（联邦快递）、TNT（荷兰邮政集团）、UPS（联合包裹服务公司）。

航空运费的计收通常是按重量或体积计算，以其中收费较高者为准。

（三）铁路运输

铁路运输具有运行速度快、载运量较大、受气候影响较小、准确性和连续性强等优点。在国际贸易中，铁路运输在国际货运中的地位仅次于海洋运输。我国对外贸易货物使用的铁路运输可分为国内铁路运输和国际铁路联运两部分。运往港澳地区的货物由内地利用铁路运往香港九龙，或运至广州南部转船至澳门，即属国内铁路运输。国际铁路联运是指两个或两个以上国家，按照协定，利用各自的铁路，联合起来完成一票货物的全程运输的方式。它使用一份统一的国际联运票据，由一国铁路向另一国铁路移交货物时，无须发货人与收货人参加，铁路当局对全程运输负连带责任。

国际铁路货物联运的有关当事国事先必须要有书面约定才能协作进行货物的联运工作。相关的国际条约主要有两个。其一是《国际铁路货物运送条约》（简称《国际公约》），它是欧洲各国政府批准的有关国际铁路货物联运的规定、制作和组织机构的公约。其二是《国际铁路货物联运协定》（简称《国际货协》），它是苏联、保加利亚、匈牙利、罗马尼亚、波兰、捷克和原民主德国于 1951 年签订的。1954 年，中国、朝鲜、蒙古加入了该协定，1956 年越南也加入了该协定。

国际铁路联运既适用于原"货协"或"货约"国家之间的运输，也适用于"货协"至"货约"国家之间的顺向或反向的货物运输。我国各铁路货运车站均可办理国际铁路货物联运。目前，我国负责国际铁路联运进出口集装箱货物总承运人和总代理人的是中国对外贸易运输总公司。在 1992 年，东起我国连云港，途经陇海、兰新、北疆铁路进入独联体直达荷兰鹿特丹的第二条亚欧大陆桥运输的正式营运，更进一步加快了货运速度，节省了运杂费用，更进一步地促进了我国对外贸易的发展。

（四）集装箱运输

集装箱运输（container transport）是以集装箱作为运输单位进行货物运输的一种现代化先进的运输方式。它可适用于海洋运输、铁路运输及国际多式联运等，还适用于"门到门"交货的成组运输，是成组运输的高级形式，也是国际贸易运输高度发展的必然产物。目前，它已成为国际上普遍采用的一种重要的运输方式。

采用集装箱运输货物时，集装箱的装箱方式有整箱货和拼箱货之分。凡装货量达到每个集装箱容积 75% 的或达到每个集装箱负荷量 95% 的即为整箱货，由货主或货代自行在工厂装箱后，以箱为单位向承运人进行托运；凡货量达不到上述整箱标准的，则要拼箱托运，即由货主或货代将货物从工厂送交集装箱货运站（container freight station，CFS）后，运输部门按货物的性质、目的地分类整理，然后将去同一目的地的货物拼装成整箱后再发运。

整箱货和拼箱货的交接方式也是不同的，主要的交接方式是"场到场"和"站到站"。

整箱货由货方在工厂或仓库进行装箱，货物装箱后直接运交集装箱堆场（container yard，CY）等待装运。货到目的港（地）后，收货人可以直接从目的港（地）的集装箱堆场提货，而不用到码头去提货。此即"场到场"（CY to CY）的方式。

拼箱货由于货量不足一整箱，因此，需要由承运人在集装箱货运站（container freight station，CFS）负责将不同发货人的运往同一目的港的货物拼装在一个集装箱内，货到目的港（地）后，再由承运人在货运站拆箱分拨给各个不同的收货人。此即"站到站"（CFS to CFS）的方式。

需要说明的是，集装箱上都事先印有固定的编号，装箱后用来封闭箱门的钢绳铅封上印有号码。集装箱号码和封印号码可以取代运输标志，显示在主要出口单据上，成为运输中的识别标志和货物特定化的记号。

（五）国际多式联运

国际多式联运是指按照多式联运合同，以至少两种不同的运输方式，由多式联运经营人将货物从一国境内接收货物的地方运往另一国境内指定交付货物的地点。国际多式联运构成的条件主要有：①必须要有一个多式联运合同，必须使用一份包括全程的多式联运单据；②必须至少使用两种不限运输方式的连贯运输；③必须是国际的货物运输；④必须由一个多式联运经营人对全程运输总负责；⑤必须是全程单一的运费费率。

（六）公路、内河、邮包和管道运输

1．公路运输

公路运输（road transport）是一种现代化运输方式，也是车站、港口和机场集散进出口货物的重要手段。它具有机动灵活、速度快、方便等特点，尤其是在"门到门"运输中，更离不开公路运输。但其载货量有限，运输成本高，容易造成货损事故。

公路运输适用于同周边国家的货物输送，我国内地同港、澳地区的部分货物运输也是通过公路运输。

2．内河运输

内河运输（inland water transport）是水上运输的重要组成部分，它是连接内陆腹地与沿海地区的纽带，在运输和集散进出口货物中起着重要的作用。与公路运输相比，内河运输利用天然航道，投入小，而且对环境的污染也较小。

我国长江、珠江等一些港口已对外开放，同一些邻国还有国际河流相通，这为我国外贸物资通过河流运输和集散提供了有利条件。

3．邮包运输

邮包运输（parcel post transport）是一种简便的运输方式。国际上各国邮政部门之间相互签订协定和《万国邮政公约》，通过这些协定和公约，邮件可互相以最快的方式传递，从而形成一个全球性的邮政运输网络。国际邮包运输具有国际多式联运和"门到门"运输的性质，手续简便、费用不高。

邮包运输包括普通邮包和航空邮包两种。国际邮包运输业务对邮包的重量和体积均有限制，如每个包裹重量不得超过 20 千克，长度不得超过 1 米。因此，邮包运输只使用于量轻、体小的货物，如精密仪器、药品、金银首饰等。

4．管道运输

管道运输(pipeline transport)是一种特殊的运输方式，主要适用于运送液体、气体货物，如石油、天然气等，具有固定投资大、建成后成本低的特点。我国至朝鲜早已铺设管道，以供朝鲜石油之需。

（七）大陆桥运输

大陆桥运输（land bridge transport）是以集装箱为媒介，以大陆上的铁路、公路为中间桥梁，把大陆两端的海洋运输连接起来，组成海—陆—海的连贯运输。这种运输方式合理地利用海陆运输条件，能缩短营运时间，降低营运成本。

世界上有四条大陆桥运输线。

（1）美国大陆桥运输线。它利用美国贯穿东西的三条铁路干线：西雅图—芝加哥—波士顿、旧金山—芝加哥—纽约、洛杉矶—堪萨斯城—巴尔的摩，将远东地区的货物运往欧洲。

（2）加拿大大陆桥运输线。它利用两条铁路干线：温哥华—温尼伯—哈利法克斯和鲁珀特港—温尼伯—魁北克，将远东地区的货物运入欧洲。

（3）西伯利亚大陆桥运输。这条大陆桥横跨欧洲和亚洲，又称第一欧亚大陆桥。该铁路东起纳霍德卡和东方港，西至莫斯科。东端可与平壤、北京、乌兰巴托相连接，西端可与赫尔辛基、斯德哥尔摩、奥斯陆、华沙、柏林、科隆、布鲁塞尔、巴黎、德黑兰相连接。通过该铁路可将远东地区的货物运往北欧、西欧、中欧、南欧及西亚各国。

（4）中荷大陆桥运输线。这条大陆桥东起我国连云港，西至荷兰鹿特丹，全长10800千米，途经莫斯科、华沙、柏林等地，也称第二欧亚大陆桥或新亚欧大陆桥。

二、装运时间

装运时间（time of shipment）又称装运期，是指卖方按买卖合同规定将货物交付给买方或承运人的期限。这是合同的主要条款，如卖方违反这一条件，买方有权撤销合同，并要求卖方赔偿损失。履行 FOB、CIF、CFR 合同时，卖方只需在装运港将货物装上船，取得代表货物所有权的单据，就完成交货任务。因此，装运时间和交货时间（time of delivery）是同一概念，但是在采用其他价格术语成交时，"装运"与"交货"是两个完全不同的概念。

（一）装运时间的规定方法

中欧班列

进出口合同中规定装运时间通常有以下几种方法。

1. 明确规定具体的装运时间

（1）规定某年某月装运，如：shipment during Dec.2006。

（2）规定跨月装运，如：shipment during Jan./Feb.2006。

（3）规定某月某日前装运或某月底前装运，如：shipment at or before the end of March 2006。该方法的特点是期限具体、含义明确、双方不易发生纠纷，在实际业务中采用比较普遍。

2. 规定收到信用证后若干天装运

例如：shipment within 30 days after receipt of L/C。采用这种方法，应在合同中规定买方开立信用证的时间，否则，可能会因买方拖延开证或拒绝开证使卖方被动。

3. 收到电汇后若干天装运

例如：shipment within 30 days after receipt of T/T。采用汇付方式收款时可使用这种方法。

4. 笼统规定近期装运

这种方法不规定具体期限，如"立即装运"（immediate shipment）、"尽快装运"（shipment as soon as possible）、"即刻装运"（prompt shipment）等。针对这种方法，各国解释不一致，容易引起纠纷。因此，采用此方法应慎重。

根据 UCP 600 对"近期装运术语"的规定，不应使用诸如"迅速""立即""尽可能"及类似词语，如使用这类词语银行将不予处置。

小案例 4-20

合同订明装运期为 8 月 1 日—8 月 31 日，卖方于 8 月 2 日把货装上船，取得 8 月 2 日签发的提单。并在规定的装运期结束以前于 8 月 24 日持所有必要的单证，向银行结汇，遭到拒付。银行是否有理拒付？如有，根据是什么？

分析：有理。UCP 600 第 14 条 c 款规定，正本运输单据须由受益人或其代表在不迟

于本惯例所指的发运日之后的 21 个日历日内交单。但在任何情况下都不得迟于信用证的截止日。

（二）规定装运时间应注意的问题

（1）应考虑货源和船源的实际情况。卖方签合同时，要了解货源、船源情况，避免船、货脱节。

（2）明确规定装运期，少用或不用笼统规定装运期的方法。

（3）考虑装运港或目的港的特殊季节因素。例如，对某些国家或地区，应尽量避免装运期在冰冻期或雨季。

（4）要考虑运输情况。对有直达船和航次较多的港口，装运期可短一些；对无直达船或偏僻的港口，装运期要长一些。

小案例 4-21

中国某外贸公司（卖方）曾在广州秋交会上与英国某商人（买方）按 CIF 伦敦条件签订了一项出口白薯干的合同。由于卖方货源充足、急于出售，因此，当月成交时便约定当月交货。后因卖方租不到船，未能按期交货，致使双方产生争议，买方遂提请在中国仲裁，结果卖方败诉。

分析： 卖方在签约时只顾成交，不管运输，只考虑手中有货而不考虑租船是否困难。对此应当引以为戒。

三、装运港、目的港

（一）装运港、目的港的规定方法

（1）装运港和目的港通常分别规定一个：port of shipment: Shanghai，port of destination: London。

（2）按实际业务需要，如货物分散多处，买方在不同地使用或销售，也可分别规定两个或两个以上的港口：port of shipment: Shanghai and Qingdao； port of destination: London and Liverpool。

（3）按实际需要，如在签约时无法确定何处发运货物，买方尚不确定何处销售货物，也不确定装运港或目的港，可采用选择港的方法：port of shipment: Shanghai/Dalian/Qingdao； port of destination: London/Liverpool/Manchester。

（4）笼统规定某一区域为装运港或目的港：port of shipment: China Ports，port of destination: USA Ports。

（二）确定装运港和目的港应注意的问题

买卖双方确定装运港或目的港时，要结合产销和运输等多种因素考虑。尤其是确定国外港口时，情况复杂，应多注意以下问题。

（1）明确规定国外装运港或目的港，避免采用如"欧洲主要港口"（European main ports，EMP）或"非洲主要港口"（African main ports，AMP）等笼统规定。

（2）不接受内陆城市为装运港或目的港的条件，否则，我方要承担从港口到内陆城市的运费和风险。

（3）考虑装卸港口特殊具体的条件，如有无直达班轮航线、有无冰封期、对船舶国籍有无限制等因素。

（4）应注意国外港口有无重名，如有重名，应在合同中明确注明港口所在国家或地区的名称。如"维多利亚港"全世界有12个，"悉尼港""波士顿港"等也都有重名的。

小案例 4-22

中国某公司曾按FOB条件从北欧进口一批大宗商品。双方约定的装运港原是一个比较偏僻的小港，大船不能直接进港装货。签约后，买方才了解该港条件，便要求变更装运港，但卖方不同意更改。买方只好租用小船，将货物运至汉堡集中，然后再装海洋巨轮运回国内，这不仅延误了时间，而且增加了运杂费用，给国家和企业造成了不该发生的经济损失。

分析： 签约前买方缺乏调查了解，对装运港的规定有盲目性。按FOB条件进口时，应特别注意国外装运港的条件，以免再出现类似事件。

四、分批装运和转运

分批装运（partial shipment）是指将同一合同项下的货物分若干批次装运。

对于分批装运条款，有些合同只简单规定"允许分批装运"，而不加其他限制，即只要卖方交货的总量与合同规定相符，交货的批次及每批数量可以不受限制；有些对批量、分批时间、分批次数都明确规定，则卖方应严格按合同规定定批、定量、定期分运。同时，应注意以下两点。

（1）UCP 600规定，对同一船只、同一航次的多次装运，只要运输单据注明的目的地相同，即使提单上有不同的装运期或装运港口，也不视为分批装运。

（2）UCP 600规定，关于定期分批装运，其中一批未按信用证规定装运，信用证对该批及以后各期货物均告失效。

小案例 4-23

北京某公司出口2000公吨大豆，境外来证规定：不允许分批装运。结果，我方在规定的期限内分别在大连和青岛各装1000公吨于同一航次的同一船只上，提单上也注明了不同的装货港和不同的装船日期。试问：我方做法是否违约？银行能否议付？

分析： 同一船只、同一航次的多次装运，只要运输单据注明的目的地相同，即使提单上有不同的装运期或装运港口，也不视为分批装运。因此，我方没有违约，银行应该议付。

转运是指货物在装运港装船后，在中途将货物卸下装上其他的运输工具，以完成运输任务。海运方式是指在装运港和卸货港之间的海运过程中，货物从一条船上卸下，再装上另一条船的行为；航空运输方式是指从起飞机场到目的机场的运输过程中，货物从一架飞机上卸下，再装上另外一架飞机的行为；公路、铁路或内河运输方式是指在装运港到目的港之间用不同的运输方式的运输途中，货物从一种运输工具上卸下，再装上另一种运输工具的行为。

根据 UCP 600 规定，除非信用证有相反规定，可准许分批和转运；如合同未明确是否允许分批、转船，应视为允许，但为了避免争议，一般应在合同中明确规定是否允许分批或转运。例如，允许分批装运和转运：partial shipment and transhipment to be allowed。

小案例 4-24

某公司向坦桑尼亚出口一批货物，目的港为坦埠。国外来证未明确可否转船，而实际上从新港到坦埠无直达船。问：这种情况下是否需要国外改证加上"允许转船"字样？

分析： 如合同未明确是否允许分批、转船，应视为允许。因此，不需要改证。

五、装船通知

装船通知（advice of shipment）是装运条款中不可缺少的一项重要内容。规定装运通知，可以明确买卖双方的责任，共同做好车、船、货的衔接，并按时办理货运保险。

买卖双方按 CFR 条件成交时，卖方应在货物装船后，立即向买方发出装运通知。

买卖双方按 FOB 条件成交时，卖方应在约定的装运期 45 天以前，向买方发出货物备妥通知，以便买方及时派船接货。买方接到通知后，应按约定的时间，将船名、船舶到港受载日期等通知卖方，以便卖方及时安排货物出运。在货物装船后，卖方应在约定时间内，将合同号、货物名称、货物件数、货物重量、发票金额、船名及装船日期等项内容电告买方，以便买方办理保险并做好接卸货物的准备，及时办理报关手续。

六、滞期费、速遣费条款

在定程租船的大宗商品买卖合同中，常常规定滞期费和速遣费条款，这是一种奖罚条款。所谓滞期费，就是负责装卸货物的一方，未能按合同约定的装卸期限完成货物的装卸，则须向船方交纳延误船期的罚款。所谓速遣费，就是指负责装卸货物的一方在合同约定的装卸期限内提前完成货物装卸作业，可以从船方取得奖金。按惯例，速遣费通常是滞期费的一半。

计算滞期费、速遣费与装卸时间的长短关系密切。因此，在合同中必须合理地规定计算装卸时间的方法。合同中规定装卸时间的主要方法是以日为单位计算，例如按连续日计算、按晴天工作日计算、按 24 小时晴天工作日计算（weather working days of 24 consecutive hours）等。装卸的起算时间一般以船长向租船人或代理递交"装卸准备就绪通知书"后的一定时间起算，如上午递交，下午开始起算装卸时间，装卸的终止时间以装完或卸完的时间为准。

七、运输单据

（一）海运提单

海运提单（bill of lading，B/L）是承运人或其代理人在收到承运货物时签发给托运人的一种单据，用以证明海上货物运输合同和货物已经由承运人接收或装船，以及保证承运人凭该单据交付货物。它体现了托运人和承运人的关系。

1. 海运提单的性质和作用

（1）货物收据。海运提单是承运人或其代理人签发给托运人的货物收据，表明已按提单所列内容收到货物。

（2）物权凭证。海运提单代表货物的所有权，谁拥有提单，谁就拥有物权。货物抵达目的港后，海运提单持有人可以凭提单要求承运人交付货物，而承运人也必须按照提单所载内容向合法持有人交付货物。因此，海运提单具有货物凭证性质，正本提单是卖方凭以议付、买方凭以提货、承运人凭以交货的依据。海运提单可用来抵押或转让。

2. 海运提单的种类

海运提单可以从不同角度加以分类，主要分为以下几种。

（1）根据提单格式和内容繁简划分

①简式提单（short form B/L）。简式提单又称略式提单，是指只有正面记载事项，而背面无提单条款。这种提单一般都加注"各项条款及例外条款均以本公司正规的全式提单内所印的条款为准"的字样，否则，银行一般不予接受。

②全式提单（long form B/L）。全式提单是指有正面记载事项，背面列有规定承运人、托运人之间权利与义务的提单条款。此种提单在贸易实务中应用广泛。

（2）根据运输方式不同划分

①直达提单（direct B/L）。直达提单表明货物自装运港直接运到目的港。

②转船提单（transhipment B/L）。转船提单表明货物在装运港装船，不直接运到目的港，而需中途转船再驶往目的港，这种提单一般加注"在××港转船"的字样。

③联运提单（through B/L）。联运提单是指在海运和其他运输方式所组成的联合运输方式下，由第一承运人（船公司）或其代理人在货物的起运地签发的，包括全程运输并能在目的港或目的地凭以提货的提单。其主要特点：由第一程承运人作为总承运人，签发包括全程运输的提单；运输风险采用分段责任，即各段承运人只负责其所承运区段的运输风险；在海运方式下，联运提单和转船提单的性质相同。

④多式联运提单（combined through B/L）。这种提单适用于集装箱的多式联运方式，其主要特点：由对全程负总责任的承运人签发；第一程运输不一定是海运，所以提单上不一定要注明第一程船的船名和装船日期。

（3）根据货物是否装船划分

①已装船提单（on board B/L）。已装船提单又称装运提单，表明货物已经装上指定的船舶后所签发的提单。这种提单可以凭提单上印就的"货物已装上具名船只"字样，表示货物已装上某船，也可由承运人在提单上批注"装船日期"表示货物已装船。

②备运提单（received for shipment B/L）。备运提单又称收妥待运提单或收讫待运提单，是指承运人收到货物后在等待装船期间签发的提单。银行一般不接受此种提单，待货物装上船后，在这种提单上加注"ON BOARD ON DATE"字样并签字盖章，在提单上批注货物已装上某具体船舶及装运日期，备运提单即变为已装船提单。

小案例 4-25

某年 3 月，境内某公司（以下简称甲方）与加拿大某公司（以下简称乙方）签订一设备引进合同。根据合同，甲方于该年 4 月 30 日开立以乙方为受益人的不可撤销的即期信用证。信用证中要求乙方在交单时，提供全套已装船清洁提单。该年 6 月 12 日，甲方收到开证银行进口信用证付款通知书。甲方业务人员审核议付单据后发现乙方提交的提单存在疑点，提单签署日期早于装船日期，提单中没有已装船字样。根据以上疑点，甲方断定该提单为备运提单，并采取以下措施：①向开证行提出单据不符，并拒付货款；②向有关司法机关提出诈骗立案请求；③查询有关船运信息，确定货物是否已装船发运；④向乙方发出书面通知，要求对方做出书面解释。在甲方出具了充分的证据后，乙方承认其所提交的提单为备运提单。最终，经双方协商，乙方同意在总货款 12.5 万美元的基础上降价 4 万美元并提供 3 年免费维修服务作为赔偿并同意取消信用证，付款方式改为货到目的港后以电汇方式支付。

分析：对于备运提单必须特别注意提单中是否有"已装船"字样。而预借提单因其一般注有"已装船"字样，很难鉴别其真伪，只有通过对照受益人向议付行交单的日期是否早于提单签署日期、装运时间是否晚于提单签署日期，或通过船务公告中的班轮时间表来判定。乙方做法不仅违反了合同的有关要求，而且已经构成了诈骗，其行为人不仅要负民事方面的责任还要负刑事责任。

（4）根据提单是否有不良批注划分

①清洁提单（clean B/L）。清洁提单是指货物装船时表面状况良好，不带有关货损或包装有缺陷之类批语的提单，银行一般要求卖方押汇时提交清洁提单。

②不清洁提单（unclean B/L）。不清洁提单是指承运人加注了托运货物外表状况不良或存在缺陷等批语的提单，在实际业务中，买方不接受不清洁提单，如有"被雨淋湿""3 箱破损""4 件玷污"等类似批注的提单。

（5）根据提单的抬头不同划分

①记名提单（straight B/L）。记名提单又称直交提单，即明确指明收货人，如"Pay to××"，这种提单只能由特定收货人提货，不能背书转让，国际贸易中很少使用。

小案例 4-26

1993 年，山西省某外贸公司与美国某外贸公司签订了"XI MAS LIGHTS"的货物出口合同。五六月间，该公司以信用证结算方式出口了两批货物，交单议付后顺利结汇。10 月，又陆续出口了六批货物，考虑到前几次货物出口收汇情况良好，选择了付款交单的托收方式结算，金额合计约 26 万美元。但代收行多次催促，国外客商也不付款赎单。1994 年 3 月，该公司得知货物已被客户凭副本提单提领，于是要求银行退回单据。4 月，该公司凭已退回的正本单据向船公司交涉时，遭到拒绝，理由是该提单为记名提单，按照当地惯例，收货人可以不凭正本提单提货。至此，公司款货两空，蒙受了巨大的经济损失。应从本案中应吸取哪些教训？

分析：按照有些国家的惯例，记名提单的收货人可以不凭正本提单提货，只需证明自己的收货人身份即可。本案例的失误有三点：①不重视对客户的资信调查，②结算方式选择不妥，③提单类型选择不恰当。

②不记名提单（blank B/L）。这种提单不具体规定收货人，收货人栏留空或填"来人"（bearer）。该种提单不需背书即可流通转让，并且凭单交货，风险大，国际贸易中很少使用。

③指示提单（order B/L）。指示提单是指在提单的收货人栏内填写"凭指示"（to order）或"凭××指示"（to the order of...）的字样，这种提单可以通过背书转让给第三者，故又称为可转让提单。这种提单在国际贸易中应用得非常广泛。

背书有两种方法：一是由背书人在提单背面签名盖章的，称为空白背书（blank endorsed）；二是由背书人签字盖章外，还列明被背书人名字的，称为记名背书（endorsed in favor of）。目前，我国习惯采用"空白抬头，空白背书"（B/L made out to order and blank endorsed）的方式。

（6）按船舶营运方式不同划分

①班轮提单（liner B/L）。班轮提单是指货物采用班轮运输，由班轮公司所签发的提单。

②租船合约提单（charter party B/L）。租船合约提单是船方根据租船合约签发的提单，通常只在其上列明货名、数量、船名、装运港、目的港等必要项目，无背面提单条款。

（7）其他提单

①预借提单（advanced B/L）。在货物装船前被托运人"借走"的提单，称为"预借提单"。这是因为信用证最迟装运期已届临，但这时货尚未装船，托运人为了取得与信用证相符的提单，要求承运人先行签发已装船提单，以便如期办理结汇。预借提单是一种违法提单，尽管托运人要求预签提单，必须出具保函，但由于该保函法律地位极其脆弱，承运人仍需承担一定风险。

②倒签提单（anti-dated B/L）。货物实际装船的日期晚于信用证上规定的装运日期，托运人为了使提单日期与信用证规定的装运日期相符，要求承运人按信用证规定的装运日期签署提单，这种提单叫做"倒签提单"。倒签提单是一种违法行为，收货人可以"伪造提单"为由，拒绝提货并向法院起诉。因此，这种提单对承运人来说有较大风险。

小案例 4-27

我国某出口公司先后与伦敦 B 公司和瑞士 S 公司签订两个出售农产品合同，共计3500 长吨，价值 82750 英镑。装运期为当年 12 月至次年 1 月。但由于原定的装货船舶出故障，只能改装另一艘外轮，致使货物到 2 月 11 日才装船完毕。在我公司的请求下，外轮代理公司将提单的日期改为 1 月 31 日，货物到达鹿特丹后，买方对装货日期提出异议，要求我公司提供 1 月份装船证明。我公司坚持提单是正常的，无须提供证明。结果，买方聘请律师上货船查阅船长的船行日志，证明提单日期是伪造的，立即凭律师拍摄的证据，向当地法院控告并由法院发出通知扣留该船。经过 4 个月的协商，最后我方赔款 20900 英镑，买方方肯撤回上诉而结案。

分析：倒签提单是一种违法行为，一旦被识破，产生的后果是严重的。但是，在国际贸易中，倒签提单的情况相当普遍。尤其是当延期时间不多的情况下，还是有许多出口商会铤而走险。当倒签的日子较长的情况出现，就容易引起买方怀疑，最终可以通过查阅船长的航行日志或者班轮时刻表等途径加以识破。

③过期提单（stale B/L）。过期提单是指晚于信用证规定的期限递交的提单，也称迟期提单。UCP 600 规定，银行拒绝接受晚于信用证规定的交单付款、承兑或议付的特定期限的提单；如信用证无特定的交单期限，银行拒绝接受提单日后 21 天提交的单据；晚于货物到达目的港的提单，银行亦认为是过期提单而拒绝接受。

（二）铁路运单

铁路运单（railway bill）是铁路承运人收到货物后所签发的铁路运输单据。我国对外贸易铁路运输按营运方式分为国际铁路联运和国内铁路运输两种方式。前者使用国际货协铁路运单，后者使用承运货物收据。通过铁路对港、澳出口的货物，由于内地铁路运单不能作为结汇的凭证，故使用承运货物收据这种特定性质和格式的单据。

1．国际货协运单

国际货协运单（international cargo agreement transportation）使用正副本方式。运单正本随同货物从始发站到终点站交给收货人，作为铁路向收获人交付货物的凭证。运单副本在发货站加盖运期戳记，成为货物已被承运的证明，发货人凭此向银行要求结汇。国际货协运单不能转让。

2．承运货物收据

承运货物收据（cargo receipt）是在特定运输方式下所使用的一种运输单据，它既是承运人出具的货物收据，也是承运人与托运人签订的运输契约。我国内地通过铁路运往港、澳地区的出口货物，一般委托给中国对外贸易运输公司。当出口货物装车发运后，对外贸易运输公司即签发一份承运货物收据给托运人，以作为对外办理结汇的凭证。

（三）航空运单

航空运单（airway bill）是承运人与托运人之间签订的运输契约，也是承运人或其他代理人签发的货物收据。航空运单还可作为承运人核收运费的依据和海关查验放行的基本单据。但航空运单不是代表货物所有权的凭证，也不能通过背书转让。收货人提货不是凭航空运单，而是凭航空公司的提货通知单。在航空运单的收货人栏内，必须详细填写收货人的全称和地址，而不能做成指示性抬头。

航空运单的份数共有正本一式三份：第一份正本注明"Original—for the Shipper"应交托运人；第二份正本注明"Original—for the Issuing Carrier"，由航空公司留存；第三份正本注明"Original—for the Consignee"，由航空公司随机带交收货人。其余副本则分别注明"For Airport of Destination""Delivery Receipt""For Second Carrier""Extra Copy"等，由航空公司按规定和需要进行分发。

每份航空运单有三份正本和至少六份副本。正本的背面印有承运条款，其用途即航空运单的主要作用。第一份交给发货人，是承运人或其他代理收到货物后出具的收据；第二份由承运人留存作为记账凭证；第三份随货同行，交给收货人作为核收货物的依据。

（四）多式联运单据

多式联运单据（multi-modal transportation documents）是指多式联运经营人在收到货

物后签收给托运人的单据。按照联合国贸发会议和国际商会共同制定的《多式联运单证规则》，多式联运经营人负责货物的全程运输。

多式联运单据与联运提单在形式上有相同之处，但在性质上不同。

（1）签发人不同。多式联运单据由多式联运经营人签发，而且可以是完全不掌握运输工具的无船承运人，全程运输均安排各分承运人负责。联运提单由承运人或其代理人签发。

（2）签发人的责任不同。多式联运单据的签发人对全程运输负责，而联运提单的签发人仅对第一程运输负责。

（3）运输方式不同。多式联运单据的运输既可用于海运与其他方式的联运，也可用于不包括海运的其他运输方式的联运。联运提单的运输限于海运与其他运输方式的联合运输。

（4）已装船证明不同。多式联运单据可以不表明货物已装船，也无须载明具体的运输工具。联运提单必须是已装船提单。

任务实施

▶案例讨论

【案例1】

我某出口公司收到一国外来证，货物为40000只打火机，总价值为40000美元，允许分批装运，采用海运方式。后客户来传真表示急需其中10000只（总数量的1/4）打火机，要求改用空运方式提前装运，并提出这部分货款采用电汇方式（T/T）在发货前汇至我方。

思考题：

遇到此类问题该怎么办？

【案例2】

我方某公司收到一国外来证，货物为1个20英尺集装箱各式运动鞋和塑料底布面库存拖鞋，价值分别45154美元和2846美元，允许分批装运，单据要求规定我方必须提供由中国商品检验检疫部门签发的品质检验证书（简称质检证）。货物备妥发运前，我方商检部门认为该批拖鞋品质未达到国家标准，不能为其签发质检证。为此，我方立即要求客户修改信用证（即删除库存拖鞋的质检证条款），客户以改证费用太高且可能影响交货期为由拒绝改证，但表示只要货物和封样一致，他仍会接受货物。

思考题：

我方该如何操作？

【案例3】

进出口公司向泰国巴伐利亚有限公司出口一批电器电料，国外开来信用证有关条款规定：电器电料100箱，从中国港口至曼谷；禁止分批装运和转运；全套清洁已装船提单，注明"运费已付"；发货人抬头背书K.T.银行；通知买方。H公司审证无误后，即装集装箱运输，随后备妥各种单据向银行交单，要求付款，但却遭到开证行拒付。其理由是我方提交的是"联合运输单据"，不符合信用证不许转运的要求。

思考题：

银行拒付有道理吗？

▶ **同步训练**

实训项目：

（1）找一家货代公司，了解中国外贸主要海运航线，收集相关航线运价表，并了解货物运费的计算方法。

（2）翻译以下条款。

① 2010 年 6、7 月份由上海运往热那亚，每月平均装运，允许转运。

② 2011 年 7、8 月份分两次装运，禁止转运，允许分批，装运港为青岛，目的港为纽约。

习题 4-7

任务八　订立国际贸易合同的运输保险条款

案例导入

进口化肥遭遇海损

我国 A 公司与某国 B 公司于某年 10 月 20 日签订购买 52500 吨化肥的 CFR 合同。A 公司开出信用证规定，装船期限为次年 1 月 1 日—10 日。由于 B 公司租来运货的"雄狮号"在开往某外国港口途中遇到飓风，结果装货至次年 1 月 20 日才完成。承运人在取得 B 公司出具的保函的情况下签发了与信用证条款一致的提单。"雄狮号"于 1 月 21 日驶离装运港。A 公司这批货物投保了水渍险。次年 1 月 30 日，"雄狮号"途经达达尼尔海峡时起火，造成部分化肥烧毁。船长在命令救火过程中又造成部分化肥湿毁。由于船在装货港口的延迟，该船到达目的地时赶上了化肥价格下跌，A 公司在出售余下的化肥时不得不大幅度下调价格，造成很大损失。

思考：

　　（1）途中烧毁的化肥损失属什么损失，应由谁承担？为什么？

　　（2）途中湿毁的化肥损失属什么损失，应由谁承担？为什么？

　　（3）A 公司可否向承运人追偿由于化肥价格下跌造成的损失？为什么？

　　（4）承运人可否向托运人 B 公司追偿责任？为什么？

任务要求

规范填制国际贸易合同中的运输保险条款。

任务分析

要完成任务，就必须了解对外贸易中货物在运输过程中可能遭遇到的各类风险，以及由此可能产生的各种损失和费用。除此以外，还应熟悉各种运输方式下保险公司所保障的各种险别与条款的具体内容，为货物选择正确的险种，从而订立合同中的保险条款。

任务学习

保险（insurance）是投保人（insured）或被保险人，与保险人（insurer）或承保人（underwriter）订立合同，根据合同约定，投保人向保险人支付保险费，保险人对于保险合同约定的可能发生的事故因其发生所造成的财产损失承担赔偿保险金责任的契约行为。按保险标的的不同，保险可分为财产保险、责任保险、信用保险、保证保险和人身保险五类。国际货物运输保险是指对外货物贸易运输过程中将各种货物作为保险标的的保险，它属于财产保险的一种。

在国际贸易中，货物经过长途运输，可能会受到自然灾害、意外事故或外来因素的影响导致受损。为了能在货物受损后获得经济补偿，货主在货物出运前往往会办理国际货物运输保险。

在国际货物买卖中，为了明确交易双方在货运保险方面的责任，通常都订有保险条款，主要内容有保险金额、投保险别及确定适用的保险条款。

保险条款的内容依选用贸易术语的不同而有所区别。以 FOB、CFR、FCA 或 CPT 条件成交的合同，保险条款一般订为"保险由买方负责"（insurance is to be covered by the buyers）。如买方委托卖方代办保险，则应明确规定保险金额、投保险别、按什么保险条款保险及保险费由买方负担，同时规定保险费的支付时间和方法。以 CIF 或 CIP 贸易术语成交的合同，条款内容须明确规定由谁办理保险、投保险别、保险金额的确定方法及按什么保险条款保险，并注明该条款的生效日期。具体方法举例如下。

保险由卖方按发票金额的 110% 投保一切险，以中国人民保险公司 1981 年 1 月 1 日有关海洋货物的运输保险条款为准。

Insurance：To be covered by the Sellers for 110% of total invoice value against all risks，as per and subject to the relevant ocean marine cargo clauses of the People's Insurance Company of China， dated 1/1/1981.

一、保险的基本原则

不论哪一类保险，投保人和保险人均须订立保险合同并共同遵守下述原则。

（一）可保利益原则

保险标的（subject matter insured）是保险所要保障的对象，它可以是任何财产及其有关利益或者人的寿命和身体。

保险利益（insurable interest），又称可保权益，是指投保人对保险标的具有的法律上承认的利益。保险利益必须具备下列条件。

（1）必须是合法的利益。投保人对保险标的所具有的利益必须是合法的，可以是主张的利益，而不是违反法律规定，通过不正当手段获得的利益。例如，海上走私、盗窃、抢劫等违反国家或社会公德而产生的利益都不能作为保险利益而订立保险合同，即使订立了，也属于无效合同。

（2）必须是确定的利益。确定的利益指已经确定或可以确定的利益，包括现有利益、预期利益、责任利益和合同利益。现有利益指投保人对财产已经享有而且可以继续享有的利益，对财产具有合法的所有权、使用权、转让权；预期利益指因财产的现有利益而存在确实可得的，依照法律或合同产生的未来一定时期的利益；责任利益指被保险人依法对第三者应负的赔偿责任，也即加害方对受害方依法应负的赔偿责任；合同利益指基于有效合同而产生的保险利益。

（3）必须是经济利益。经济利益指投保人对保险标的利益必须是通过货币计量的利益。投保人对保险标的应当具有保险利益。投保人对保险标的不具有保险利益的，保险合同无效，这就是保险利益原则。就货物运输保险而言，反映在运输货物上的利益，主要是货物本身的价值，但也包括与此相关联的费用，如运费、保险费、关税和预期利润等。当保险标的安全到达时，被保险人就受益；当保险标的遭到损毁或灭失，被保险人就负有经济责任。

（二）最大诚信原则

最大诚信（utmost good faith）原则是指投保人和保险人在签订保险合同时，以及在合同有效期内，必须保持最大限度的诚意，双方都应恪守信用，互不欺骗隐瞒。

保险合同是以最大诚信原则为基础的。因此，如果一方当事人不遵守最大诚信原则，另一方可声明该保险合同无效。我国法律规定，保险活动当事人行使权利、履行义务时应当遵循诚实信用原则。对保险人而言，应当向投保人说明保险合同的条款内容。对被保险人而言，投保人在投保时应将自己知道的或者在通常业务中应当知道的有关保险标的的重要事实如实告知保险人，以便保险人判断是否同意承保或者决定承保的条件。例如，在货物运输保险中，被保险人应向保险人提供保险标的、运输条件、航程及包装条件等方面的真实情况。

（三）补偿原则

补偿（indemnity）原则是又称损害赔偿原则，指当保险标的遭受保险责任范围内的损失时，保险人应当依照保险合同的约定履行赔偿义务。但保险人的赔偿金额不得超过保险单证上的保险金额或投保人遭受的实际损失，即不能超过投保人对保险标的所具有的可保利益。保险人的赔偿不应使投保人因此而获得额外利益。

（四）近因原则

近因（proximate cause）原则是指保险人只对承保风险与保险标的的损失之间有直接因果关系的损失负赔偿责任，而对保险责任范围外的风险造成的保险标的的损失，不承担赔偿责任。近因是指导致保险标的损失的最直接、最有效并起决定性作用的原因。如果有若干个原因在起作用，近因就是在导致事件结果产生过程中具有支配力的、能动的、最有力的那个原因。例如，在战争期间，某企业将投保一切险的出口商品运至码头仓库待运，适逢敌机轰炸引起仓库火灾，使该批商品受损。当被保险人要求保险公司赔偿时，保险公司予以拒绝，理由为造成货物受损的原因有两个，即投弹和火灾，而投弹是造成货损的直接原因。由于造成损失的近因不在保险公司责任范围，因此，保险公司可予以拒赔。

二、海洋货物运输保险

（一）风险

在国际货物运输中，风险一般是指产生灾害事故而有可能带来的经济损失的不确定性。海上风险保险业将保险合同条款中所承保的海上风险从性质上划分，主要分为海上风险与外来风险两类。

1．海上风险

海上风险（perils of sea），又称海难，是指船舶或货物在海上运输过程中所遇到的自然灾害和意外事故。

（1）自然灾害。自然灾害（natural calamities）是指由于自然界变异引起破坏力量所造成的现象，如恶劣气候、雷电、海啸、地震、洪水、火山爆发等。

（2）意外事故。意外事故（fortuitous accidents）特指运输工具在运输过程中遭受的意外事故，如搁浅、触礁、沉没、互撞、与流冰或其他物体碰撞及失火、爆炸等事故。

2．外来风险

外来风险（extraneous risks）是指由于外来原因引起的风险，包括一般外来风险和特殊外来风险。一般外来风险包括偷窃，提货不着，淡水雨淋，渗漏，短量，混杂、沾污，碰损、破碎，钩损，锈损，串味，包装破裂，受潮受热等。特殊外来风险包括进口关税、舱面、交货不到、黄曲霉素、拒收、交货不到、罢工等。

（二）海上损失

海上损失是船舶航海时，所发生的与航运有关的船舶或货物的灭失、损坏和相关费用的统称。海上保险所保障的海上损失专指由于保险事故引起的海上损失，但不包括承运人为收取运费应支付的有关费用及船舶自然磨损和正常途耗等。根据保险市场的一般解释：凡是与海上航运有关联的海陆运输过程中，因事故或非常原因所发生的一切损害也属于海上损失范畴。按其损失程度，可分为全部损失、部分损失；按其损失性质，可分为单独海损、共同海损。

1．全部损失

全部损失（total loss）是指被保险货物遭受全部损失。全部损失又可以分为实际全损和推定全损。

（1）实际全损。实际全损（actual total loss）是指保险标的物在发生保险事故后发生灭失，或者受到严重损坏完全失去原有形体、效用，或者不能再归被保险人拥有。主要有下列四种情况：①保险标的已遭毁灭，如船舶与货物沉入海底无法打捞或货物被大火毁灭；②保险标的属性上的毁灭，原有的商业价值已不复存在，如茶叶遭海水浸湿后香味尽失，水泥浸海水后变成块状；③被保险人已不能恢复其所丧失的所有权，如船舶与货物被捕获或扣押后释放无期，或已被没收；④船舶失踪已达一定时间，如半年仍无音讯，则可视作全损。被保险人如果遭遇实际全损，即由保险人按保险金额全部赔付。

（2）推定全损。推定全损（constructive total loss）是指货物发生保险事故后并未完全丧失，是可以修复或可以收回的，但所花的费用将超过获救后保险标的的价值，因此得不偿失。在此情况下，保险公司放弃努力，给予被保险人以全部保险金额作为赔偿即为推定全损。主要有下列四种情况：①保险货物受损后，修理费用已超过货物修复后的价值；②保险货物受损后，整理和续运到目的地的费用，超过货物到达目的地的价值；③保险标的实际全损已经无法避免，或者为了避免实际全损需要花费的施救费用，将超过获救后的标的价值；④保险标的遭受保险责任范围内的事故，使被保人失去保险标的的所有权，而夺收这一所有权，其所需要的费用，将超过收回标的的价值。

小案例 4-28

我某公司出口稻谷一批，因保险事故被海水浸泡多时而丧失其原有用途，货到目的港后只能低价出售。这种损失属于什么损失？

有一批出口服装，在海上运输途中，因船体触礁导致服装严重受浸。如果将这批服装漂洗后再运至原定目的港所花的费用已超过服装的保险价值，这批服装应属于什么损失？

分析：前者属于实际全损，后者属于推定全损。

2. 部分损失

部分损失（partial loss）是指被保险货物的损失没有达到全部损失的程度。部分损失按其损失的性质又可以分为共同海损和单独海损。

（1）共同海损

共同海损（general average，GA）是指载货的船舶在海运途中遇到灾害、事故，威胁到船、货的共同安全，为了解除这种威胁，维护船、货的安全或者使航程得以继续完成，由船方有意识地、合理地采取措施所做出的某些特殊牺牲或支出的某些额外费用。

构成共同海损必须具备下列条件：①危险必须是实际存在的、不可避免的，②必须是自动地、有意识地采取合理的措施，③必须是为船货共同安全而采取的措施，④其牺牲和费用支出是非常性质的。

根据惯例，共同海损的牺牲和费用，应由受益方，即船方、货方和运费方按最后获救的价值多少，即按比例分摊。这种分摊叫作共同海损分摊（general average contribution）。

（2）单独海损

单独海损（particular average，PA）是指除共同海损以外的意外损失，即由于承包范围内的风险所直接导致的船舶或货物的部分损失。这种损失由受损者单独负担。

（3）共同海损与单独海损的主要区别

①损失的构成不同。单独海损一般是指货物本身的损失，不包括费用损失，而共同海损既包括货物损失，又包括因采取共同海损行为而引起的费用损失。

②造成海损的原因不同。单独海损是海上风险直接导致的货物损失，而共同海损是为了解除或减轻船、货、运费三方共同危险而人为造成的损失。

③损失的承担者不同。单独海损由受损方自行承担损失，而共同海损则由船、货、运费三方按获救财产价值大小的比例分摊。

保险公司对为减少货物的实际损失而支付的费用也负责赔偿，它分为施救费用和救助费用。施救费用（sue and labor charges）是指被保险的货物在遭遇保险责任范围内的灾害事故时，被保险人或其代理人为防止损失扩大而采取抢救、防止或减少货物损失的措施而支出的合理费用。施救费用不管有无效果，保险公司都给予赔偿。救助费用（salvage charges）是指被保险的货物在遭遇保险责任范围内的灾害事故时，由保险人和被保险人以外的第三者对受损的货物采取抢救措施而支付的费用。救助费用只有在有效果时保险公司才给予赔偿。

小案例 4-29

某货轮从 A 国某港驶往 B 国，在航行途中船舶货舱起火，大火蔓延到机舱，船长为了船货的共同安全，决定采取紧急措施，往舱中灌水灭火。火虽被扑灭，但由于主机受损，无法继续航行，于是船长决定雇用拖轮将货船拖回新港修理，检修后重新驶往新加坡。事后调查，这次事件造成的损失有：①1000 箱货物被火烧毁，②600 箱货物由于灌水灭火而受到损失，③主机和部分甲板被烧坏，④拖轮费用，⑤额外增加的燃料和船长、船员工资。从上述各项损失的性质看，哪些属单独海损，哪些属共同海损？

分析：本案例①、③是因火灾而造成的直接损失，不具备共同海损成立的条件，属单独海损；②、④、⑤是因维护船货共同安全，进行灌水灭火而造成的损失和产生的费用，属于共同海损。

（三）我国海洋货物运输保险的险别

我国国家保险机构是中国人民保险公司（The People's Insurance of China，PICC），其制定的保险条款为中国保险条款（China Insurance Clause，CIC），是中国人民保险公司根据我国保险业务的实际需要，并参照国际保险市场的惯例制定的。

根据运输方式的不同，中国保险条款又可分为海洋货物运输保险条款、陆运货物保险条款、航空货物运输保险条款、邮包货物运输保险条款等。

按照能否单独投保，海洋货物运输保险险种可分为基本险和附加险两类。基本险是可以单独投保的险种，在海运货物中，基本险承保海上风险（自然灾害和意外事故）和一般外来风险所造成的损失，包括平安险（free from particular average，FPA）、水渍险（with particular average，WPA 或 WA）和一切险（all risks）。附加险是不能单独投保的险种，承保的是外来风险所造成的损失，它只能在投保了基本险的基础上加保，包括一般附加险和特殊附加险。

1．基本险

（1）平安险。平安险是我国保险业的习惯叫法，英文原意是"单独海损不赔"。平安险的承保责任范围包括以下八个方面。

①在运输过程中，货物由于自然灾害造成被保险货物的实际全损或推定全损；②由于运输工具遭遇搁浅、触礁、沉没、互撞与流冰或其他物体碰撞，以及失火、爆炸等意外事故造成被保险货物的全部或部分损失；③只要运输工具曾经发生搁浅、触礁、沉没、焚毁等意外事故，不论意外事故发生之前或者以后曾在海上遭遇恶劣气候、雷电、海啸等自然灾害造成的被保险货物的部分损失；④在装卸转船过程中，被保险货物一件或数件、整件落海所造成的全部损失或部分损失；⑤被保险人对遭受承保责任内危险的货物采取

抢救、防止或减少货损措施支付的合理费用，但以不超过该批被救货物的保险金额为限；⑥运输工具遭遇自然灾害或者意外事故，需要在中途的港口或者在避难港口停靠，因而引起的卸货、装货、存仓及运送货物所产生的特别费用；⑦共同海损的牺牲、分摊和救助费用；⑧运输契约订有"船舶互撞责任"条款，按该条款规定应由货方偿还船方的损失。

小案例 4-30

判断下列各题若投平安险是否赔偿。

①运输货物的船舶在运输途中触礁，海水涌进船舱，将甲商人的 5000 公吨货物浸泡 2000 公吨。（赔偿 2000 公吨）

②货物在运输途中遭遇恶劣天气，海水涌进船舱，将乙商人的 6000 公吨货物浸泡 3000 公吨。（不予赔偿）

③货物在运输途中遭遇恶劣天气，海水涌进船舱，将丙商人的 6000 公吨货物全部浸泡。（赔偿）

④货物运输途中遭遇恶劣天气，海水涌进船舱，将丁商人的 6000 公吨货物浸泡 300 公吨之后货验又触礁，海水涌进船舱，货物又被浸泡 1000 公吨。（赔偿 4000 公吨）

⑤货物运输途中，自来水管破裂，将戊商人的 8000 公吨货物浸泡 3000 公吨。（不予赔偿）

（2）水渍险。水渍险是我国保险业的习惯叫法，英文原意是"负责单独海损"。保险公司对水渍险的承保责任范围为：①平安险承保的所有范围，②被保险货物由于恶劣气候、雷电、海啸、地震、洪水等自然灾害所造成的部分损失。

（3）一切险。一切险的承保责任范围包括：①平安险和水渍险承保的范围，②被保险货物在运输途中由于一般外来风险所致的全部或部分损失。一切险一般适用于价值较高、可能遭受损失因素较多的货物投保。

小案例 4-31

某远洋运输公司的"东风轮"在 6 月 28 日满载货物起航，出公海后由于风浪过大偏离航线而触礁，船底划破后形成长 2 米的裂缝，海水不断渗入。为了船货的共同安全，船长下令抛掉 A 舱的所有钢材并及时组织人员堵塞裂缝，但无效果。为使船能继续航行，船长请来拯救队施救，共支出 5 万美元施救费。船修好后继续航行，不久又遇恶劣气候，入侵海水使 B 舱底层货物严重受损，甲板上的 2000 箱货物也被风浪卷入海里。问：投保何种险别保险公司给予赔偿？

分析：投保平安险。

（4）除外责任。除外责任指保险不予负责的损失或费用，一般都有属非意外的、非偶然性的或须特约承保的风险。

为了明确保险人承保的责任范围，中国人民保险公司《海洋运输货物保险条款》中对海运基本险别的除外责任有下列五项：①被保险人的故意行为或过失所造成的损失；②属于发货人责任所引起的损失；③在保险责任开始前，被保险货物已存在的品质不良或数量短差所造成的损失；④被保险货物的自然损耗、本质缺陷、特性，以及市场跌落、运输延迟所引起的损失和费用；⑤战争险和罢工险条款规定的责任及其险外责任。空运、陆运、邮运保险的除外责任与海运基本险别的险外责任基本相同。

□ 海运保险仓至仓条款

（5）基本险的保险责任起讫及期限。根据中国人民保险公司《海洋货物运输保险条款》规定，保险公司对平安险、水渍险和一切险三种基本险别的责任起讫，均采用国际保险业惯用的"仓至仓条款"（warehouse to warehouse clause，W/W Clause），即规定保险公司所承担的保险责任，是从被保险货物运离保险单所载明的装运港（地）发货人仓库开始，直到货物到达保险单所载明的目的港（地）收货人仓库时为止。当货物一进入收货人仓库，保险责任即行终止。但是，当货物从目的港卸离海轮时起算满 60 天，不论被保险货物有没有进入收货人的仓库，保险责任均告终止。如被保险货物需转运到非保险单所载明的目的港（地）时，则保险责任以该项货物开始转运时终止。如被保险货物在运至保险单所载明的目的港（地）以前的某一仓库而发生分配、分派的情况，则该仓库就被作为保险人的最后仓库，保险责任也从货物运抵该仓库时终止。

小案例 4-32

某公司以 CFR 上海条件从国外进口一批货物，并根据卖方提供的装船通知及时向中国人民保险公司投保水渍险，后来由于国内用户发生变更，我进口公司通知承运人货改卸黄埔港。货由黄埔装火车运往南京途中遭遇山洪，致使部分货物受损，我进口公司据此向保险公司索赔但遭拒绝。问：保险公司拒绝赔偿有无道理？

分析： 保险公司可以拒绝赔偿。因为保险公司所承担的保险责任，是从被保险货物运离保险单所载明的装运港（地）发货人仓库开始，直到货物到达保险单所载明的目的港（地）收货人仓库时为止。此处目的港发生改变，保险公司根据规定可以拒绝赔偿。

2. 附加险

（1）一般附加险。一般附加险（general additional risks）承保一般外来风险所造成的损失，共有 11 种。

①偷窃、提货不着险（theft，pilferage and non-delivery，TPND）。它是指被保险货物在保险有效期内，被偷走或窃走，以致在目的地货物的全部或整件货提不着的损失，保险公司负责赔偿责任。

②淡水雨淋险（fresh water and/or rain damage）。对被保险货物因直接遭受淡水或雨淋，以及由于冰雪融化所造成的损失负责赔偿。

③渗漏险（leakage）。承保被保险货物在运输过程中因容器损坏而引起的渗漏损失，或对于用液体储藏的货物因液体的渗漏而引起的货物腐败等损失负责赔偿。

④短量险（shortage risk）。被保险货物在运输途中因外包装破裂或散装货物发生数量散失和实际重量短缺的损失保险公司负责赔偿，但不包括正常运输途中的自然消耗。

⑤混杂、沾污险（intermixture and contamination）。对被保险货物在运输途中因混

进杂质或被沾污所造成的破碎和碰撞损失由保险公司负责赔偿。

⑥碰损、破碎险（clash and breakage）。对被保险货物在运输过程中因震动、碰撞、受压所造成的破碎和碰撞损失由保险公司赔偿。

⑦钩损险（hook damage）。对被保险货物在装卸过程中因被钩损而引起的损失，以及对包装进行修补或调换所支付的费用由保险公司负责赔偿。

⑧锈损险（rust）。对被保险的金属或金属制品一类货物在运输过程中发生的锈损由保险公司负责赔偿。

⑨串味险（taint of odor）。对被保险的食用物品、中药材、化妆品原料等货物在运输过程中，因受其他物品的影响而引起的串味损失负责赔偿，如茶叶、香料与皮张、樟脑等堆放在一起产生异味而不能使用。

⑩包装破裂险（breakage of packing）。对被保险货物在运输过程中因装运或装卸不慎，致使包装破裂所造成的损失，以及在运输过程中为继续运输安全需要修补包装或调换包装所支付的费用均由保险公司负责赔偿。

⑪受潮受热险（sweat and heating）。对被保险货物在运输过程中因气温突变或由于船上通风设备失灵致使船舱内水汽凝结、发潮或发热所造成的损失负责赔偿。

（2）特殊附加险。特殊附加险（special additional risks）承保由于特殊外来风险所造成的全部或部分损失，中国人民保险公司承保的特殊附加险有下列8种。

①进口关税险（import duty risk）。该该承保的是被保险货物受损后，仍须在目的港按完好货物缴纳进口关税而造成相应货损部分的关税损失。但是，保险人对此承担赔偿责任的条件是，货物遭受的损失必须是保险单承保责任范围内的原因造成的。

②舱面险（on deck risk）。该附加险承保装载于舱面（船舶甲板上）的货物被抛弃或海浪冲击落水所致的损失。加保该附加险后，保险人除了按基本险责任范围承担保险责任外，还要依舱面货物险对舱面货物被抛弃或风浪冲击落水的损失予以赔偿。

③黄曲霉素险（aflatoxin risk）。该附加险承保被保险货物（主要是花生、谷物等易产生黄曲霉素）在进口港(地)经卫生当局检验证明,其所含黄曲霉素超过进口国限制标准,而被拒绝进口、没收或强制改变用途所造成的损失。

④拒收险（rejection risk）。当被保险货物出于各种原因，在进口港被进口国政府或有关当局拒绝进口或没收而产生损失时，保险公司依拒收险对此承担赔偿责任。

⑤交货不到险（failure to deliver risk）。该险承保自被保险货物装上船舶时开始，在6个月内不能运到原定目的地交货。不论何种原因造成交货不到，保险公司都按全部损失予以赔偿。

⑥出口货物到香港（包括九龙在内）或澳门存仓火险责任扩展条款（fire risk extension clause for storage of cargo at destination Hong Kong, including Kowloon, or Macao, FREC）。这是一种扩展存仓火险责任的特别附加险，指保险公司对被保险货物自内地出口运抵香港（包括九龙）或澳门，卸离运输工具，直接存放于保险单载明的过户银行所指定的仓库期间发生火灾所受的损失，承担赔偿责任。该附加险的保险期限，自被保险货物运入过户银行指定的仓库之时起，至过户银行解除货物权益之时，或者运输责任终止时起满30天时止。若被保险人在保险期限届满前向保险公司书面申请延期的，

在加缴所需保险费后可以继续延长。

⑦战争险（war risk）。战争险是特殊附加险的主要险别之一，它虽然不能独立投保，但对其他附加险而言又有很强的独立性。战争险的责任起讫与平安险、水渍险及一切险的责任起讫不同，不采用"仓至仓条款"。战争险的责任起讫期限仅限于水上危险，海运战争险规定保险公司所承担的责任自被保险货物在保险单所载明的装运港装上海轮或驳船时开始，直到保险单所载明的目的港卸离海轮或驳船时为止。如果货物不卸离海轮或驳船，则保险责任最长延至货物抵达目的港之当日午夜起算满15天为止。如在中途港转船，则不论货物在当地卸载与否，保险责任以海轮抵达该港或卸货地点的当日午夜起算满15天为止，待货物再装上续运的海轮时，保险公司仍继续负责。

小案例 4-33

某公司出口一批货物，已投保一切险和战争险。该船抵达目的港开始卸货时，当地突然发生武装冲突，部分船上货物及部分已卸到岸上的货物被毁。问：保险公司应如何赔偿？

分析：此损失是战争造成的，应遵循战争险的责任起讫期限。战争险的责任只限于运输工具上的责任。因此，本例保险公司只负责赔偿尚在船上未卸货物的损失，至于已卸到岸上的货物，保险公司不予赔偿。

⑧罢工险（strikes risk）。凡因罢工、被迫停工所造成的直接损失，恐怖主义者或出于政治目的而采取行动的个人所造成的损失，以及任何人的恶意行为造成的损失，都属承保范围。按国际保险业惯例，在投保战争险的前提下，加保罢工险，不另增收保险费。如单独要求加保罢工险，则按战争险费率收费。

（四）伦敦保险协会海运货物保险条款

在世界海上保险业中，英国是一个具有悠久历史和比较发达的国家，它所制定的保险条款对世界各国影响很大。目前，世界上大多数国家在海上保险业务中直接采用英国伦敦保险协会所制定的《协会货物条款》。

《协会货物条款》（Institute Cargo Clauses，ICC）最早制定于1912年，后来经过修订，新条款于1982年1月1日公布，1983年4月1日开始使用。

新条款共有以下6种险别。

协会货物条款（A）［Institute Cargo Clauses（A），ICC（A）］。

协会货物条款（B）［Institute Cargo Clauses（B），ICC（B）］。

协会货物条款（C）［Institute Cargo Clauses（C），ICC（C）］。

协会战争险条款（货物）［Institute War Clauses（Cargo）］。

协会罢工险条款（货物）［Institute Strikes Clauses（Cargo）］。

恶意损害险条款（Malicious Damage Clauses）。

在6种险别中，ICC（A）、ICC（B）、ICC（C）都可以独立投保。

ICC（A）的承保责任范围较广，采取"一切风险减除外责任"的方式，它大体上相当于旧条款的一切险（all risks），其除外责任有以下4条：①一般除外责任，如因包装原因造成的损失、由船方原因造成的损失、使用原子或热核武器造成的损失；②不适航、不适货除外责任，如被保险人在装船时已知船舶不适航、不适货；③战争除外责任；④罢工除外责任。

ICC（B）与原水渍险比较，增加了船舶搁浅和倾覆、陆上运输工具倾覆或出轨、地震或火山爆发、浪击落海等条款，对不属于共同海损行为中的抛货责任和因湖水、河水进入船舶、驳船或其他运输工具的风险也可负责。

ICC（C）比原平安险的责任范围小，它仅对"重大意外事故"（major casualties）风险负责，对非重大事故风险和ICC（B）中的自然灾害风险均不负责。与ICC（B）比较，ICC（C）免除了由于地震、火山爆发、雷电、浪击落海、海水（潮水）或河水进入船舶、驳船或其他运输工具等造成的损失，以及货物在装卸时落海或跌落造成的整件全损等。

协会战争险和罢工险条款与旧条款相比差别不是很大，但在需要投保时也可作为独立的险别进行投保。

恶意损害险是新增加的附加险别，承保除被保险人以外的其他人（如船长、船员）的故意破坏行为所造成的被保险货物的灭失或损坏，但出于政治动机的人的行为则除外。恶意损害的风险在ICC（A）中列为承保责任，但在ICC（B）和ICC（C）中均列为除外责任。因此，在投保ICC（B）或ICC（C）时，如欲取得这种风险的保障，应另行加保恶意损害险。

三、其他运输方式下的货物运输保险

其他运输方式下的货物运输保险是在海洋运输货物保险的基础上发展起来的。由于陆运、空运、邮包运输同海运可能遭遇的货物损失的风险种类不同，因此，陆运、空运、邮包货物运输保险与海洋货物运输保险的险别及其承保责任范围也有所不同。

（一）陆运货物保险条款

根据现行的陆运货物保险条款的规定，陆运货物保险的基本险别有陆运险（overland transportation risks）和陆运一切险（overland transportation all risks）两种。此外，还有陆上运输冷藏货物险（overland transportation insurance frozen products），它也具有基本险的性质。

保险公司对上述陆运险和陆运一切险的责任起讫也采用"仓至仓条款"，即保险公司的责任自被保险货物运离保险单所载明的起运地发货人仓库或储存处所开始运输时生效，包括正常运输过程中的陆上运输和与其相连的水上驳运在内，直至该项货物运达保险单所载明的目的地收货人的仓库或处所或被保险人用作分配、分派的其他储存处所为止。如未运抵上述仓库或储存处所，则以被保险货物运抵最后卸载的车站满60天为止。

陆运货物在投保上述基本险之一的基础上，还可以加保附加险。如投保陆运险，则可酌情加保一般附加险和战争险等特殊附加险；如投保陆运一切险，就只需加保特殊附加险。陆运货物在加保战争险的前提下，再加保罢工险，则不另外收费。

陆运货物战争险的责任起讫，是以货物置于运输工具上为限，即自被保险货物装上保险单所载明的起运地的火车时开始到保险单所载明的目的地卸离火车时为止。如果被保险货物不卸离火车，则以火车到达目的地的当日午夜起算满48小时为止。如在运输中途转车，不论货物在当地卸载与否保险责任以火车到达该中途站的当日午夜起算满10天为止。如货物在此期限内重新装上火车续运，仍恢复有效。但需指出，如运输契约在保险单所载目的地以外的地点终止时，该地即视作本保险单所载目的地，在货物卸离火车时为止。如不卸离火车，则保险责任以火车到达该地当日午夜起算满48小时为止。

（二）空运货物保险条款

根据现行的空运货物保险条款的规定，空运货物保险的基本险别有航空运输险（air transportation risks）和航空运输一切险（air transportation all risks）两种。此外，还有航空运输货物战争险等附加险。

保险公司对上述航空运输险和航空运输一切险的责任起讫也采用"仓至仓条款"，即保险公司的责任从被保险货物运离保险单所载明的起运地发货人仓库或储存处所开始运输时生效，包括正常运输过程，直至该项货物运抵保险单所载明的目的地收货人仓库或储存处所或被保险人用作分配、分派的其他储存处所为止。如未运抵上述仓库或储存处所，则以被保险货物在最后卸货地卸离飞机后满30天为止。

航空运输货物在投保上述基本险之一的基础上，还可以加保附加险；在加保战争险的前提下，再加保罢工险，则不另外收费。

航空货物运输战争险的保险责任起讫是自被保险货物装上保险单所载明的启运地的飞机时开始，直到卸离保险单所载明的目的地飞机时止。如果被保险货物不卸离飞机，则以载货的飞机到达目的地的当日午夜起算满15天为止；如被保险货物在中途转运，保险责任以飞机到达转运地当日午夜起算满15天为止，待装上续运的飞机，保险责任恢复有效。

（三）邮包货物运输保险

根据现行的邮政包裹条款的规定，邮包货物运输保险的基本险别有邮包险（parcel post risks）和邮包一切险（parcel post all risks）两种，其责任起讫是自被保险邮包离开保险单所载明的起运地点寄件人的处所运往邮局时开始生效，直至被保险邮包运达保险单所载明的目的地邮局发出通知书给收件人当日午夜起算满15天为止。但在此期限内，邮包一经递交至收件人处所时，保险责任即告终止。

在投保邮包运输基本险之一的基础上，还可以加保邮包战争险等附加险。在加保战争险的前提下，如再加保罢工险，则不另外收费。保险公司对邮包战争险承保责任的起讫是自被保险邮包经邮局收讫后，自储存处所开始运送时生效，直至该项邮包运达保险单所载明的目的地邮局送交收件人为止。

四、进出口货物运输保险实务

（一）投保

1. 保险险别的选择

被保险人投保的险别不同，保险公司的责任不同，收取的保险费也不同。合同当事人可以根据货物本身的特点，同时考虑货物包装的要求、运输路线和船舶停靠的港口，以及运输季节等实际情况约定投保的险别。如果买卖双方未约定险别，按惯例，卖方可按最低的险别予以投保。

2．确定保险金额和交付保险费

保险金额（insured amount），也可以称为投保金额，是指被保险人向保险公司投保的金额，也是保险公司承担的最高赔偿金额，还是计算保险费的基础。保险金额一般应由买卖双方经过协商确定。按CIF或CIP术语成交，买卖双方应该在合同中约定保险金额；如未约定，按惯例，保险金额通常按CIF或CIP总值加成10%计算。保险金额的计算公式为

保险金额＝CIF（或CIP）总值×110%

保险费是保险公司经营业务的基本收入，是保险合同生效的前提条件。保险费的计算公式为

保险费＝保险金额 × 保险费率

保险费率是按照不同货物、不同目的地、不同运输工具和保险险别由保险公司根据货物损失率和赔付率，并在此基础上参照国际保险费水平、结合国情制定的。

小案例 4-34

某外贸企业按 CIF 条件出口一批货物，CIF 总值为 20.75 万美元，按发票金额加成 10% 投保一切险、战争险，应付保险费多少？若发生了保险公司承保范围内的损失，导致货物全部灭失，保险公司的最高赔偿金额是多少？（一切险费率和战争险费率合计为 0.6%）

分析： 保险金额＝ CIF 总值 ×110%

　　　　　　＝ 20.75×110%

　　　　　　＝ 228250（美元）

　　　保险费＝保险金额 × 保险费率

　　　　　　＝ 228250×0.6%

　　　　　　＝ 1369.5（美元）

应付保险费 1369.5 美元。若发生了保险公司承保范围内的损失，导致货物全部灭失，保险公司的最高赔偿金额是 228250 美元。

（二）取得保险单证

保险单证既是保险公司对被保险人的承保证明，也是保险公司和被保险人之间的保险契约，它具体规定了保险公司和被保险人的权利和义务。在被保险货物遭受损失时，保险单证是被保险人索赔的依据，也是保险公司理赔的主要依据。在国际贸易中，保险单证是可以转让的。常用的保险单证有以下几种。

1．保险单

保险单（insurance policy），又称"大保单"，是投保人与保险公司之间订立的正式的保险合同。它除了在正面载明证明双方当事人建立保险关系的文字、被保险货物的情况、承保险别、理赔地点及保险公司关于所保货物如遇险可凭本保险单及有关证件给付赔款的声明等内容外，在背面还对保险人和被保险人的权利和义务做了规定。

2．保险凭证

保险凭证（insurance certificate），又称"小保单"，是一种简化了的保险合同，它

与正式的保险单具有同样的效力。保险凭证只有正面的内容，无背面条款，但其一般标明按照正式保险单上所载保险条款办理。

3. 预约保险单

预约保险单（open policy），又称"开口保险单"，它是被保险人和保险人之间订立的总合同。订立这种合同的目的是简化保险手续，又可使货物一经装运即可取得保障。合同中规定了承保货物的范围、险别、费率、责任、赔款处理等条款，凡属合同约定的运输货物，在合同有效期内自动承保。在我国，预约保险单适用于进口的货物。

（三）保险索赔

如果被保险的货物在保险责任有效期内发生属于保险责任范围内的损失，被保险人可向保险公司提出索赔。索赔时，被保险人应注意以下几点。

1. 分清责任

被保险人在发现被保险的货物遭受损失后，首先应分清责任，并向有关责任方索赔。例如，被保险人或其代理人在提货时发现货物包装有明显的受损痕迹，或整件短少或散舱货物已经残损，除向保险公司报损外，还应立即向承运人、海关、港务当局等索取货损货差证明，及时向有关责任方索赔，并保留追偿的权利，必要时还要申请延长索赔时效。

2. 及时通知保险公司

当被保险人获悉被保险货物已遭受损失，并确定属于保险公司的承保责任范围，应立即通知保险公司，以便保险公司在接到损失通知后采取相应的措施。

3. 采取合理的施救措施

被保险货物受损后，被保险人应对受损的货物采取相应的施救、整理措施，以防止损失的扩大。由此而产生的施救费用由保险公司负责赔偿，但以不超过该批被救货物的保险金额为限。

4. 备妥索赔的依据

被保险人在办理保险索赔时，一定要备妥索赔的依据，否则，会使索赔的过程复杂化。索赔时通常需提交的单证有保险单或保险凭证正本、运输单据、发票、装箱单、重量单、第三责任方请求赔偿的函电或其他凭证、检验报告、海事报告摘录、货损和货差证明、索赔清单。

（四）赔偿金额的计算

保险公司的赔偿方式有两种：不论损失程度和计免赔率。

对有些在运输途中容易发生破碎或短少的瓷器、玻璃制品、矿砂等，保险公司在赔偿时一般有计免赔率的规定。免赔率分为绝对免赔率和相对免赔率。绝对免赔率（deductibles）是指保险公司只负责赔偿超过免赔率的部分损失；相对免赔率（franchise）是指当损失超过规定的免赔率时，则全部损失都赔，如未超过则不赔。

任务实施

▶ **案例讨论**

【案例1】

有一批货物已投保了平安险，载运该批货物的海轮于5月3日在海面遇到暴风雨的袭击，使该批货物部分受到浸泡，损失货值1000元。该货轮在继续航行中，又于5月8日发生触礁事故，又使该批货物损失1000元。

思考题：

保险公司如何赔偿？

【案例2】

某公司向欧洲出口一批器材，投保海运货物平安险。载货轮船在航行中发生碰撞事故，部分器材受损。另外，公司还向美国出口一批器材，由另外一船装运，投保了海运货物水渍险。船舶在运送途中，由于遭受暴风雨的袭击，船身颠簸，货物相互碰撞，发生部分损失。后船舶又不幸搁浅，经拖救脱险。

思考题：

试分析上述货物是否该由保险公司承担赔偿责任。

【案例3】

我方按CIF条件出口瓷器一批，投保平安险，在装船时有10箱因吊钩脱扣而落海。

思考题：

这一损失是否可向保险公司索赔？

【案例4】

我方出口某商品净重100公吨，装5000箱，每箱单价为89美元，加一成投保一切险。货到目的港后，买方发现除短少5箱外，还短量380千克。

思考题：

保险公司负责赔偿的金额是多少？

习题4-8

▶ **同步训练**

实训项目：

（1）登录中国保险网。走访当地外贸公司调查货物保险情况。

（2）翻译以下条款。

保险由卖方按发票金额的××%投保××险，按伦敦保险业协会×年××月××日货物××险条款负责。

任务九　订立国际贸易合同的支付条款

案例导入

信用证被撤销不能免除买方付款义务

中国A公司与日本B公司订立了一份国际货物销售合同，约定由A公司向B公司销售 16000 吨钢材，B 公司应作为开证申请人开出以 A 公司为受益人的 100% 不可撤销的信用证。此后，B 公司作为中间商找到新加坡 C 公司，与其订立了买卖 16000 吨钢材的合同，B、C 两公司约定由 C 公司作为开证申请人开出以 B 公司为受益人的 100% 不可撤销的可转让信用证。合同订立后，C 公司依约开出了信用证，并通过日本某银行将该信用证转让给 A 公司。A 公司收到信用证后便按照其与 B 公司之间的合同规定装运货物，向银行提交了全套议付单据，得到了合同项下 70% 的货款，并得到了由开证行承兑的 30% 不可撤销的信用证。由于 B 公司将 A 公司销售给它的等外品当作正品加价售给了 C 公司，从而引发了品质争议。在 B 公司与 C 公司关于货物品质纠纷的仲裁中，B、C 两个公司协议上撤销上述信用证远期的 30% 部分。仲裁庭根据双方的和解协议，做出终止支付信用证所余 30% 货款及撤销该信用证的裁决。然后，根据 C 公司的申请，新加坡某法院裁定终止信用证所余 30% 货款的支付，并撤销了该信用证。A 公司因一直未收到信用证尚余的 30% 的货款，便根据其与 B 公司合同中的仲裁条款提起仲裁，要求 B 公司支付销售合同项下拖欠的 30% 货款，开证行负有第一性、独立的付款责任。因此，A 公司应向开证行索要剩余的 30% 货款，而不应向 B 公司索要。A 公司无法获得这笔货款是银行信用风险所致，与买方 B 公司无关。

仲裁经过审理后认为，本案合同项下所欠的 30% 货款的信用证被撤销和已承兑的该 30% 货款被开证行停止支付，完全是由于 B 公司与 C 公司的共同行为所致。B 公司的行为造成开证行因受法院命令而无法议付其已经承兑的 30% 合同货款，违反了 A、B 公司之间的销售合同约定，对于买方以信用证方式支付货款的义务已构成违约，B 公司应承担违约责任，向 A 公司支付所欠 30% 货款及其利息。

思考：

（1）如何理解不可撤销的可转让信用证?

（2）仔细分析 B 公司承担违约责任的原因是什么。

任务要求

规范填制国际贸易合同中的支付条款。

任务分析

要完成任务，就必须了解国际贸易中货款支付的工具及货款支付的方式。

任务学习

国际贸易结算常有 4 种方式：①预先付款，此方式对卖方有利而对买方不利；②记账赊销，此方式对卖方不利而对买方有利；③跟单托收，是卖方委托银行作为中介人，

以交单条件控制买方付款或承兑汇票，但买方付款仍是建立在商业信用基础上的，没有确实的付款保证；④以银行信用为基础的跟单信用证结算方式。国际贸易合同中的支付条款依据结算方式的不同而内容各异。

1．汇付方式下的支付条款

汇付方式通常用于国际贸易结算中的预付货款和赊销交易。使用汇付方式结算货款的交易，在合同中的支付条款中应明确规定汇付的时间、具体的汇付方法和金额等。

例：买方应不迟于 2010 年 7 月 28 日将全部货款用电汇方式预付给卖方。

The Buyers shall pay the total value to the Sellers in advance by T/T not later than July 28，2010.

2．托收支付方式下的支付条款

凡以托收方式结算货款的交易，在买卖合同的支付条款中，必须明确规定交单条件和付款、承兑责任及付款期限等内容。具体的规定方法一般可先列明由卖方负责在装运货物后，开立汇票连同货运单据办理托收，然后再按不同的交单条件、付款期限及买方的付款、承兑责任等做具体明确规定。以下分别是即期付款交单、远期付款交单和承兑交单下的支付条款实例。

（1）即期付款交单

例：买方凭卖方开具的即期跟单汇票于见票时立即付款，付款后交单。

Upon first presentation the Buyers shall pay against document draft drawn by the Sellers at sight. The shipping documents are to be delivered against payment only.

（2）远期付款交单

例：买方应凭卖方开具的跟单汇票，于提单日后 ×× 天付款，付款后交单。

The Buyers shall pay against documentary draft drawn by the Sellers at ×× days after date of B/L. The shipping documents are to be delivered against payment only.

（3）承兑交单

例：买方对卖方开具的见票后 ×× 天付款的跟单汇款，于提示时立即承兑，并应于汇票到期日即予付款，承兑后交单。

The Buyers shall duly accept the documentary draft drawn by the Sellers at ×× days sight upon first presentation and make payment on its maturity. The shipping documents are to be delivered against acceptance.

3．信用证支付方式下的支付条款

在采用跟单信用证方式结算的业务中，应在买卖合同的支付条款中，就开证时间、开证银行、信用证受益人、信用证种类、金额、装运期、到期日等做出明确规定。

例：买方应通过为卖方所接受的银行于装运月份前 30 天开立的并送达卖方不可撤销即期信用证，有效至装运月份后第 15 天在中国议付。

The Buyers shall open through a bank acceptable to the Sellers an Irrevocable Sight Letter of Credit to reach the Sellers 30 days before the month of shipment, valid for negotiation in China until the 15th day after the month of shipment.

一、支付工具

国际贸易中使用的票据主要有汇票（bill of exchange/draft）、本票（promissory note）和支票（cheque），其中汇票使用最多。

（一）汇票

1．汇票的定义

根据 1995 年 5 月 10 日公布的《中华人民共和国票据法》第十九条规定，汇票是出票人签发的，委托付款人在见票时或在指定日期无条件支付确定的金额给收款人或持票人的票据。按照各国广泛引用或参照的《英国票据法》的规定，汇票是一个人向另一个人签发的，要求即期或定期或在可以确定的将来时间，对某人或其指定人或持票人支付一定金额的无条件书面支付命令。

小案例 4-35

王先生向格兰仕公司订购 100 台空调，每台 3000 元，合计 30 万元。为了支付货款，王先生从刘先生获得 30 万元的借款，并向格兰仕公司出具 30 万元的汇票。图 4-9 显示了王先生、刘先生和格兰仕公司之间的资金权利转让关系。

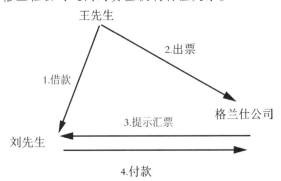

图 4-9　王先生、刘先生和格兰仕公司之间的资金权利转让

分析： 王先生开具以刘先生为受票人、格兰仕公司为收款人的汇票，票面金额为 30 万元。之后，格兰仕公司向刘先生提示汇票，刘先生按照汇票指示支付 30 万元给格兰仕公司。

格兰仕公司与刘先生之间本无关系，而王先生出具的汇票创设了格兰仕公司对刘先生的资金索偿权。通过这一权利的创设，王先生把他对刘先生的资金权利转让给了格兰仕公司。

2．汇票的基本当事人

（1）出票人。出票人（drawer）指签发汇票的人，如上述案例中的王先生。

（2）受票人。受票人（drawee）又称付款人（payer），指接受支付命令付款的人，如上述案例中的刘先生。

（3）收款人。收款人（payee）又称受款人，指受领汇票所规定金额的人，如上述案例中的格兰仕公司。

在国际贸易中，出票人通常是出口商，受票人即付款人通常是进口商或进口商指定

的银行。而受款人通常是出口商或出口商指定的银行。在国际金融市场上，汇票是一种流通证券，除注明不得转让之外，一般可以流通转让。

3．汇票的付款期限

汇票的付款期限有三种情况：①见票时（即期），②固定的将来时间（如2022年8月1日），③可以确定（推算）的将来时间（如见票后30天）。

4．汇票样例

汇票样例如图4-10、图4-11所示。

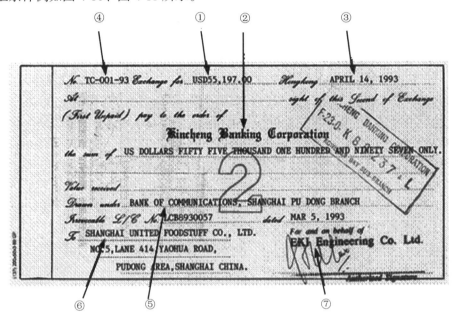

注：①汇票金额，②受款人即收款人，③出票的地点和日期，④付款期限，⑤出票条款，⑥受票人即付款人，⑦出票人

图4-10　汇票样例1

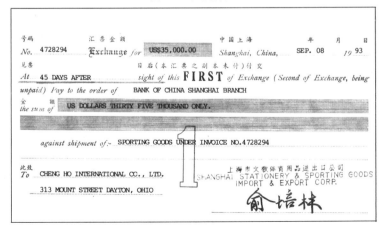

图4-11　汇票样例2

5. 汇票的内容

根据《日内瓦统一法》的规定，汇票必须具备以下内容：①票据主文中列有"汇票"一词，②无条件支付一定金额的命令，③受票人的姓名，④付款日期，⑤付款地点，⑥受款人或其指定人的姓名，⑦出票日期和地点，⑧出票人的签名。除了上述必要项目外，还可以有票据法允许的其他记载项目，如利息与利率、付款货币、禁止转让、免作拒绝证书、出票条款等。

6. 汇票的种类

（1）按照出票人的不同划分。按照出票人的不同，汇票可分为银行汇票和商业汇票。银行汇票（banker's draft）的出票人和付款人均为银行。商业汇票（commercial draft）的出票人为企业法人、公司、商号或者个人，付款人可以为其他商号、个人，也可以是银行。

（2）按照有无随附单据划分。按照有无随附单据，汇票可分为光票汇票和跟单汇票。光票(clean bill)汇票本身不附带货运单据，银行汇票多为光票汇票。跟单汇票(documentary bill)又称信用汇票、押汇汇票，是需要附带提单、仓单、保险单、装箱单、商业发票等单据才能进行付款的汇票。商业汇票多为跟单汇票，在国际贸易中经常使用。

（3）按照付款时间不同划分。按照付款时间不同，汇票可分为即期汇票和远期汇票。即期汇票（sight bill）指持票人向付款人提示后对方立即付款，又称见票即付汇票。远期汇票（time bill）是在出票一定期限后或特定日期付款。在远期汇票中，记载一定的日期为到期日，于到期日付款的，为定期汇票；记载于出票日后一定期间付款的，为计期汇票；记载于见票后一定期间付款的，为注期汇票；将票面金额划为几份，并分别指定到期日的，为分期付款汇票。

（4）按照承兑人的不同划分。按照承兑人的不同，汇票可分为商业承兑汇票和银行承兑汇票。商业承兑汇票（commercial acceptance bill）是以银行以外的任何商号或个人为承兑人的远期汇票。银行承兑汇票（banker's acceptance bill）是以银行为承兑人的远期汇票。

7. 汇票的使用

汇票的使用包括出票、提示、承兑和付款等票据行为。如需转让，通常应经过背书行为。远期汇票如需提前取得票款，可以通过贴现票据。如汇票遭拒付，还需制作拒绝证书和行使追索权。

（1）出票。出票（issue）是指出票人在汇票上填写出票日期、受票人（付款人）、金额、付款日期、地点及受款人等，签署后交给受款人的行为。

出票时收款人的 3 种惯常写法如下。

①限制性抬头。这种汇票通常会标注"仅付 ABC 公司"(pay ABC Co. Ltd. only)或"付 ABC 公司，不准流通"（ pay ABC Co. Ltd. not negotiation ），这种汇票不得流通转让。

②指示性抬头。汇票常标有"付 ABC 公司或其指定人"（ pay ABC Co. Ltd. or order 或者 pay to the order of ABC Co. Ltd. ）

③持票人或者来人抬头。常标注有（ pay to bearer ）或者（ pay to ABC Co. Ltd. or bearer ）。

（2）提示。提示（presentation）是指持票人将汇票提交付款人要求付款或承兑的行为。付款人看到汇票叫作"见票"。如果是即期汇票，付款人应在见票后立即付款；如果是远期汇票，付款人见票后应办理承兑手续，到期付款。

（3）承兑。承兑（acceptance）是指远期汇票付款人承诺到期付款的行为。具体手续是由付款人将"承兑"字样写在汇票上，注明承兑日期并签名。付款人在承兑后即成为承兑人，担负到期付款的责任。如为即期汇票，则不需要提示承兑。

（4）付款。付款（payment）是指付款人或承兑人向持票人清偿汇票金额的行为。付款后，汇票所代表的债务债权关系即告终止。持票人获得票款时，应当在汇票上签收，并将汇票交给付款人作为收款证明。

（5）背书。背书（endorsement）指转让汇票的手续，即由汇票持有人在汇票面签上自己的名字把汇票交给受让人。经背书后，汇票的收款权利就转让给受让人。受让人有权以背书方式再次转让汇票。对受让人来说，所有以前的背书人和出票人都是他的前手。对背书人来说，所有他转让以后的受让人都是他的"后手"，前手对后手承担汇票得到承兑和付款的责任。

在金融市场上，最常见的背书转让为汇票的贴现，即远期汇票经承兑后，尚未到期，持票人背书后，由银行或贴现公司作为受让人从票面金额中扣减按贴现率结算的贴息后，将余款付给持票人。银行或贴现公司贴现后，就成为汇票的持有人，可在市场上继续转让或到期向付款人索要票款。

（6）拒付和追索。持票人向付款人提示，付款人拒绝付款或拒绝承兑，均称拒付（dishonor）。另外，付款人逃匿、死亡或宣告破产，以致持票人无法实现提示，也称拒付。出现拒付，持票人有追索权，即有权向其前手（背书人、出票人）要求偿付汇票金额、利息和其他费用的权利。在追索（recourse）前必须按规定制作拒绝证书和发出拒付通知。

拒绝证书是用以证明持票已进行提示而未获结果，由付款地公证机构出具，也可由付款人自行出具退票理由书或有关的司法文书。拒付通知用以通知前手关于拒付的事实，使其准备偿付并进行再追索。

（二）本票

1．本票的定义

一个人向另一个人签发的，保证即期或定期或在可以确定的将来的时间内，对某人或其指定人或持票人支付一定金额的无条件书面承诺。本票按出票人的不同分为商业本票和银行本票。由工商企业或个人签发的称为商业本票或一般本票，由银行签发的称为银行本票。

《中华人民共和国票据法》第七十三条规定本票的定义是，本票是由出票人签发的，承诺自己在见票时无条件支付确定的金额给收款人或持票人的票据。《中华人民共和国票据法》只允许使用银行本票，不承认银行以外的工商企业、组织机构或个人签发的本票。在现代经济生活中，某些发达国家和地区的一些没有银行支票账户的顾客往往会请银行开立本票，用来购买诸如楼房、珠宝、汽车等贵重物品。这种本票以卖方作为抬头。也有采用储户抬头的本票，这种本票用来过户，将存款从一个户头转入另一个户头。人们还用这种本票支付税款、租金、水电费等。这种银行本票实际上是储户向银行提取现款的工具。图 4-12 为银行本票票样。

```
ASIA INTERNATIONAL BANK，LTD

                 18 Queen's Road，Hong Kong
                      CASHIER'S ORDER
                 Hong Kong，8th August，2009
Pay to the order of Dockfield&Co
The sum of Hong Kong Dollars Eighty Thousand and Eight Hundred only.
                 For Asia International Bank，Ltd

                                              HK $ 80800.00
                                              Manager
```

图 4-12　银行本票票样

资料来源：李昭华，冯莉. 国际结算［M］. 北京：对外经济贸易大学出版社，2011.

2．本票的当事人

本票的当事人只有两个：签票人（maker）和收款人（payee）。签票人就是签发本票的人，是本票的主债务人，也是付款人。收款人是受领本票的人。本票属于自付票据，没有付款人的记载，签票人自始至终承担第一付款人的义务。

3．本票的付款期限

本票的付款期限有三种情况：①见票时（即期），②固定的将来时间（如 2022 年 8 月 1 日），③可以确定（推算）的将来时间（如见票后 30 天）。我国《票据法》第七十八条规定，本票自出票日起，付款期限最长不得超过 2 个月。

4．本票的内容

根据《日内瓦统一法》的规定，本票必须具备以下内容：①票据主文中列有"本票"一词，②无条件支付一定金额的承诺，③付款日期，④付款地点，⑤受款人或其指定人的姓名，⑥签发本票的日期和地点，⑦出票人的签名。

5．本票与汇票的区别

（1）当事人不同。本票有两个当事人，即出票人和收款人；汇票有三个当事人，即出票人、付款人、收款人。

（2）承兑不同。本票无须承兑；远期汇票须经付款人承兑，以保证将来付款。

（3）份数不同。本票只能一式一份，不能多开；汇票可以一式几份，注明"付一不付二"或"付二不付一"字样，即表示付款人只对其中一份承兑或付款，当对其中的一份承兑或付款后，另一份随即作废。

（4）责任不同。本票由出票人负责；汇票在承兑前由出票人负责，承兑后则由承兑人负主要责任，出票人负次要责任。

（5）债权债务关系不同。本票是债务人对债权人的一种支付承诺，而汇票是债权人对债务人的一种支付命令。

（三）支票

1．支票的定义

支票是出票人签发，委托办理支票存款业务的银行或者其他金融机构在见票时无条件支付确定的金额给收款人或持票人的票据。简言之，支票就是以银行为付款人的即期汇票，图 4-13 为支票票样。

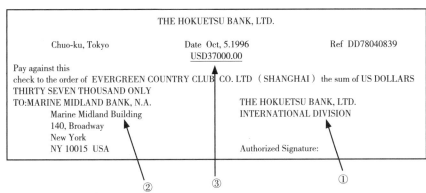

注：①出票人，②受票人，③收款人

图4-13　支票票样

2．支票的当事人

①出票人，指签发支票的当事人，是银行的存款人；②受票人，又称"付款人"，是出票人的开户银行；③收款人，指受领支票金额的当事人。

3．支票的付款期限

支票的付款期限只有见票即付一种，即"即期付款"。现在支票在国际贸易中较少使用。

4．支票的内容

根据《日内瓦统一法》的规定，支票必须具备以下内容：①票据主文中列有"支票"一词，②无条件支付一定金额的命令，③受票人的姓名，④付款地点，⑤出票日期和地点，⑥出票人的签名。

5．支票的种类

我国票据法将支票分为以下几种。

（1）现金支票和转账支票。现金支票只能用来提取现金，转账支票则只能通过银行收款入账。一张支票究竟属于现金支票还是转账支票，则需要在支票正面注明。

（2）一般支票和画线支票。在大多数国家中，支票被分为一般支票和画线支票。一般支票的持票人既可以通过银行将票款收入自己账中，也可以凭票在付款行提取现金。画线支票是在支票正面画两道平行线的支票。画线支票与一般支票不同，画线支票非由银行不得领取票款，故只能委托银行代收票款入账。使用画线支票的目的是在支票遗失或被人冒领时，还有可能通过银行代收的线索追回票款。

支票出票人在签发支票后，应负票据上的责任和法律上的责任。票据上的责任是指出票人对收款人担保支票的付款；法律上的责任指出票人签发支票时，应在付款银行存有不低于票面金额的存款。如存款不足，支票持有人在向付款银行提示支票要求付款时，会遭到拒付，这种支票叫作空头支票。开出空头支票的出票人要负法律上的责任。

二、支付方式

国际贸易的货款结算可以采用多种支付方式，主要有汇付、托收和信用证三种。

（一）汇付

1．汇付的定义及当事人

汇付（remittance）又称汇款，指债务人或付款人通过银行或其他途径将款项汇交债权人或收款人的结算方式。在汇付业务中，通常有四个当事人：汇款人、收款人、汇出行和汇入行。汇款人（remitter）即付款人，在国际贸易结算中通常是进口商；收款人（payee）通常是出口商；汇出行（remitting bank）是接受汇款人的委托或申请，汇出款项的银行，通常是进口商所在地的银行；汇入行（receiving bank）又称解付行（paying bank），是接受汇出行的委托解付款项的银行，汇入行通常是汇出行在收款人所在地的代理行。

汇款

2. 汇付的种类

按照使用的支付工具不同，汇付可分为电汇、信汇和票汇三种。

（1）电汇。电汇（telegraphic transfer，T/T）是指汇出行应汇款人的申请，采用电传、SWIFT（Society for Worldwide Interbank Financial Telecommunication，环球银行间金融电信协会）等电信手段将电汇付款委托书给汇入行，指示解付一定金额给收款人的一种汇款方式。电汇方式的优点是收款人可迅速收到汇款，但费用较高。

（2）信汇。信汇（mail transfer，M/T）是指汇出行应汇款人的申请，将信汇付款条件委托书寄给汇入行，授权解付一定金额给收款人的一种汇款方式。信汇方式的优点是费用较为低廉，但收款人收到汇款的时间较迟。图 4-14 为电汇和信汇流程。

图 4-14 电汇和信汇流程

（3）票汇。票汇（demand draft，D/D）是由汇出行根据汇款人的申请，开立以账户行或代理行为解付行的银行即期汇票，交由汇款人自行寄送给收款人或亲自携带出境，由持票人凭票取款的一种汇款方式。图 4-15 为票汇流程。

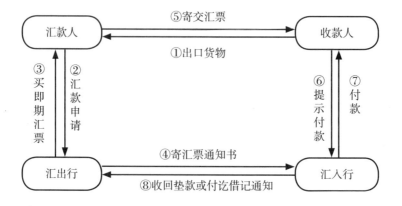

图 4-15 票汇流程

（二）托收

1. 托收的定义及当事人

托收（collection）是出口人在货物装运后，开具以进口方为付款人的汇票（随附或不随附货运单据），委托出口地银行通过它在进口地的分行或代理行代出口人收取货款的一种结算方式。

托收方式的当事人主要有：①委托人（principal），它是指委托银行办理托收业务的客户，通常是出口人；②托收银行（remitting bank），它是指接受委托人的委托，办理托收业务的银行；③代收银行（collecting bank），它是指接受托收行的委托向付款人收取票款的进口地银行，代收银行通常是托收银行的国外分行或代理行；④付款人（payer），它通常是指买卖合同的进口人。

2. 托收的种类

托收按其是否带有商业单据可分为光票托收和跟单托收。

（1）光票托收

光票托收（clean collection）是出口商（委托人）将不附带任何货运单据的金融票据，委托银行向付款人或进口商收取货款的一种托收。委托人提交的金融票据，通常是汇票、本票或支票。光票托收通常只是用于收取贸易从属费用，如广告费、附加运费、附加保险费、样品费等。

（2）跟单托收

跟单托收（documentary collection）是出口商（委托人）将金融票据连同商业单据或不带金融票据的商业单据交银行代为向付款人或进口商收取货款的一种托收。由于提交的商业单据通常包含作为货物物权的货运单据，因此，这是出口商通过银行以单据作为对价向进口商移交货物收取货款的结算方式，这远比将货物直接发给进口商安全可靠。进口商只有在付款或承兑后才能获得代表货权的单据，对出口商来说交易风险小。国际贸易中货款的收取大多采用跟单托收。

在跟单托收情况下，根据交单条件的不同，又可分为付款交单和承兑交单两种，如图4-16所示。

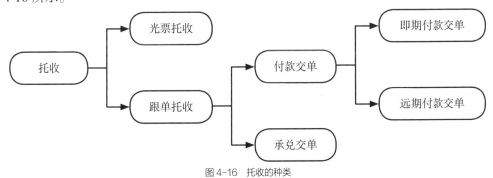

图4-16　托收的种类

①付款交单（documents against payment，D/P），是出口人的交单以进口人的付款为条件，即出口人将汇票连同货运单据交给银行托收时，指示银行只有在进口人付清货款时，才能交出货运单据。按支付时间的不同，付款交单又分为即期付款交单（D/P at sight）和远期付款交单（D/P after sight）。

a. 即期付款交单是指出口人发货后开具即期汇票连同货运单据通过银行向进口人提示，进口人见票后立即付款，在付清货款后向银行领取货运单据。图 4-17 为即期付款交单流程。远期付款交单是指出口人发货后开具远期汇票连同货运单据，通过银行向进口人提示，进口人审核无误后即在汇票上进行承兑，于汇票到期日付清货款后再领取货运单据。图 4-18 为远期付款交单流程。

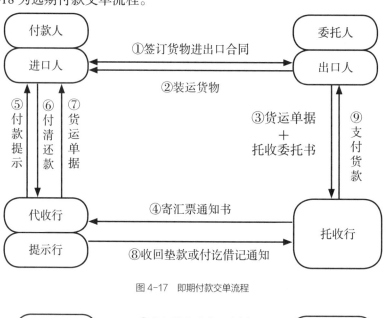

图 4-17　即期付款交单流程

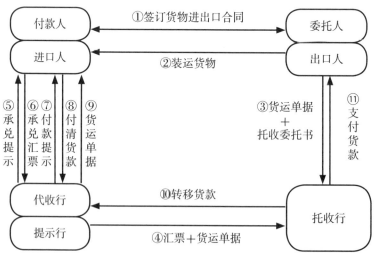

图 4-18　远期付款交单流程

b. 在远期付款交单的情况下，当到货日期早于付款日期时，如要提前取得货运单据以便及时转售或使用，进口商可采用以下做法：一是在付款到期日之前付款赎单；二是进口商开立信托收据交给代收银行，凭以借出货运单据先行提货。所谓信托收据（trust receipt，T/R），就是进口商借单时提供的一种书面信用担保文件，用来表示愿意以代收行的受托人的身份代为提货、报关、存仓和销售，并承认货物的所有权仍属银行，保证取得的货款应于汇票到期日交付代行。远期付款交单方式下的凭信托收据借单提货实质上是委托人或代收行对进口商提供的一种资金融通方式，这种方式只有在出口商对进口商的资信、偿款能力等十分了解并确信能如期收回款项时才能使用。如果是出口商提出或同意可以凭信托收据借单提货，并在托收委托书上写明"付款交单，凭信托收据借单提货"（D/P，T/R）字样，代收行以此指示办理托收业务而产生的风险应由出口商承担。如果出口商和托收行未曾在托收委托书上允许这一融资条件，而是代收行想为其本国进口商提供融资，同意进口商凭信托收据借单提货的话，则一切后果应由代收行自行负责。

小案例 4-36

我某公司向日商以 D/P 即期方式推销某商品，对方答复若我方接受 D/P 90 天付款，并通过他指定 A 银行代收则可接受。问：日商为何提出此要求？

分析：D/P 90 天意味着进口人日商只要在汇票上先承兑过 90 天后付款，比 D/P 即期延迟 90 天付款。而且通过日商指定的 A 银行代收则是为了便于向该银行借单，以达到利用我方资金的目的。

②承兑交单（documents against acceptance，D/A）是指出口人的交单以进口人在汇票上承兑为条件。即出口人在装运货物后开具远期汇票，连同商业单据，通过银行向进口人提示。进口人承兑汇票后，代收银行即将商业单据交给进口人，在汇票到期时，方履行付款义务。图 4-19 为承兑交单流程。

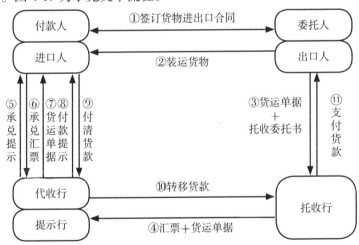

图 4-19　承兑交单流程

小案例 4-37

1999 年 10 月，广西某外贸公司（卖方）与港商陈某（买方）在广交会上签订了出口 500 箱工艺品、金额为 25 万港币的合同。但在交易会过后两个月，对方仍未开来信用证，而此时，卖方已安排生产。后来，卖方去电询问对方原因，对方在获知卖方已生产完毕后，一再解释目前资金短缺，生意难做，要求卖方予以照顾，把信用证付款改为 D/A 90 天付款。卖方公司考虑到货已备好，若卖给其他客户，一时找不到销路，会引起积压，故不得不迁就对方，改为 D/A 90 天付款。于是，将货物安排运往香港，并提交有关单据委托当地 C 银行（托收行）通过香港 K 银行（代收行）托收货款。货到香港后，陈某凭已承兑汇票的单据，提取了货物。而 90 天期限已过，仍未见对方付款。虽经卖方银行多次催收，但对方总是借故推托，一拖再拖。卖方不仅失去货物，而且货款追收无望。

分析： 承兑交单风险较大，对资信不佳或不甚熟悉的客户应谨慎使用。

3.托收方式中出口商的风险与应注意的事项

（1）出口商的风险

①进口商破产或丧失偿还能力。这主要是指进口商的企业因经营不善而破产，或其企业虽然继续存在，但没有足够的财力向出口商支付货款，造成出口商的货款不能收回。

②进口商因市场发生对自己不利的变化而借故毁约、拒付。

③进口商政府班子的更替、国内政治局势的变化，甚至是政府的某种行为，都可能妨碍进口商履行支付协议。例如，进口许可制度、进口外汇支付的冻结等，都可能使进口商的支付协议难以履行，导致进口商拒付货款。

（2）出口商应注意的事项

①对不同进口人按其具体情况确定不同的授信额度，并根据情况的变化，及时调整授信额度。

②了解进口国家的贸易管制和外汇管制条例，以免货到目的地后，进口商未领到进口许可证或未申请到外汇等，从而给我方造成被动和损失。

③应争取采用 CIF 或 CIP 贸易术语成交，由我方自办保险。如以其他方式成交，则可在装运前投保卖方利益险和海运货物运输险。在拒付的情况下货物遭受损失、进口商逃之夭夭时，我方可凭保险单向保险公司索赔。

④必须了解有关国家的银行对托收的规定和习惯做法，了解进口国家的商业惯例和海关及卫生当局的各种有关规定，以免违反进口地习惯或规定，影响安全迅速收汇，甚至使货物遭没收、罚款或销毁。对一些采用与托收惯例相悖的地区性惯例的进口商，应采用即期付款交单成交，不接受远期 D/P，以防止进口地银行将远期付款交单做成承兑交单的风险。

⑤采用托收方式成交，提单不应以进口商为收货人，最好采用"空白抬头，空白背书"提单，为了维护出口商利益，在取得代收行同意的条件下，也可以代收行作为提单抬头人。

（三）信用证

1.信用证的定义

信用证（letter of credit，L/C）是由进口方银行（开证行）依照进口商（开证申请人）的要求和指示，在符合信用证条款的条件下，凭规定单据向出口商（受益人）或其指定方进行付款的书面文件。因此，信用证是一种银行开立的有条件的承诺付款的书面文件。图 4-20 为信用证样本。

☐ CONFIRMATION OF TELEX / CABLE PRE-ADVISED Date: February 11, 1993 | Telex No. 4720688 ITT

| IRREVOCABLE DOCUMENTARY CREDIT | CREDIT NUMBER 93/U125-FTC | ADVISING BANK'S REF. NO. |

ADVISING BANK
Bank of China
Shanghai Branch
Zhongshan Dongyilu 23
Shanghai, China

APPLICANT
Friendship Trading Co.
142 South California St., #D
San Gabriel, Ca. 91776 USA

BENEFICIARY
Shanghai Stationery & Sporting Goods
Imp. & Exp. Corp.
1230-1240 Zhong Shan Rd., N.1
Shanghai, 200437 China

AMOUNT
USD ***20,880.00
(US Dollars Twenty thousand Eight Hundred
Eighty Only)

EXPIRY
date March 28, 1993   for negotiation China

GENTLEMEN:
We hereby open our irrevocable letter of credit in your favor which is available by your draft at ------- sight for
full invoice value on us accompanied by the following documents:
- Signed Commercial Invoice and 3 Copies
- Packing List and 3 copies
- Original Certificate of Origin and 3 copies
- Full set clean o n board ocean Bills of Lading showing freight prepaid consigned
  order of Cathay Bank 777 N. Braodway, Los Angeles, Ca. 90012 USA notify XXXXXXXXXX
  Friendship Trading Co., 142 South California St., #D, San Gabriel, Ca.91776 USA
- Insurance policy or certificate for 130 percent of Invoice value covering:
  All Risks.
  War Risks.
- Textile Export Licence (670L) one original and 3 copies
- Beneficiary's certificate in duplicate certifying that each piece has been sewn with
  "made in China" label

Shipment from: Shanghai, Chi na
Shipment to : Los Angeles, Ca. USA not later than March 15, 1993
Transshipments permitted
Partial Shipment prohibited

Covering shipment of:
7,200 pcs. (black 2,400 pcs., Red 1,200 pcs., Blue 1,800 pcs., Grey 600 pcs., Navy 600 pcs.,
Burgundy 600 pcs.) of 600 D Polyester Back Packs in accordance with Sales
confirmation 92E-232 dated December 7, 1992.

☐ FOB/ ☐ C&F/ ☐CIF/ ☐FAS Los Angeles,CA.USA

| Shipment from | to | Latest | Partial shipments | Transhipment |
| Shanghai | Los Angeles, CA. USA | March 15,1993 | prohibited | permitted |

Drafts to be presented for negotiation within ___ days after shipment, but within validity of credit.
All documents to be forwarded in one cover, by airmail, unless otherwise stated under Special Instructions.
SPECIAL INSTRUCTIONS: ALL BANKING CHARGES OUTSIDE THE UNITED STATES ARE FOR ACCOUNT OF BENEFICIARY
- XXXXXXX All goods must be shipped in one 20' container load
- The value of freight prepaid have to shown on Bills of Lading
- Documents which fail to comply with the terms and conditions in the letter of credit
  subject to a special discrepancy handling fee of US$35.00 to be deducted from any
  proceeds.

Draft must be marked as being drawn under this credit and bear its number, the amounts are to be endorsed on the reverse hereof by the negotiating
bank.
We hereby agree with the drawers, endorsers and bona fide holders that all drafts drawn under and in compliance with the terms of this credit shall be
duly honored upon presentation at the office of Cathay Bank, Los Angeles, California, 90012, U.S.A.
This credit is subject to the Uniform Customs and Practice for documentary credits (1983 revision) by the International Chamber of Commerce
Publication No. 400.

Yours Very Truly,

Joany Su   Emma Lam
Authorized Signature   Authorized Signature

L/C 014

图 4-20　信用证样本

2. 信用证遵循的国际惯例

为统一各国对跟单信用证条款的解释和做法，明确各有关当事人的权利和义务，减少因解释不同而引起的不必要的争端，使信用证成为国际通行的贸易工具，国际商会在 1929 年拟订了一套《商业跟单信用证统一规则》（*Uniform Regulations for Commercial Documentary Credit*），并于 1930 年公布实施，为国际商会第 74 号出版物。1933 年其更名为《商业跟单信用证统一惯例》（*Uniform Customs and Practice for Commercial Documentary Credits*），简称《统一惯例》，为国际商会第 82 号出版物。1951 年国际商会针对《统一惯例》颁布第一个修订本，出版物编号为第 151 号；1962 年颁布第二个修订本，出版物编号为第 222 号，改称为《跟单信用证统一惯例》（*Uniform Customs and Practice for Documentary Credit*，UCP）。以后又先后于 1974 年、1983 年、1993 年、2007 年分别以第 290 号、第 400 号、第 500 号、第 600 号四个出版物颁布第三、第四、第五和第六个

信用证

修订本。

UCP 600 已为世界上大多数国家和地区的银行接受，成为重要的国际贸易惯例。信用证上往往有"本证根据国际商会《跟单信用证统一惯例》（UCP 600）开立"的字样。在我国的进出口业务中采用信用证支付，信用证大多列明"除另有规定外，本证根据国际商会《跟单信用证统一惯例》（UCP 600）办理"。

3. 信用证的业务流程

采用信用证方式结算货款，从进口人向银行申请开出信用证，一直到开证行付款后又向进口人收回垫款，其中经过多道环节，并需办理各种手续。加上信用证的种类不同，信用证条款有着不同的规定这些都会影响这些环节的简繁，但其基本流程大致相同。图 4-21 为即期不可撤销跟单信用证支付流程。

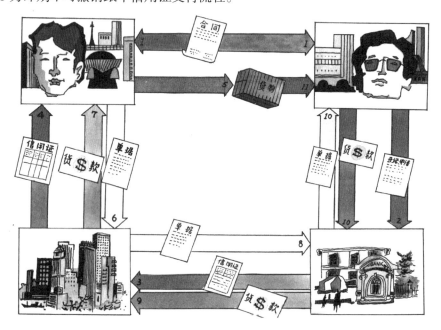

图 4-21 即期不可撤销跟单信用证支付流程

（1）信用证的当事人

①开证申请人（applicant）：又称开证人（opener），是向银行申请开立信用证的人，通常是进口商。

②开证行（opening bank/issuing bank）：应开证申请人的要求，开立信用证并承担付款责任的银行，通常是进口地银行。

③受益人（beneficiary）：接受信用证并享有信用证下合法权利的人，通常是出口商或实际供货人。

④通知行（advising bank/notifying bank）：受开证行的委托将信用证转交或通知出口商的银行，通常是出口地的银行。

⑤议付行（negotiating bank）：自己垫付资金买入或贴现受益人开立和提交的符合信用证规定的跟单汇票的银行。议付行可以是信用证上指定的银行，也可以是非指定的银行。

⑥付款行（paying bank/drawee bank）：开证行授权进行信用证项下付款或承兑并支付受益人出具的汇票的银行。付款行可以是开证行自己，也可以是接受开证行委托的另一家银行。

⑦保兑行（confirming bank）：应开证行的请求在信用证上加具保兑的银行，具有与开证行相同的责任。

（2）信用证支付方式的业务流程

①进口商申请开证（application for credit）。进口商在与出口商签订贸易合同后，应根据合同条款向银行申请开立信用证。申请开证时，进口商应填写开证申请书，内容包括两部分：第一部分是要求开立信用证的基本内容，是开证行开证的主要依据；第二部分是开证人对开证行的声明或保证，以明确自己应承担的责任，其基本内容是承认在其付清货款前，开证行对单据及其所代表的货物拥有所有权，若到期不付款，开证行有权没收一切抵押物，作应付款项的一部分。开证申请人申请开证时，开证行可根据开证人的资信状况，要求提供一定的担保品或一定比例的押金，并收取手续费。

②进口方银行开立信用证（issuance of credit）。开证行开立信用证时，必须严格按照开证申请书的要求开立，否则，开证行的权益不能得到可靠保障。开立信用证的方法有信开、全电开和简电开三种。信开是指开证行将信函形式的信用证通过航邮寄送给出口商或通知行。全电开是指开证行通过 SWIFT 系统或电报电传等电信方式将信用证内容传至通知行。简电开是指通过电报或电传预先通告通知行信用证的主要内容，并附有"详情后告"等词语。信开和全电开信用证都是有效的信用证，简电开必须补寄证实书方为有效信用证。

③出口方银行通知信用证（advice of credit）。出口方银行收到开证行开来信用证时，经核对密押和印鉴相符，确认其表面真实性后，应及时将信用证通知受益人。如信用证金额大，开证行在开立信用证时可以指定另一家银行加具保兑，此时，保兑行通常由通知行兼任。受益人收到信用证后，应仔细审核信用证。如发现其内容有与合同条款不符或不能接受之处，应及时要求开证人通过开证行对信用证进行修改或拒绝接受信用证。如接受信用证，应立即备货，并在信用证规定的装运期限内，按照信用证规定的条件装运发货。然后，缮制并取得信用证所规定的全部单据，开立汇票，连同信用证正本和修改通知书，在规定的期限内送交信用证规定的议付行或付款行，或保兑信用证的保兑行，或任何愿意议付该信用证下单据的银行。

④出口方银行议付信用证（negotiation of credit）。议付行对出口商提交的单据进行仔细的审核后，确认单证相符、单单相符后，即可进行议付。议付是指议付行以自有资金按照汇票金额扣除各项费用和利息后，垫付款项给受益人，并获得受益人提交的汇票及单据的所有权的行为。议付表面上是银行的购票行为，实际上是银行为受益人融通资金的一种方式。银行议付单据后，有权向开证行或其指定的付款行索偿，如遭拒付，可向受益人追索议付款项。

⑤进口方银行接受单据（documents taken up by issuing bank）。开证行（或其指定的付款行）收到议付行寄来的汇票和单据后，如审单后发现单证或单单不符，有权拒付，但必须及时将拒付事实通知议付行。如未发现单据中的不符点，应无条件付款给议付行后，

取得汇票和单据的所有权。

⑥进口商赎单提货（take delivery of goods against documents retired）。开证行接受单据后，应立即通知进口商备款赎单。进口商核验单据无误后，将全部票款（或部分票款以押金抵补）及有关费用付给开证行，即可取得所有单据并提货。此时，开证行和进口商之间由于开立信用证而形成的契约关系就此终止。进口商付款赎单后，如发现任何有关货物的问题，不能向银行提出赔偿要求，应分具体情况向出口商、保险公司或运输部门索赔。

4．信用证的基本内容

信用证的内容根据不同交易的需要，各银行习惯使用的信用证格式各不相同。国际商会曾先后设计并介绍过四种信用证标准格式，其中包括即期付款信用证、承兑信用证、延期付款信用证和议付信用证。但是，现在各国银行基本上还是按照其过去的习惯开立信用证，同时参照国际商会推荐的标准格式略加修改。虽然目前信用证尚无统一格式，但其基本内容大致相同，主要包括以下几个方面。

（1）对信用证本身的说明。例如，信用证的编号、种类、金额、开证日期、到期日和交单地点等。

（2）信用证的当事人。例如，开证申请人、受益人和开证行，以及开证行指定的通知行、议付行、付款行、偿付行和保兑行等。

（3）货物条款。例如，货物的名称、规格、数量、包装、价格等。

（4）装运与保险条款。例如，运输方式、起运地、目的地、装运日期、可否分批装运、可否转运等，以CIF或CIP贸易术语达成的交易项下的保险要求，以及投保的金额和险别，等等。

（5）单据条款。包括对汇票的要求，如使用汇票，应列明汇票的必要项目；对货运单据的要求，包括商业发票、海关发票、提单或运输单据、保险单证等；此外，还有包装单据、产地证、检验证书等。

（6）特别条款。主要是根据进口国政治经济贸易状况的变化或不同业务需要规定的一些条款。

（7）开证银行的责任条款，以及适用的国际惯例。目前，银行开出的信用证都注有"该证受国际商会第 600 号出版物《跟单信用证统一惯例》的约束"字样。

5．信用证的特点

（1）开证行负有第一性的付款责任。在信用证结算方式下，只要受益人提交的单据完全符合信用证的规定要求，开证行必须对其或其指定人付款，而不是等进口商付款后再转交款项。可见，与汇款、托收方式不同，信用证方式依靠的是银行信用，是由开证行而不是进口商负第一性的付款责任。

小案例 4-38

某出口公司收到一份国外开来的 L/C，出口公司按 L/C 规定将货物装出，但在尚未将单据送交当地银行议付之前，突然接到开证通知，称开证申请人已经倒闭。因此，开证行不再承担付款责任。出口公司如何处理？

分析： 信用证一旦开立，对出口公司而言，进口人的信用已转化为银行信用。因此，即使开证申请人已经倒闭，开证行还是要承担付款责任。

（2）信用证是一项独立于贸易合同的文件。信用证虽然是以贸易合同为依据开的，相应的内容也与贸易合同相一致，但却不受贸易合同的约束。在信用证业务的付款关系中，最基本的一对当事人是开证行和受益人。而贸易合同的订立者是进出口双方，合约的签订人不同，合约的具体执行当然也应独立完成。这一点在UCP 600 中也明确提到过。UCP 600 第四条 a 款是这样说的："就性质而言，信用证与可能作为其依据的销售合同或其他合同，是相互独立的两种交易。即使信用证中提及该合同，银行亦与该合同完全无关，且不受其约束。"因此，一家银行做出兑付、议付或履行信用证下其他义务的承诺，并不受申请人与开证行之间或受益人之间在已有关系下产生的索偿或抗辩的制约。

小案例 4-39

我某公司从国外进口一批钢材，货物分两批装运，每批分别由中国银行开立一份L/C。第一批货物装运后，卖方在有效期内向银行交单议付，议付行审单后，即向外国商人议付货款，然后中国银行对议付行做偿付。我方收到第一批货物后，发现货物品质与合同不符，因而要求开证行对第二份L/C 项下的单据拒绝付款，但被开证行拒绝。开证行这样做是否有道理？

分析： 开证行这样做没有道理。信用证是独立于有关合同以外的契约，是一种自足的文件。

（3）银行处理的是单据而不是货物。在信用证方式下，银行付款的依据是单证一致、单单一致，而不管货物是否与单证一致。信用证交易把国际货物交易转变成了单据交易。正如UCP 600第五条所言："银行处理的是单据，而不是单据所涉及的货物、服务或其他行为。"

小案例 4-40

我某公司与欧洲某客户达成一笔圣诞节应季礼品的出口交易。合同规定的交货期为2011 年 12 月 1 日前，但未规定买方的开证时间。卖方于 2011 年 11 月上旬开始向买方催开 L/C，经多次催证，买方于 11 月 25 日将 L/C 开抵我方。我方于 12 月 5 日将货物装运完毕，当我方向银行提交单据时被银行拒付。银行拒付有无道理？为什么？此案例中，我方有哪些失误？

分析： 银行拒付有道理，因为我方没有按期交单。此案例中，我方最大的失误是未规定买方的开证时间。

6. 信用证的种类

在国际贸易买卖中所使用的信用证种类很多，按不同的角度分，信用证主要有以下几种。

（1）跟单信用证和光票信用证。跟单信用证（documentary L/C）是指银行凭跟单汇票或仅凭单据付款、承兑或议付的信用证。这里的单据包括代表货物所有权的单据，如海运提单、多式联运单据，或证明货物已发运的单据，如铁路运单、航空运单、邮包收据等，以及商业发票、保险单据、商检证书、产地证书、包装单据等。在国际贸易结算中，大都使用跟单信用证。光票信用证（clean L/C）是指开证行仅凭受益人开具的汇票或简单收据而无须附带货运单据而付款的信用证。光票信用证主要用于贸易总公司与各地分公司间的货款清偿和贸易从属费用的结算。

（2）可撤销信用证和不可撤销信用证。可撤销信用证（revocable L/C）是指开证行在付款、承兑或被议付以前，可以不经受益人同意也不必事先通知受益人而随时修改或撤销的信用证。但对于开证行指定或被授权的银行在接到修改或撤销通知前，已经根据表面上符合信用证的单据所进行的付款、承兑或议付，开证行仍予以承认并负责偿付。由于可撤销信用证的开证行可以随时取消或修改，对受益人缺乏足够的保障，因而在国际贸易中极少采用。不可撤销信用证（irrevocable L/C）是指信用证一经通知受益人，在有效期内未经受益人及有关当事人的同意，对信用证内容不得随意修改或撤销的信用证。只要受益人提交的单据符合信用证规定，开证行或其指定银行必须履行付款责任。使用这种信用证，受益人的权益有可靠的保障，因而在国际贸易中不可撤销信用证得到广泛的使用。信用证在开立时应清楚地表明是可撤销的还是不可撤销的，若信用证上对此未写明，按 UCP 600 的规定，该信用证将被视作不可撤销的。

小案例 4-41

我方 A 公司向加拿大 B 公司出口一批货物，贸易条件为 CIF 多伦多，B 公司于 2009 年 4 月 10 日开来不可撤销信用证，证内规定"装运期不得晚于 4 月 15 日"。此时，我出口商已经来不及按期装船，并立即要求进口商将装期延至 5 月 15 日。B 公司来电称"同意展延装期，并将信用证有效期顺延一个月"。A 公司于 5 月 10 日装船，提单签发日期为 5 月 10 日，A 公司于 5 月 15 日将全套符合信用证规定的单据提交银行办理议付。问：我方银行可否议付此套单据？为什么？

分析：我方银行不议付。不可撤销信用证一经开出，修改信用证需要所有当事人都同意。本案中仅仅得到 B 公司的同意，并未由银行开出修改通知书，所以修改无效。

（3）保兑信用证和不保兑信用证。保兑信用证（confirmed L/C）是指一家银行开出的信用证，由另一家银行保证对符合信用证规定的单据承担付款责任。只有不可撤销信用证才可加具保兑。信用证一经保兑，保兑行与开证行一样都承担第一性的付款责任。对受益人来说，同时取得了两家银行的付款保证，安全收汇更有保障。保兑行通常是通知行，有时也可以是出口地的其他银行或第三国银行。

不保兑信用证（unconfirmed L/C）是指未经除开证行以外的其他银行保兑的信用证，即一般的不可撤销信用证。当开证银行资信较好或成交金额不大时，一般都使用这种不保兑的信用证。

小案例 4-42

我某轻工进出口公司向国外客户出口某商品一批，合同中规定以即期不可撤销信用证为付款方式，信用证的到期地点规定在我国。为保证款项的收回，应议付行的要求，我商请香港某银行对中东某行（开证行）开立的信用证加以保兑。在合同规定的开证时间内，我方收到通知银行（即议付行）转来的一张即期不可撤销保兑信用证。我出口公司在货物装运后，将有关单据交议付银行议付。不久接保兑行通知："由于开证行已破产，我行将不承担该信用证的付款责任。"问：保兑行的做法是否正确？为什么？对此情况，我方应如何处理？

分析：保兑行的做法是不正确的。本案是以不可撤销保兑信用证方式结汇的一宗业务。在保兑信用证下，保兑银行与开证银行一样承担第一性的付款责任，其付款依据是只要出口商在信用证有效期内提交符合信用证条款规定的合格单据，保兑行就必须履行付款义务，而不是在开证行不能履行付款义务时才付款。因此，只要我方提交的单据符合信用证的规定，保兑行就应履行付款义务。在此情况下，我方应责成保兑行履行付款义务，以确保我方的利益不受损害。

（4）即期付款信用证、延期付款信用证、承兑信用证和议付信用证。

即期付款信用证（sight payment L/C）是指开证行或付款行在收到符合信用证规定的跟单汇票或单据时，立即履行付款义务的信用证。这种信用证的特点是出口商收汇迅速安全，有利于资金周转。即期付款信用证可以要求受益人提供汇票，也可以不要求提供汇票。即期付款信用证可以是开证行自己付款，也可由其他银行付款，还可以视付款行所在地和到期地点的不同，由开证行指定由另一家银行议付，或者不指定，不需要由他行议付。

延期付款信用证（deferred payment L/C）又称迟期付款信用证，是指开证行保证在受益人交单一定时期后付款的信用证。其远期日期的确定有从运输单据出单日期起算、从单据到达开证行的日期起算两种方法。在实践中，延期付款信用证大多用于金额较大而且付款期限较长（往往长达一年或数年）的资本货物交易，常与政府出口信贷相结合。

承兑信用证（acceptance L/C）是指付款行在收到符合信用证规定的远期汇票和单据时，先在汇票上履行承兑手续，待汇票到期日再行付款的信用证。这种信用证规定以银行为汇票上的付款人，又称银行承兑信用证。银行承兑信用证项下，出口商可以等承兑汇票到期后再收回资金，也可以将承兑汇票在市场上贴现以融通资金。有时进口商为了融资方便，或利用银行承兑汇票以取得比银行放款利率更为优惠的贴现率，往往要求开立银行承兑信用证，证中规定"远期汇票可即期付款，所有贴现和承兑费用由买方负担"，实际上是进口商将承兑后的远期汇票贴现后，向出口商即期付款。这种特殊的银行承兑信用证被称为"买方远期信用证"，在我国又被称为"假远期信用证"。

议付信用证（negotiation L/C）是指开证行在开立信用证时指定该信用证可由另一家银行或由出口地任何银行议付的信用证。按是否限定议付银行，又可分为自由议付信用证和限制议付信用证两种。前者是指任何银行均可办理议付，后者是指仅由被指定的银行办理议付。

小案例 4-43

我某出口公司与新西兰商人成交一批出口货物。原合同规定买方开不可撤销即期信用证，但对方开来的却是一张 60 天的远期信用证。不过对方在证中规定："Discount charges for payment at 60 days are borne by buyers and payable at maturity in the scope of this credit." 问：此证是否为假远期信用证？我方可否接受？

分析： 此证实际上是远期加利息的条款。我方如接受，则在不能贴现的情况下势必要等到 60 天后才能收汇，且 60 天后汇价涨跌如何，也难预计。因此，应让买方改证，等其明确远期汇票能即期付款并由开证行或付款行负责贴现，而且一切贴息和费用归买方承担，我方可接受。

（5）可转让信用证和不可转让信用证。可转让信用证（transferable L/C）是指开证行在信用证上明确注明"可转让"字样，授权通知行在受益人（第一受益人）的要求下，可将信用证的全部或部分转让给第三者（第二受益人）的信用证。可转让信用证只能转让一次，如信用证不禁止分批装运，在累计不超过信用证金额的前提下，可以分成几个部分分别转让给一个以上的第二受益人。信用证只能按原证规定的条款办理转让，但信用证的金额、单价、装运日期和到期日等项可以缩短或减少，保险加保比例可以增加，也可以以第一受益人代替原证申请人的名称。进口商开立可转让信用证，意味着他同意第一受益人将交货、交单的义务让予第一受益人指定的其他人来履行，但并不等于买卖合同也被转让。如果发生第二受益人不能交货，或交货不符合合同规定，单据不符合信用证规定时，第一受益人仍要承担买卖合同规定的卖方责任。可转让信用证的受益人，往往是中间商，要求国外进口商开立可转让信用证，以转让给实际供货人（第二受益人），由实际供货人直接装运。

不可转让信用证（intransferable L/C）是指受益人不能将信用证的权利转让给他人的信用证。凡未在信用证上注明"可转让"字样者，将被视为不可转让信用证。

小案例 4-44

我方 B 公司向美方供应商 A 公司购买一批金额为 100 万美元的货物，双方签订了合同。B 公司就此批货物以 120 万美元与境外客户 C 签约。A 为出口商，B 为中间商，C 为进口商。Bank A 为境内的通知行，Bank B 为 B 公司的账户行，Bank C 为开证行。采用可转让信用证，其流程如下。

① C 向 B 开出 L/C，金额 120 万美元，此证称为母证。

② B 以母证为依据，Bank B 向 A 开出 L/C，金额 100 万美元，此证称为子证。

③ A 收到 Bank A 的通知，接受子证，然后发货。

④ A 将提单 100 万美元的发票（和汇票）、装箱单提交 Bank A，转递 Bank B。

⑤审单无误后，Bank B 通知 B 公司将发票（和汇票）由 100 万美元替换成 120 万美元，并将单据转递 Bank C。

⑥审单无误后，Bank C 解付 120 万美元给 Bank B，Bank B 解付 100 万美元给 Bank A。

（6）循环信用证。循环信用证（revolving credit）是指受益人在一定时间内使用了规定的金额后，其金额又恢复到原金额，直至达到规定的时间、次数或金额为止的信用证。循环信用证不同于一般信用证，一般信用证在使用完后即告失效，而循环信用证可多次循环使用。这种信用证多用于成交金额比较大或交货时间比较长的商品交易。其主要优点在于进口方可以减少开证手续、降低开证费用。

①按循环的计算方法，循环信用证可分为按时间循环和按金额循环两种：按时间循环（revolving around time），指受益人可根据信用证规定的期限反复支取信用证规定的金额；按金额循环（revolving around value），指信用证规定的金额被用完后自动恢复到原金额，直至规定的全部金额用完为止。

②按恢复方式，循环信用证可分为自动循环、半自动循环和非自动循环三种：自动循环（automatic revolving），指受益人每期用完一定金额后，无须等待开证行的通知即可自动恢复到原金额供再次使用。半自动循环（semi-automatic revolving），指受益人每期用完一定金额后，在若干天内开证行未提出不能恢复原金额的通知，即自动恢复到原金额。非自动循环（non-automatic revolving），指受益人每期用完一定金额后，需经开证行通知，才能恢复原金额再次使用。

任务实施

▶案例讨论

【案例1】

某公司出口一批冷冻鱼，7月16日接到通知行转来的一张信用证简电通知。简电通知中表明了L/C号码，商品的品名、数量和价格等项目，并说明"详情后告"。我公司收到简电通知后急于7月20日按简电通知中规定的数量装运出口。在货物装运后制作单据时，收到了通知行转来的一张L/C证实书，证实书中规定的数量与简电通知中的数量不符。

思考题：

（1）我方应按信用证证实书的规定还是按简电通知书的规定制作单据？

（2）它们之间存在的差异应如何处理？

（3）这个事例能给我们什么启示？

【案例2】

内地某出口商收到从香港商人手里拿到的出口项下的汇票，两张汇票的出票人都是美国新泽西州的 First Fidelity Bank，金额为 1732000 美元及 2342000 美元。付款期限为出票后 5 个月。

思考题：

请问出口商应通过什么程序证实汇票的真伪？

【案例3】

A 与 B 两家食品进出口有限公司共同对外成交出口货物一批，双方约定各交货50%，各自结汇，由 B 公司对外签订合同。事后，外商开来以 B 公司为受益人的不可撤销的信用证，证中未注明"可转让"字样，但规定允许分批装运。B 公司收到信用证后，及时通知了 A 公司，两家公司都根据信用证的规定各出口了 50% 的货物，并以各自的名义制作有关的结汇单据。

思考题：

两家公司的做法是否妥当？为什么？

▶同步训练

实训项目：

（1）走访当地外贸公司，收集一份信用证，并翻译此份信用证。

（2）翻译以下条款。

①买方同意自本合同签字之日起 1 个月内，将本合同金额 50% 的预付款，以电汇方式汇交卖方。

②买方根据卖方开具的跟单汇票，于见票后 60 天付款，付款后交单。

③开立 100% 保兑的、不可撤销的即期信用证，该证须于 5 月 20 日前开出。

④买方通过卖方接受的银行，于装船月份前 20 天开立并送达卖方不可撤销即期信用证，规定 50% 发票金额凭即期光票支付，其余 50% 金额用即期跟单托收方式付款交单。全套货运单据附于托收项下，在买方付清发票的全部金额后交单。如买方不能付清全部发票金额，则货运单据须由开证行掌握，凭卖方指示处理。

习题 4-9

任务十　订立国际贸易合同的检验条款

案例导入

商品检验的责任划分

某出口合同商品检验条款中规定：商品检验以装船地商检报告为准。该批货物在装运港装船时情况良好，但在目的港交付时却发现品质与约定规格不符。买方经当地商检机构检验并凭其出具的检验证书向卖方索赔，卖方却以合同规定的商检条款拒赔。

思考：

（1）如何理解国际货物买卖合同中检验条款的重要性？

（2）卖方拒赔是否合理？

任务要求

规范填制国际贸易合同中的检验条款。

任务分析

要完成任务，就必须了解国际贸易合同中商品检验的定义和作用，了解商品检验的范围及内容，订立检验条款的主要内容，并掌握我国商品检验实务。

任务学习

商品检验（commodity inspection），简称商检，是指商品检验机构对卖方拟交付货物或已交付货物的品质、规格、数量、重量、包装、卫生、安全等项目所进行的检验、鉴定和管理工作。

商品检验条款示例如下。

1．以装运港检验证书为最后依据

双方同意以装运港中华人民共和国海关总署所签发的品质/数量检验证书为最后依据，对双方具有约束力。

如何拟定商品
检验条款

It is mutually agreed that the Certificate of Quality/Quantity issued by the General Administration of Customs, P. R. China at the port of shipment shall be regarded as final and binding upon both parties.

2．以装运港检验证书为议付货款的依据，货到目的港后买方有权复验

双方同意以装运港中华人民共和国国家海关总署签发的品质和数量（重量）检验证书作为信用证项先议付所提交的单据的一部分。买方有权对货物的品质和数量（重量）进行复验。复验费由买方负担。如发现品质和数量（重量）与合同不符，买方有权向卖方索赔，但须提供经卖方同意的公证机构出具的检验报告。索赔期限为货到目的港 ×× 天内。

It is mutually agreed that the Certificate of Quality and Quantity （weight） issued by the General Administration of Customs, P. R. China at the port of shipment shall be part of the documents to be presented for negotiation under the relevant L/C. The Buyers shall have the right to re-inspect the Quality and Quantity of the cargo. The re-inspection fee shall be borne by the Buyers. Should the Quality and/or Quantity be found not in conformity with that of the contract，the Buyers are entitled to lodge with the Sellers a claim which should be supported by survey reports issued by a recognized surveyor approved by the Sellers. The claim，if any，shall be lodged within ×× days after arrival of the cargo at the port of destination.

一、商品检验的作用

（1）确保出口商品的质量，提高出口商品在国际市场上的竞争力。

（2）保证进口商品的质量，防止低劣商品和有害病虫及其他有损健康的物质进入我国市场。

（3）划清进出口商品争议中的责任归属，签发检验证书作为解决争议和办理索赔的凭证。

二、商品检验的范围及内容

（一）商品检验的范围

我国进出口商品检验的范围主要有这几项：①现行《商检机构实施检验的进出口商品种类表》规定的商品，②根据《中华人民共和国食品卫生法》和《进出境动植物检疫法》规定的的商品，③船舱和集装箱检验，④海运出口危险品的包装检验，⑤对外

贸易合同规定由商检局实施检验的进出口商品。

（二）商品检验的内容

商品检验的内容主要包括：①商品品质检验，②商品数量和重量检验，③商品包装检验，④商品残损检验，⑤商品卫生检验。此外，还包括船舱检验、监视装载、鉴封样品、签发产地证书和价值证书、委托检验等项内容。

三、商品检验条款的主要内容

（一）检验的时间和地点

（1）在出口国检验。在出口国检验可分为两种：在生产地检验，即货物离开生产地点前进行检验；装运前或在装运时在装运港（地）检验，即以"离岸品质、重量为准"（shipping quality，weight as final）。

（2）在进口国检验。在进口国检验可分为在目的港卸货后检验，在买方营业所在地检验或在最终用户所在地检验，即以"到岸品质、数量为准"（loading quality, weight as final）。

（3）在出口国检验，进口国复验。在装运地的检验书是收货付款的依据，货到收货地后买方有权复验。

很显然，第三种做法对买卖双方都比较方便和公平合理，因而被国际贸易界广泛使用。

小案例 4-45

某公司以 FOB 宁波价外销日本一批货物，货物出口时已由商检机构检验并出具检验证书，在宁波港装船时情况良好，但在日本卸货时却发现包装破裂，产品散失，同时部分货物由于包装破裂而风化，此时卖方应否负责赔偿？

分析：按《2000 年通则》，在 FOB 条件下，卖方负责装船以前的一切风险，买方负责装船以后的一切风险。由于货物装船时表面状况良好（已有商检机构出具的检验证书），则在装船后的风险应由买方承担。但本案中如确因卖方包装不良，致使在海运途中包装破裂、货物损失，则卖方应对此负责。

（二）检验机构

检验机构在国际贸易中可分为 3 类。

（1）由国家设立的检验机构。例如，美国的粮谷检验署、美国食品药物管理局、法国国家实验室检测中心等。

（2）由同业公会、协会开设的公证行或公证人检验。例如，英国劳氏公证行、瑞士日内瓦通用鉴定公司、美国保险人实验室、日本海事鉴定协会等。

（3）由生产制造厂商或买方、用货单位检验。商检的选择由买卖双方协商，并订立于合同中，商检机构应与检验地点和时间联系在一起。我国进出口的货物，买卖合同中一般规定，由中华人民共和国检验检疫机构办理。

（三）检验标准和检验方法

（1）检验标准。商品检验标准通常为生产国标准、进口国标准和买卖双方协定标准等。

（2）检验方法。检验方法可分为感官检验、化学检验、物理检验、微生物检验等。

（四）检验证书及作用

商品检验证书（inspection certificate）是商检机构对进出口商品实施检验或鉴定后出具的证明文件。常用的检验证书有品质检验证书、重量检验证书、数量检验证书、兽医检验证书、卫生检验证书、消毒检验证书、植物检疫证书、价值检验证书、产地检验证书等。在具体业务中，卖方究竟需要提供哪种证书，要根据商品的种类、性质、贸易习惯，以及政府的有关法律法规而定。

商品检验证书的作用如下：①是证明卖方所交货物的品质、数量、包装及卫生条件等方面是否符合合同规定的依据，②是海关验关放行的依据，③是卖方办理货款结算的依据，④是办理索赔和理赔的依据。

四、我国商品检验实务

我国进出口商品的检验主要包括以下几个环节。

（一）报验

报验是指外贸关系人（指商品的供货商、收货商、运输、保险契约部门）向商检部门提出申请检验，包括以下内容。

（1）填写"出口检验申请书"，注意表内需要附加外文。报验一般在发货前 7 ～ 10 天，保鲜货报验则应在发货前 3 ～ 10 天。如申请单位不在商检部门所在地，应在发货前 10 ～ 15 天报验。

（2）报验时应提供相应的单证和资料。

（二）抽样

商检部门在接受报验后，派员按一定的方式对货物抽取样品，并发给抽样收据。须在货物堆存地点进行现场检验、鉴定，内容包括数量、质量、包装、外观等项目。

（三）检验

检验是指商检机构对货物按检验的依据和合同进行检验。

（四）签发证书

签发证书是指商检机构对检验的商品出具检验和鉴定的证书，对法定检验签发"放行单"或在"出口货物报关单"上加盖放行章。

任务实施

▶ 案例讨论

【案例 1】

某公司以 FOB 大连价外销美国一批货物，货物出口时已由商检机构检验并出具检验证书，在大连港装船时情况良好，但在纽约港卸货时却发现包装破裂，产品散失，同时部分货物由于包装破裂而风化。

思考题：

卖方是否应负责赔偿？

【案例2】

某公司从国外采购一批特殊器材，该器材指定由国外某检验机构负责检验合格后才能收货。后接到此检验机构的报告，称质量合格，但在其报告附注内说明，此项报告的部分检验记录由制造商提供。

思考题：

这种情况下，买方能否以质量合格而接收货物？

▶ 同步训练

实训项目：

（1）义乌某外贸公司与法国某客户，就儿童玩具的检验达成一致：买卖双方同意以装运港中国出入境检验检疫机构签发的质量检验证书作为信用证项下议付所需单据之一，买方有权对货物的质量进行复验，复验费由买方承担。如发现质量与合同规定不符，买方有权向卖方索赔，并提交经卖方同意的公证机构出具的检验报告。请你拟订具体的检验英文条款。

习题 4-10

（2）翻译如下条款。

在交货前制造商应就订货的质量、规格、数量、性能做出准确全面的检验，并出具货物与本合同相符的检验证书。该证书为议付货款时向银行提交单据的一部分，但不得作为货物质量、规格、数量、性能的最后依据，制造商应将记载检验细节的书面报告附在品质检验书内。

任务十一　订立国际贸易合同的索赔、不可抗力与仲裁条款

案例导入

战争引发的争议

我国某进出口公司与英国某公司以 FOB 价签订的进口合同，装货港为伦敦。合同签订后不久，英方通知我方货已备妥，要求我方按时派船接货。然而，在我方安排的船舶前往英港途中，突然爆发中东战争，苏伊士运河被封锁，禁止一切船舶通行。我方船舶只好改变航线绕道好望角航行，增加航行近万千米，到达装运港时已过装运期。这时，国际上的汇率发生变化，合同中的计价货币英镑贬值，英方便以我方未按时派船接货为由，要求提高货物价格，并要求我方赔偿由于延期接货而产生的仓储费。对此，我方表示不能接受，双方遂发生争议。

思考：

（1）如何理解国际货物买卖合同中索赔、不可抗力与仲裁条款的重要性？

（2）假如你是我方派出的代表，将如何处理这个问题？

任务要求

规范填制国际贸易合同中的索赔、不可抗力与仲裁条款。

任务分析

要完成任务，就必须了解国际贸易合同中商品索赔、不可抗力与仲裁条款的定义和作用，订立索赔、不可抗力与仲裁条款的主要内容，并掌握其注意事项。

任务学习

一、索赔条款

（一）索赔与理赔的定义及产生的原因

1．索赔与理赔的定义

索赔（claim）是指买卖双方的一方违反贸易合同的规定，给另一方造成直接或间接损失，受损方向违约方提出赔偿要求。理赔（settlement）是指违反合同的一方受理受损方提出的赔偿要求。

2．索赔产生的原因

索赔产生的原因主要有以下几点：①卖方履行合同规定义务不完全或根本不履行，如不交货，不按合同时间、数量、品质交货等；②买方不执行或不完全执行合同规定的义务，如不按规定接船、不付款等；③双方对合同中的条款有理解的分歧，各自为自己的利益找借口，如立即装运等。

（二）合同中的索赔条款及示例

为使索赔和理赔有据可循，买卖双方一般在合同中都订有索赔条款。合同中的索赔条款主要有以下两种。

■ 异议与索赔
条款

1．异议和索赔条款

异议和索赔条款一般是针对卖方交货不符合合同规定而订立的。其主要内容如下。

（1）索赔依据。规定索赔所应具有的证据和出证的机构。

（2）索赔期限。在有效的提赔时间内，违约方必须受理，逾期则违约方可以拒绝索赔。有下列的几种规定方式：货到目的港后××天起算，货到目的港卸离海轮后××天起算，货到买方营业处所或用户所在地后××天起算，货物检验后××天起算。

（3）索赔方法和索赔金额。通常在合同中只做一般笼统规定。

例：买方对于装运货物的任何索赔，必须于装运货物的船只到达提单所定目的港后30天内提出，并须提供经卖方同意的公证机构出具的检验报告。如果货物已经过加工，买方即丧失索赔权利。属于保险公司或船公司的责任范围内的索赔，卖方不予受理。

2．罚金条款

罚金条款是指违约方向对方支付约定的罚金，以补偿对方的损失，一般适用于卖方延期交货或买方延期接货。

罚金一般规定上限，不超过货款的 5%。按天数订立罚金的比例，如延误 7 天罚金为 0.5%，不足 7 天按 7 天算，同时订立最长延期时限，如超过 10 周，则可撤销合同。

例：如卖方不能如期交货，在卖方同意由付款行从议付的货款中扣除罚金或由买方于支付货款时直接扣除罚金的条件下，买方可同意延期交货。延期交货的罚金以 7 天为计算标准，每过期 7 天（不足 7 天者按 7 天计算）罚货价的 0.5%，如卖方未按本合同规定的装运期交货，延期 10 周时，买方有权撤销合同，并要求卖方支付上述延期交货罚金。

小案例 4-46

境内某厂从境外进口一整套设备，现其他设备均已到，只差其中一道设备延期装运未能运到，致使工厂迟迟无法开工，因而发生生产损失、工资损失等。问：我方应如何向国外制造商索赔？可索赔哪些项目？对方不赔时应如何处理？

分析： 向境外订购大型机械设备又允许分批装运时，如果供应商不按期交货，则买方也无法按计划如期投产，必将造成很大损失。要防止此事发生，在订立大宗机器设备合同时，应要求卖方提供履约保证金（一般为货款的 5%～10%）。如果卖方不按约交货即可没收保证金。

就本案而言，买方发生一系列的损失，如果有履约保证金，可以没收其保证金。如果没有提供，凭契约也可向卖方就延迟交货索赔。应凭具体证据证明所损失的各种数额及计算方法，向对方索赔上述各种损失。如对方坚持不赔，可使用合同中的仲裁条款，如仲裁无效，只有诉讼。

（三）理赔工作注意事项

（1）要认真细致地审核国外客户提出的索赔事由和单证，以及出单机构的合法性。

（2）注意搞好调查研究，弄清事实，分清责任。

（3）合理确定损失程度或性质，妥善采用赔付办法。

二、不可抗力条款

（一）不可抗力的含义及构成条件

1．不可抗力的含义

不可抗力（force majeure），又称人力不可抗拒，是指买卖合同签订后，不是由于合同当事人的过失或疏忽，而是由于发生了合同当事人无法预见、无法预防、无法避免和无法控制的事件，以致不能履行或不能如期履行合同，发生意外事件的一方可以免除履行合同的责任或推迟履行合同。不可抗力是一项免责条款。

2．构成不可抗力事件的条件

（1）意外事件是在有关合同成立以后发生的。

（2）不是由于任何一方当事人的故意或过失所造成的，而必须是偶发的和异常的事件。

（3）事件的发生是当事人无法预见、无法控制、无法避免和不可克服的。

小案例 4-47

某外贸公司于今年 10 月同外商签订了一份出口合同，交货期为当年 12 月，由于同年 7、8 月间产区遭受旱灾，产品无收，出口人不能依约交货，于是，以遭受不可抗力为由，向对方提出解除合同的要求。问：该项要求是否合理？为什么？

分析：不合理，不能成立。因为产区发生的旱灾是在出口合同签订之前。

（二）不可抗力的事故范围及处理

1．不可抗力事故范围

（1）由于自然灾害（natural disasters）引起的，如水灾、火灾、台风、雪灾、暴风雨、地震等。

（2）由于社会力量引起的，如战争、罢工、政府禁令等。

2．不可抗力事故的处理

（1）变更合同。不可抗力事件只是部分地或暂时地阻碍了合同的履行，则发生事故的一方只能变更合同，包括替代履行、减少履行或延迟履行。

（2）解除合同。不可抗力事件的发生完全排除了继续履行合同的可能性，则可解除合同。

（三）不可抗力条款的规定方法及示例

我国的进出口合同对不可抗力条款的规定主要有三种。

1．概括规定

例：由于不可抗力的原因，致使卖方不能全部或部分装运或迟延装运合同货物，卖方对于这种不能装运，或延迟装运本合同货物不负责任。但卖方须用电报或电传通知买方，并须在××天内，以航空挂号信件向买方提交由中国国际贸易促进委员会（中国国际商会）出具的证明此类事件的证明书。

If the shipment of the contracted goods is prevented or delayed in whole or in part due to Force Majeure, the Sellers shall not be liable for non-shipment or late shipment of the goods of this contract. However, the Sellers shall notify the Buyers by cable or telex and furnish the latter within × × days by registered airmail with a certificate issued by the China Council for the Promotion of International Trade （China Chamber of International Commerce） attesting such event or events.

2．列举式规定

列举式规定即在合同中详细列明不可抗力事故的原因。

例：由于战争、地震、水灾、火灾、暴风雨、雪灾的原因，致使卖方不能全部或部分装运，或迟延装运合同货物，卖方对于这种不能装运，或迟延装运本合同货物不负责任。但卖方须用电报或电传通知买方，并须在 × × 天内，以航空挂号信件向买方提交由中国国际贸易促进委员会（中国国际商会）出具的证明此类事件的证明书。

If the shipment of the contracted goods is prevented or delayed in whole or in part by reason of war, earthquake, flood, fire, storm, heavy snow, the Sellers shall not be liable for non-shipment or late shipment of the goods of this contract. However, the Sellers shall notify the Buyers by cable or telex and furnish the latter within × × days by registered airmail with a certificate issued by the China Council for the Promotion of International Trade （China Chamber of International Commerce） attesting such event or events.

3. 综合规定

综合规定即列明双方都同意的不可抗力事故，再加上"以及双方当事人所同意的其他意外事故"等字句。

例：由于战争、地震、水灾、火灾、暴风雨、雪灾或其他不可抗力的原因，致使卖方不能全部或部分装运，或迟延装运合同货物，卖方对于这种不能装运，或迟延装运本合同货物不负责任。但卖方须用电报或电传通知买方，并须在 × × 天内，以航空挂号信件向买方提交有中国国际贸易促进委员会(中国国际商会)出具的证明此类事件的证明书。

If the shipment of the contracted goods is prevented or delayed in whole or in part by reason of war, earthquake, flood, fire, storm, heavy snow or other causes of Force Majeure，the Sellers shall not be liable for non-shipment or late shipment of the goods of this contract. However， the Sellers shall notify the Buyers by cable or telex and furnish the latter within × × days by registered airmail with a certificate issued by the China Council for the Promotion of International Trade （China Chamber of International Commerce） attesting such event or events.

（四）发生事故后通知对方的期限和方式

按照国际惯例，当发生不可抗力事故影响合同履行时，当事人必须及时通知对方，对方应于接到通知后及时答复。但是，买卖双方为了明确责任，一般仍规定一方发生事故后通知对方的期限和方法。例如，卖方须用电报或电传通知买方，并须在 15 日内以航空挂号信件向买方提交由当地商会或其他合法的、权威公证机构出具的证明此类事件的证明书。

（五）证明文件及出具证明的机构

一般而言，买卖合同的任何一方援引不可抗力条款时，都应向对方提交有关机构的证明文件。一般由当地商会或合法的公证机构出具，在我国是出中国国际贸易促进委员会或其分会出具。

三、仲裁条款

（一）仲裁的定义

仲裁（arbitration），又称公断，是指买卖双方在争议发生前或发生后，达成协议，自愿将双方经过协商或调解后未能解决的争议，交由双方同意的仲裁机构做裁决。仲裁机构做出的裁决具有法律效力，双方都不得违反。仲裁是国际贸易中解决争议的很普遍的方式。

国际贸易中的争议解决办法类同于一般民事争议的解决办法，一般有协商（consultation）、调解（intermediation）、仲裁（arbitration）和诉讼（litigation）四种。当发生争议时，应首选协商方式，如不成功，再寻求调解。再不成功，则提交仲裁，不得已情况下才诉诸法律。

（二）仲裁的形式和作用

1．仲裁的形式

仲裁协议必须为书面形式的，其形式有两种：一种是争议之前，买卖双方在合同中订立仲裁条款；另一种是在争议发生之后，双方订立"提交仲裁协议"，该协议独立于合同之外。

2．仲裁的作用

（1）约束双方当事人只能以仲裁方式解决争议，不得向法院起诉。

（2）排除法院对有关案件的管辖权。一般国家（地区）的法律都规定法院不受理争议双方订有仲裁协议的争议案件。

（3）仲裁机构取得对争议案件的管辖权。

（三）合同中的仲裁条款

1．仲裁地点

一般应选择在当事人的所在国，或双方认可的第三国。我国对外订立合同时，应争取仲裁地点在我国。

2．仲裁机构

仲裁分常设和临时两种。常设仲裁机构可分三种类型：①国际组织设立，如国际商会仲裁院；②国家设立；③工商行业组织设立。临时仲裁机构则在争议解决以后即告解散。我国常设仲裁机构是中国国际经济贸易仲裁委员会和海事仲裁委员会。

3．仲裁程序

仲裁程序一般可分为仲裁的申请、仲裁员选定、仲裁案件的审理、仲裁裁决的效力、仲裁费用的负担等。

4．仲裁效力

仲裁程序具有法律效力，双方当事人必须遵守，仲裁的裁决是终局性的。如败诉方不执行裁决，可向法院申请强制执行。在裁决缺乏有效的仲裁协议依据、仲裁员行为不当、法律规定不可提交仲裁审理的事项的情况下，可撤销仲裁裁决。

⊞ 仲裁案例

5．仲裁费用的负担

仲裁费用由败诉方承担，也有的规定为由仲裁庭酌情决定。

（四）仲裁条款示例

1．在我国仲裁的条款格式

例：凡因执行本合同所发生的或与本合同有关的一切争议，双方应通过友好协商解决。如果协商不能解决时，应提交北京中国国际经济贸易仲裁委员会根据该会仲裁规则进行仲裁。仲裁裁决是终局的，对双方都有约束力。

All disputes arising out of the performance of, or relating to this contract, shall be settled amicably through friendly negotiation. In case no settlement can be reached through negotiation the case shall then be submitted to the China International Economic and Trade Arbitration Commission, Beijing, China, for arbitration in accordance with its Rules of Arbitration. The arbitral award is final and binding upon both parties.

2．在被申请人所在国仲裁的条款格式

例：凡因执行本合同所发生的或与本合同有关的一切争议，双方应通过友好协商解决。如果协商不能解决时，应将案件提交仲裁。仲裁在被告方所在国进行。如果在中国，则由中国国际经济贸易仲裁委员会根据该会的仲裁规则进行仲裁。如果在 ×× （国家或地区），则由 ×× （仲裁机构）根据该仲裁机构的仲裁程序规则进行仲裁。仲裁裁决是终局的，对双方都有约束力。

All disputes arising out of the performance of, or relating to this contract, shall be settled amicably through friendly negotiation. In case no settlement can be reached through negotiation, the case shall then be submitted for arbitration. The location of arbitration shall be in the country of the domicile of the defendant. If in China, the arbitration shall be conducted by the China International Economic and Trade Arbitration Commission, Beijing, in accordance with its Rules of Arbitration. If it is in × × the arbitration shall be conducted by × × in accordance with its arbitral rules of procedure. The arbitral award is final and binding upon both parties.

3．在第三国仲裁的条款格式

例：凡因执行本合同所发生的或与本合同有关的一切争议，双方应通过友好协商解决。如果协商不能解决时，应将案件提交××（某国某地仲裁机构）根据该机构的仲裁程序规则进行仲裁。仲裁裁决是终局的，对双方都有约束力。

All disputes arising out of the performance of, or relating to this contract, shall be settled amicably through friendly negotiation. In case no settlement can be reached through negotiation, the case shall then be submitted to × × for arbitration, in accordance with its arbitral rules of procedure. The arbitral award is final and binding upon both parties.

任务实施

▶**案例讨论**

【案例1】

义乌某造纸厂以 CIF 条件向南美洲出口一批纸张，因义乌与南美洲的湿度不同，货到目的地后因水分过分蒸发而使纸张无法使用。

思考题：

买方能否向卖方索赔？为什么？

【案例2】

义乌某袜子生产企业与日本客户签订了袜子出口合同。买方开来的信用证规定，8月份装运交货，不料7月初，该袜子厂仓库失火，成品、半成品全部烧毁，以致无法交货。

思考题：

卖方可否援引不可抗力条款要求免交货物？

【案例3】

我国某公司出口某种农产品1500公吨给英国某公司，总货款为522000英镑；交货期为当年5～9月。订立合同后，我国发生自然灾害（水灾）。于是，我方以发生不可抗力为由，要求豁免合同责任，但对方回电拒绝，并称该商品市价上涨8%。由于我方未交货，使其损失15万英镑，并要求我方公司赔偿其损失，我方未同意。最后，双方协商并同意仲裁解决。

思考题：

仲裁结果会怎样？

▶同步训练

实训项目：

（1）翻译以下条款。

买方对于装运货物的任何异议，必须于装运货物的船只到达提单所订目的港后30天内提出，并须提供经卖方同意的公证机构出具的检验报告。如果货物已经过加工，买方即丧失索赔权利。属于保险公司或轮船公司责任范围内的索赔，卖方不予受理。

（2）小组讨论：解决商务纠纷的方式有哪些？采用什么方式最恰当？

习题4-11

履行国际贸易合同

1．掌握出口合同履行的步骤，熟悉每一环节的具体操作及应遵循的基本原则。

2．掌握进口合同履行的步骤，熟悉每一环节的具体操作及应遵循的基本原则。

通过详细讲解出口合同履行的全过程，辅助讲解进口合同履行中应注意的问题，让学生全面了解履行进出口合同的步骤及规范。在出口合同履行中，主要引导学生模拟开展一项信用证结算方式下出口货物交易，包括与客户签订合同、收到信用证之后审核修改、备货与报检、托运、报关、投保、货物装船后制单结汇、收汇核销和出口退税等各环节的操作步骤及注意事项，再将各种结算方式下出口合同的履行予以融会贯通，从而培养学生进出口操作的实践能力，提高学生解决国际贸易问题的判断应对能力。

任务一：出口合同的履行。

任务二：进口合同的履行。

在这两项任务的学习中，如果你认真学习理论知识，积极参与实践训练，并且能够顺利地完成具体任务，那么你会惊喜地发现自己已经成功加入国贸人的行列，对进出口合同的履行有了初步的感性认识，能够设身处地地站在一个外贸公司业务员的角度上，思考如何更加理性地完成各个环节的工作。

任务一　出口合同的履行

义乌某外贸公司出口合同履行案

2010 年 1 月 10 日，纽约 A 银行向义乌 B 银行开立了一笔金额为 50000 美元的即期信用证。该证装船期和有效期分别为 2 月 25 日和 3 月 8 日，受益人为义乌市某外贸公司，货物名称为相框。

2 月 12 日，B 银行收到该信用证项下第一次修改，要求将装船期和有效期分别提前至 2 月 15 日和 2 月 24 日，并修改货物描述等内容。B 银行立即与受益人联系，请求答复。受益人于 2 月 14 日向 B 银行发出书面确认，拒绝修改，B 银行即向 A 银行发出同样内容的电报。3 月 3 日受益人交单，B 银行经审核无误后议付单据，并按开证行要求寄单索汇。

3月13日，B银行收到A银行电报，称该单据迟装并超过有效期，以此拒付并准备退单。

经查，此笔单据的装船日为2月25日，交单日为3月3日，完全符合修改前信用证的要求。据此，B银行据理力争，反驳A银行提出的不符点。此后，A银行又多次来电坚持上述不符点，并两次将单据退回B银行，但B银行毫不退让，又两次将单据重寄开证行。由于B银行有理有力的反驳，A银行最终于4月25日付款。

从导读案例看，开证行的做法是不当的。UCP 600第三条规定："信用证是不可撤销的，即使未如此表明。"第十条规定："未经开证行、保兑行（如有的话）及受益人同意，信用证既不得修改，也不得撤销。"在本案例中，既然受益人明确表示拒绝修改信用证，开证行就不能强加受益人要求适用修改后的信用证条款。而适用信用证修改前的条款，受益人提交的单据并没有不符。因此，开证行不能拒付。

综上所述，在国际货物买卖合同履行过程中，不可避免地会出现一些纠纷，作为外销人员，必须掌握合同履行过程中的通常做法及相关法律、条约或惯例的规定，才能据理力争。

思考：

（1）出口合同履行的程序及应注意哪些问题？

（2）违约的处理与救济方法是什么？

任务要求

要求同学扮演一个出口商的角色，通过模拟一项出口货物交易的全过程，对国际货物合同的履行有感性认识。例如，义乌鹏达进出口贸易有限公司要履行一项出口拖鞋的合同，采用信用证方式付款。同学应以演出口商的角色，尝试模拟合同签订之后，该公司该如何催证，收到信用证之后如何审核修改，如何发运货物，如何制单结汇等，以及一旦对方违约该如何处理，以维护自己的合法权益。

任务分析

要完成任务，就必须了解不同结算方式及不同贸易术语下，出口合同履行的各环节的具体操作及应遵循的基本原则，能够协调各个环节所涉及的相关部门的业务工作，掌握违约的表现形式及违约的救济方法，通过理论指导实际操作。

任务学习

在国际贸易中，国际货物买卖合同一旦依法有效成立，双方当事人必须各自履行合同规定的权利和义务。对出口贸易合同的签订和履行，有国际性的章程可循。例如，根据《公约》的规定，卖方必须按合同和公约，交付货物，移交一切与货物有关的单据并转移货物所有权。履行合同是一项极为严肃的工作，必须谨慎对待，因为任何一方违反了合同中的某一条款，违约方就要承担相应的法律责任。同时，履行合同还是衡量企业资信状况的一个重要指标。如果依法订立了合同却不履约，势必带来信誉上的损失。此外，在履约过程中，还必须严格地贯彻我国的对外贸易方针政策，在平等互利的基础上，做到"重合同，守信用"，确保我国的对外贸易信誉。由此可见，严格履行合同具有十分重要的意义。

在出口贸易中，进出口商选择的贸易术语及货款结算方式不同，出口合同履行的过程也不同，如图5-1所示。

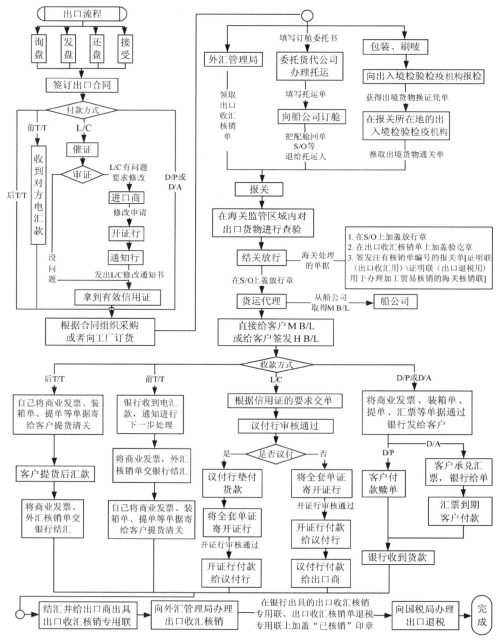

图5-1 出口合同履行流程

下面以按 CIF 术语成交、凭信用证方式付款的合同为例，将出口合同履行所涉及的各项业务分述在以下案例中。概括起来就是证（催证、审证和改证）、货（备货、报检）、船（托运、报关、投保）、款（制单结汇）四个环节。

小案例 5-1

关于销售中国产拖鞋的合同

义乌鹏达进出口贸易有限公司与迪拜 Fleshhead 公司达成了一项关于销售中国产拖鞋的买卖合同，合同内容如表 5-1 所示。

表 5-1　买卖合同样本

SALES CONFIRMATION

S/C No.：FDSC1103

Date：DEC. 1st 2018

（1）The Seller：Yiwu Pengda Imp.& Exp.Co. Ltd.

Address:No.1，Xueyuan Road，Yiwu，China

（2）The Buyer：Fleshhead Link Ltd.

Address:Denso Hall，Dubai

（3）Commodity & Specifications	（4）Unit	（5）Quantity	（6）Unit Price （USD）	（7）Amount （USD）
Jian Hua Brand Plastic Slippers			CIFC3 Dubai	
8130G	Pair	5400	3.75	20250

（8）Total Contract Value: Say US Dollar Twenty Thousand Two Hundred and Fifty Only.

（9）Packing：Each 24 Pairs Packed in One Carton；Total 225 Cartons to One 20′ Container

（10）Port of Loading & Destination：From Shanghai to Dubai

（11）Shipment：To Be Effected by the seller by the End of Mar, 2011. With Partial Shipment and Transshipment Prohibited.

（12）Payment：By Irrevocable L/C At Sight Opened by the Buyer Through A Bank Acceptable to the Seller Not Later Than 30 Days Before The Month Of Shipment And Remain Valid For Negotiation In Yiwu Until 15 Days After the Date of Shipment.

（13）Insurance：To Be Covered by the Seller for 110% of Total Invoice Value Against All Risks and War Risk Subject to Relevant Ocean Marine Cargo of People's Insurance Company of China Dated 1/1/1981.

Confirmed By：

　　The Seller　　　　　　　　　　　　　　　　The Buyer

Yiwu Pengda Imp.&Exp. Co. Ltd.　　　　　　Fleshhead Link Ltd.

　　王勇　　　　　　　　　　　　　　　　　　Tony

Remarks：

1. The Buyer shall have the covering letter of credit which should reach the Seller 30 days before shipment，failing which the Seller reserves the right to rescind without further notice，or to regard as still valid whole or any part of this contract not fulfilled by the Buyer，or to lodge a claim for losses thus sustained，if any.

2. In case of any discrepancy in Quality/Quantity，claim should be filed by the Buyer within 30 days after the arrival of the goods at port of destination；while for quantity discrepancy，claim should be filed by the Buyer within 15 days after the arrival of the goods at port of destination.

3. For transactions concluded on CIF basis，it is understood that the insurance amount will be for 110% of the invoice value against the risks specified in the Sales Confirmation. If additional insurance amount

续表

or coverage required， the Buyer must have the consent of the Seller before shipment， and the additional premium is to be borne by the Buyer.

    4. The Seller shall not hold liable for non-delivery or delay in delivery of the entire lot or a portion of the goods hereunder by reason of natural disasters， war or other causes of Force Majeure. However， the Seller shall notify the Buyer as soon as possible and furnish the Buyer within 15 days by registered airmail with a certificate issued by the China Council for the Promotion of International Trade attesting such event（s）.

    5. All deputies arising out of the performance of， or relating to this contract， shall be settled through negotiation. In case no settlement can be reached through negotiation， the case shall then be submitted to the China International Economic and Trade Arbitration Commission for arbitration in accordance with its arbitral rules.The arbitration shall take place in Shanghai. The arbitral award is final and binding upon both parties.

    6. The Buyer is requested to sign and return one copy of this contract immediately after receipt of the same. Objection， if any， should be raised by the Buyer within ××days otherwise it is understood that the Buyer has accepted the terms and conditions of this contract.

    7. Special conditions：（These shall prevail over all printed terms in case of any conflict.）

一、催证、审证和改证

（一）催证

催证是指买方不按合同规定及时开立信用证，卖方以书面或口头形式向买方催促开证的情况。在通常情况下，国外客户能按时开证，但如果国外行市发生变化或进口商资金发生短缺，往往会拖延开证或不开证，甚至故意不开证。这对我方极为不利。鉴于此，我方应催促对方迅速办理开证手续。催证可在以下情况下进行。

（1）在合同规定的开证期之前催证，以提醒客户注意开证时间即将来临。

（2）在客户未按时开证的情况下催证或连续催证，以示必须立即开证，否则，将延误装运期。

（3）在装运期已到客户仍不开证的情况下催证。在这种情况下，如果经催证客户开来了信用证，则应在来证符合合同规定的条件下予以接受，但应注意装运期和信用证有效期必须以我方能接受为条件。

（二）审证

信用证的特点是受益人（通常为出口商）在提供了符合信用证规定的有关单证的前提下，开证行承担第一付款责任，其性质属于银行信用。应该说在满足信用证条款的情况下，利用信用证付款既安全又快捷。但必须特别注意的是，信用证付款方式强调"单单相符、单证相符"的"严格符合"原则，如果受益人提供的文件不符合信用证的规定，不仅会产生额外的费用，而且还会遭到开证行的拒付，给安全、及时收汇带来很大的风险。

☌ 关于跟单信用证项下单据的"严格符合"原则问题

从理论上来说信用证是依据出口合同开立的，信用证的内容理应与合同的条款相一致。但在实际业务中，由于种种原因，如国外客户或开证银行工作的疏忽和差错，或者某些国家对开立信用证有特别规定，或者国外客户对我国政策不了解，或者开证申请人或开证行的故意行为等，往往会出现开立的信用证条款与合同条款不符。因此，事先对信用证条款进行审核，对于不符合出口合同规定或无法办到的信用证条款及时提请开证申请人（通常为进口商）进行修改，可以大大减少进口商收汇的风险。

☌ 案例拓展：开证行拒付后的退单问题

审核信用证，是银行和外贸企业的共同责任，但审核内容各有侧重。银行着重审核开证银行的政治背景、资信能力、付款责任及索汇路线等方面的问题，外贸企业则着重审核信用证与买卖合同是否一致和信用证的一些要求我方能否接受等。审核信用证的要点如下。

1．开证银行

（1）开证行的政治背景和对我国的态度。凡是政策规定我国不与之进行经济贸易往来的国家银行开来的信用证，均应拒绝接受。

（2）开证行的资信情况。对于资信较差的银行，可分别采取适当的安全措施，如要求另一家银行保兑，加列电报索偿条款，分批装运、分批结汇等，通过这些措施可以减少收汇的风险。

（3）核查电开信用证的密押是否相符、信开信用证的签字或印鉴是否真实，以确定信用证的真伪。检查信用证内容是否完整。

（4）偿付路线是否合理，偿付条款是否恰当。检查信用证的通知方式是否安全、可靠。

信用证一般是通过受益人所在国家或地区的通知/保兑行通知给受益人的。这种方式的信用证通知比较安全，因为根据 UCP 600 的有关规定，通知行应对所通知的信用证的真实性负责；如果不是这样寄交的，遇到下列情况之一的应该首先通过银行调查核实：①信用证是直接从海外寄给受益人的，那么，受益人应该小心查明它的来历；②信用证是从本地某个地址寄出，要求受益人把货运单据寄往国外，而受益人并不了解其指定的那家银行。

2．检查信用证的付款保证是否有效

有下列情况之一的，不是一项有效的付款保证或该项付款保证是存在缺陷的。

（1）信用证明确表明是可以撤销的，此信用证由于无须通知受益人或未经受益人同意可以随时撤销或变更，对受益人来说是没有付款保证的。因此，一般不予接受。信用证中如没有表明该信用证是否可以撤销，按照 UCP 600 的规定，应理解为不可撤销的。

（2）应该保兑的信用证未按要求由有关银行进行保兑。

（3）信用证未生效。

（4）有条件生效的信用证，如"待获得进口许可证后才能生效"。

（5）信用证简电或预先通知。

（6）由开证申请人提供的开证申请书。

3．检查信用证的金额是否符合合同规定

主要检查的内容有以下几个方面。

（1）信用证金额是否正确。

（2）信用证中的单价、总值、币种及大小写是否一致。

（3）有无佣金，是否符合合同规定。如所开的金额已扣除佣金，就不能在信用证上再出现议付行内扣佣金的词句。

（4）如数量上可以有一定幅度的溢短装，那么，信用证的支付金额也应允许有一定的伸缩幅度。UCP 600 第三十条 a 款规定："'约'或'大约'用于信用证金额或信用证规定的数量或单价时，应解释为允许有关金额或数量或单价有不超过 10% 的增减幅度。"

4. 对货物描述的审核

（1）审核信用证中货物的名称、货号、规格、包装、合同号码、订单号码等内容是否与买卖合同完全一致。

（2）检查信用证的数量是否与合同规定相一致。UCP600 第 30 条 b 款规定：除非信用证规定数量不得有增减，那么，在信用证未以包装单位件数或货物自身件数的方式规定货物数量时，货物数量允许有 5% 的增减幅度，只要总支取金额不超过信用证金额。

（3）检查价格条款是否符合合同规定。不同的价格条款涉及具体的费用如运费、保险费由谁承担。例如，合同中规定"FOB SHANGHAI USD50/PC"，那么，运费和保险费由买方承担；如果信用证中的价格条款没有按合同的规定表示，而是写成"CIF NEW YORK USD50/PC"，对此条款如不及时修改，那么，受益人将承担有关的运费和保险费。

5. 检查信用证受益人和开证申请人的名称和地址是否完整和准确

受益人和开证申请人的名称和地址是出口单证中必不可少的，如来证开错应及时修改，以免制单和交单发生困难，影响收汇。

6. 有效期、交单期和装运期是否合理

（1）有效期。按 UCP 600 的规定，一切信用证均须规定一个到期日和一个交单付款、承兑的地点，或除了自由议付信用证外的一个交单议付的地点。规定的付款、承兑或议付的到期日，将被解释为交单到期日。据此，未注明到期日（即有效期）的信用证是无效的。

信用证的有效期还涉及到期地点的问题。一般有三种情况：①在出口地到期，②在进口地到期，③在第三国（地区）到期。这三种情况中，第一种规定方法对出口人最有利，而第二、第三两种情况，到期地点均在国（地区）外，有关单据必须寄送国（地区）外。由于我们无法掌握单据到达国外银行所需的时间且容易延误或丢失，因而风险较大。为此，出口商应争取在出口地到期，若争取不到，则必须提前交单，以防逾期。

（2）交单期。信用证还应规定运输单据出单后向银行提交的期限，即"交单期"。交单期通常按下列原则处理：①信用证有规定的，应按信用证规定的交单期向银行交单；②信用证没有规定的，向银行交单的日期不得迟于提单日期后 21 天。

（3）装运期。装运期是指卖方将货物装上运往目的港（地）的运输工具或交付给承运人的日期。信用证中可以没有装运期，只有有效期。若信用证未规定装运期，卖方最迟应在信用证到期日前几天装运。如信用证中的装运期和有效期是同一天，即通常所说的"双到期"，在实际业务操作中，应将装运期提前一定的时间（一般在效期前 10 天），以便有合理的时间来制单结汇。

超过信用证规定装运期的运输单据将构成不符点，银行有权不付款。检查信用证规定的装运期应注意以下两点：①能否在信用证规定的装运期内备妥有关货物并按期出运。如来证收到时装运期太近，无法按期装运，应及时与客户联系修改；②实际装运期与交单期相距时间太短。

7. 运输条款是否可以接受

（1）装运港（地）和目的港（地）。信用证运输条款中的装运港（地）和目的港（地），应与合同相符，交货地点也必须与价格条款相一致。

（2）若来证指定运输方式、运输工具或运输路线，以及要求承运人出具船龄或船籍证明，应及时与承运人联系。

（3）分批装运和转运问题。多数来证是允许转运或分批的（其中包括信用证中未注明可否转运或分批），但也有信用证列明不许转运或不准分批，出口商应及时了解在装运期内是否有直达船到目的地、能否提供直运提单及了解货源情况、是否可以在装运期内一次出运。

对信用证列有必须分批，且规定每批出运的日期和出运数量，或类似特殊的分运条款，应根据货源情况决定是否可以接受。对于分期装运，UCP 600 规定，除非信用证另有规定，若一期未能按期完成，本期及以后各期均告失效。若要续运，必须修改信用证。

（4）信用证中指定运输标志。如货已备妥，运输标志已刷好而信用证后到，且信用证指定的运输标志与原运输标志不一致，应要求修改运输标志。否则，需按信用证重新刷制。

8．保险条款是否可以接受

保险条款是否可以接受应按以下条件判断：①保险金额是否符合合同规定，②保险险别及其他保险条款是否符合合同规定。

若来证要求的投保险别或投保金额超出了合同的规定，受益人应及时和保险公司联系，若保险公司同意且信用证上也表明由此产生的额外费用由开证申请人承担并允许在信用证项下支取，则可接受。

9．其他条款

（1）银行费用条款。此项条款 UCP 600 也做了明确的规定，即银行费用（一般包括议付费、通知费、保兑费、承兑费、修改费、邮费等）由发出指示的一方负担。如信用证项下是由开证申请人申请开立的信用证，同时又由开证行委托通知行通知议付。因此，来证由受益人承担全部费用（all banking charges are for account of beneficiary），显然是不合理的。关于银行费用，可由出口商和进口商在谈判时加以明确，一般以双方共同承担为宜。

（2）检查信用证规定的单据条款是否合理。检查的主要内容如下。

①一些需要认证的单据特别是使馆认证等能否及时办理和提供。

②由其他机构或部门出具的有关文件如出口许可证、运费收据、检验证明等能否及时提供。

③要求提交的单据条款是否合理。例如，汇票的付款期限与合同规定不符；在信用证方式下，汇票的付款人为开证申请人；发票种类不当；提单收货人一栏填制要求不妥；提单抬头与背书要求有矛盾；对运输工具、方式或路线的限制无法接受；产地证明书出具机构有误；要求提交的检验证书与实际不符等。

（3）检查信用证中有无陷阱条款。下列信用证条款对于出口商来说是有收汇风险的。

①正本提单全部或部分直接寄交开证申请人的条款。如果接受此条款，将面临货、款两空的危险。

②将客检证作为议付文件的条款。要求提供客检证书，接受此条款，受益人正常处理信用证业务的主动权很大程度上掌握在对方手里，影响安全收汇，要谨防假客检证书诈骗。

③信用证规定必须由开证申请人或其指定的人签署有关单据的条款，如商业发票需

由买方签字等条款内容应慎重对待。

④信用证对银行的付款、承兑行为规定了若干前提条件，如货物清关后才付款等。

（4）检查信用证中有无矛盾之处。例如，明明是空运，却要求提供海运提单；明明价格条款是 FOB，保险应由买方办理，而信用证中却要求提供保险单；提单运费条款规定与成交条件有矛盾；要求提单的出单日期比装运期早，受益人无法做到。

（5）检查有关信用证是否受 UCP 600 的约束。信用证受 UCP 600 的约束可以使人们在具体处理信用证业务中，对信用证的有关规定有一个公认的理解，避免因对某一规定的理解不同产生争议。

（三）改证

在对信用证进行全面细致的审核之后，如果发现信用证上的条款与合同条款不符，受益人（通常为出口商）应按照"非改不可的坚决要改，可改可不改的根据实际情况酌情处理"的原则处理。凡是不符合相关法律法规规定，影响合同执行或安全收汇的条款，受益人应立即要求开证申请人，通过原开证行进行必要的书面修改。信用证修改的一般程序：卖方向买方发函要求改证—买方向开证行申请改证—开证行改证并转交通知行—通知行将改证通知卖方。

信用证的修改可以由开证申请人提出，也可以由受益人提出。由于修改信用证的条款涉及各当事人的权利和义务，因而不可撤销的信用证在其有效期内的任何修改，都必须征得各有关当事人的同意。

出口商对信用证的修改应掌握的原则和注意的问题有以下几个。

（1）非改不可的坚决要改，可改可不改的根据实际情况酌情处理。如合同中规定可以"分批装运"，信用证中规定"不许分批装运"，若实际业务中可以不分批装运，则不需修改该条款。

（2）不可撤销信用证的修改必须被各有关当事人全部同意后，方能有效。开证行发出修改通知后不能撤回。

（3）保兑行有权对修改不保兑，但它必须不延误地将该情况通知开证行及受益人。

（4）受益人应对开证申请人提出的修改发出接受或拒绝的通知。根据 UCP 600 的规定，受益人对不可撤销的信用证的修改表示拒绝的方法有两种：一是向通知行提交一份拒绝修改的声明书；二是在交单时表示拒绝修改，同时提交仅符合未经修改的原证条款的单据。

（5）在同一信用证上，如有多处需要修改的，原则上应一次提出。一份修改通知书包括两项或多项内容，要么全部接受，要么全部拒绝，不能只接受一部分而拒绝另一部分。

（6）受益人提出修改信用证，应及时通知开证申请人，同时规定一个修改通知书到达的时限。

（7）收到信用证修改后，应及时检查修改内容是否符合要求，并分情况表示接受或重新提出修改。

（8）对于修改内容要么全部接受，要么全部拒绝，部分接受修改内容是无效的。

（9）有关信用证修改必须通过原信用证通知行才真实有效，通过客人直接寄送的修改申请书或修改书复印件不是有效的修改。

（10）明确修改费用由谁承担，一般按照责任归属来确定修改费用由谁承担。

小案例 5-2

外贸合同（FDSC1103）下的审证与改证

2019 年 2 月 12 日，义乌鹏达进出口贸易有限公司业务员李舒收到中国工商银行义乌分行国际业务部的信用证通知书，随附迪拜 FLESHHEAD 公司通过 ALAHLI BANK OF DUBAI（KSC）开来的信用证。

表 5-2 为信用证通知书。

表 5-2 信用证通知书

ADVICE OF LETTER OF CREDIT
信用证通知书

INDUSTRIAL AND COMMERCIAL BANK OF CHINA
YIWU CITY BRANCH
NO.128 HUANGYUAN ROAD ZHEJIANG
TEL: 86–579–85459101/85459083
YIWU
SWIFT: ICBKCNBJZJP

TO（致）：
DATE（日期）：12 February 2019
义乌鹏达进出口贸易有限公司
OUR REF NO.（我行通知编号）：
AV338011021003
L/C NO.（信用证号） : A30–0305–001033
DATE OF ISSUE （开证日） : 10 February 2019
ISSUER（开证方） : ALAHLI BANK OF DUBAI（KSC）
L/C AMOUNT : USD 20250.00
EXPIRY DATE（有效期） : 5.APRIL 2011
LATEST SHIPMENT DATE（最迟装运期） : 30 MARCH 2011
TRANSMITED/TRANSFERRED RFOM（转递 / 转让行） : INDUSTRIAL AND COMMERCIAL BANK OF CHINA，YIWU CITY BRANCH YIWU，CHINA

THEIR REF（转递 / 转让行编号） : AD
DEAR SIRS（敬启者），
WE HAVE PLEASURE IN ADVISING YOU, THAT WE HAVE RECEIVED FROM THE A/M BANK A LETTER OF CREDIT, CONTENTS OF WHICH ARE AS PER ATTACHED SHEET（S）. THIS ADVICE AND THE ATTACHED SHEET（S）MUST ACCOMPANY THE RELATIVE DOCUMENTS WHEN PRESENTED FOR NEGOTIATION.
兹通知贵司，我行收到上述银行信用证一份，现随附通知，贵司交单时，请将本通知书及信用证一并提示。
PLEASE NOTE THAT THIS ADVICE DOES NOT CONSTITUTE OUR CONFIRMATION OF ABOVE L/C NOR DOES IT CONVEY ANY ENGAGEMENT OR OBLIGATION ON OUR PART.
本通知书不构成我行对此信用证之保兑及其他任何责任。
IF YOU FIND ANY TERMS AND CONDITIONS IN THE L/C WHICH YOU ARE UNABLE TO COMPLY WITH AND/OR ANY ERROR（S），IT IS SUGGESTED THAT YOU CONTACT APPLICANT DIRECTLY FOR NECESSARY AMENDMENT（S）SO AS TO AVOID ANY DIFFICULTIES WHICH MAY ARISE WHEN DOCUMENTS ARE PRESENTED.
如本信用证中有无法办到的条款及 / 或错误，请直接与开证申请人联系进行必要的修改，以排除交单时可能发生的问题。
UNDER THE TERMS AND CONDITIONS OF THIS LETTER OF CREDIT WE HAVE CALCULATED THE FOLLOWING FEES:
OUR FEES CHARGED TODAY:

续表

ADVISING FEE	USD 31.40	
THE AMOUNTS ARE SETTLED AS FOLLOWS:		
WE DEBIT YOUR ACCOUNT 1208001011005353593 VALUE: 2019.2.12	USD	31.40

适用规则：SUBJECT TO UCP LATEST VERSION

IF YOU HAVE ANY FURTHER QUERIES, PLEASE DON'T HESITATE TO CONTACT US ON THE ABOVE MENTIONED NUMBER.

如果贵司有任何疑问，请按上述业务编号与我行联系。

THIS IS A COMPUTER-GENERATED LETTER, NO SIGNATURE REQUIRED.

本函由计算机生成，无须签字。

以下为信用证原件的内容：

SAFE Reference：01001611710150304

Received from：ALAHLI BANK OF DUBAI（KSC）

SWIFT Message Type：MT 700 Issue of Documentary Credit

Date：10 February 2019

27：Sequence of Total

1/1

40A：Form of Documentary Credit

IRREVOCABLE

20：Documentary Credit Number

A30-0305-001033

31C：Date of Issue

20190210

31D：Date and Place of Expiry

20190405 AT OUR COUNTERS

50：Applicant

FLESHHEAD LINK LTD. DENSO HALL DUBAI

59：Beneficiary

YIWU PENGDA IMP.& EXP.CO. LTD.

NO.1 XUEYUAN ROAD YIWU CHINA

32B：Currency Code，Amount

USD20250.00

41D：Available with...By...

Any Bank by Negotiation

42C：Drafts at...

Beneficiary's Draft（s）at sight for Full Invoice Cost

42A：Drawee

ALAHLI BANK OF DUBAI（KSC）

43P：Partial Shipments

Prohibited

43T：Transshipment

Prohibited

44A：Loading on Board/Dispatch/Taking in Charge at/from

Shipment from Shanghai

44B：For Transportation to ...

For Transportation To DUBAI

44C：Latest Date of Shipment

20190330

45A：Description of Goods and/or Services

JIANG HUA BRAND PLASTIC SLIPPERS AS PER S/C NO. FDSC1101，8130G，5400PAIRS，3.75 USD CIFC3 DUBAI，EACH 24 PAIRS PACKED IN ONE CARTON；TOTAL 225 CARTONS TO ONE 20′ CONTAINER

SHIPPING MARKS：FLESHHEAD / FDSC1103/DUBAI/C/NO.1–UP

46A：Documents Required

+Signed Commercial Invoice in Triplicate

+Full Set of Clean On Board Marine Bills of Lading Made Out to Order and Blank Endorsed, and/or Clean Air Waybill Consigned to Mizuho Bank，Ltd.，Warabi Branch，Warabi，Each Marked Freight Collect，Notify Applicant，Indicating Credit Number.

+Packing List in Triplicate

+Insurance Policy or Certificate in Duplicate Endorsement in Blank Covering Ocean Marine Cargo Clause all Risks And War Risk Plus 110 Percent of Invoice Value as per CIC Dated 01/01/1981

47A：Additional Conditions

+ALL CERTIFICATES REQUIRED UNDER THIS L/C MUST BE DATED PRIOR TO SHIPMENT.

71B：Charges

All Banking Charges Outside DUBAI Are For Beneficiary's Account.

48：Period for Presentation

Document Must Be Presented Within 5 Days After the Date of Shipment but Within the Validity of This Credit.

49：Confirmation Instructions

Without

78：Instruction to the Paying/Accepting/Negotiating Bank

Instructions To The Negotiating Bank：

Upon Receipt of The Original Documents in Order，We Shall Reimburse You by Remitting the Amount Claimed to Your Designated Account.

All Documents Must Be Airmailed to Us in Two Separate Sets By Courier Service.

Reimbursement by Teletransmission Is Prohibited.

A Discrepancy Fee Will Be Deducted/Charged If Documents Are Presented with Discrepancies.

业务员李舒拿出编号为 FDSC1103 的外贸合同，根据审核信用证的一般原则和方法，对照合同条款，逐条审核信用证的各条款，发现以下不符的情况对受益人非常不利，必须修改。于是，李舒给 FLESHHEAD LINK LTD. 发了一封改证函，内容如下。

Dear Sirs，

We are very glad to receive your L/C No. A30-0305-001033，but we are quite sorry to find that it contains some discrepancies with the S/C NO. FDSC1103. Please instruct your bank to amend the L/C as quickly as possible.

The L/C is to be amended as follows：

（1）31D：Date and Place of Expiry "20190405 AT OUR COUNTERS" should be "20190415 At The Negotiating Bank".

（2）44C：Latest Date of Shipment "20190330" should be "20190331".

（3）45A：Description of Goods "JIANG HUA BRAND" should be "JIAN HUA BRAND".

"S/C NO. FDSC1101" should be "S/C NO. FDSC1103".

（4）46A：Documents Required Bills Of Lading Marked "Freight Collect" should be "Freight Prepaid".

（5）46A：Documents Required Insurance Policy "Plus 110 Percent of Invoice Value" should be "Plus 10 Percent of Invoice Value".

（6）48：Period for Presentation "5 Days" should be "15 Days".

Please see to it that the L/C amendment reach us before Feb 25th, 2019, failing which we shall not be able to effect punctual shipment. Thank you in advance for your kind cooperation.

YIWU PENGDA IMP.&EXP.CO. LTD.

LI SHU

二、备货与报检

（一）备货

所谓备货，是指根据出口合同所规定的商品品质、规格、数量、重量、花色品种、包装等要求，按时、保质、保量地准备好货物。其主要内容包括及时向供货部门或生产企业进行逐一地交代、检查和督促，核实应交货物的品质、规格、数量和交运时间，并进行必要的包装，以及刷制运输标志等项工作。在备货交运过程中，应注意以下几点。

（1）对所备货物的品质、规格、花色品种要严格核对，使所交运的货物完全符合合同和信用证的规定。对于那些不符合要求的货物必须重新加工或调换。

（2）备货数量可适当有余，以备不测，在短缺时可以补足，避免短交。

（3）所备货物的包装必须符合出口合同规定，包括内外包装的方式方法、用料、重量等。由于运输公司按重量或体积计算运费，出口企业应尽量选择重量轻的小体积包装，以节省运输费用。随着技术进步，自动仓储环境处理的货物越来越多，货物在运输和仓储过程中，通常由传送带根据条形码自动扫描分拣。因此，应注意根据仓储要求，严格按统一尺寸对货物进行包装或将货物放置标准尺寸的牢固托盘上，并预先正确印制和贴放条形码。

（4）运输包装的刷唛，要按买卖双方约定的式样，要求图形和文字清晰、醒目，位置适当，涂料不易脱落和防止错刷。运输标志式样一般由卖方自行制定，并及时通知买方，或在合同上加以说明，以便及时刷唛和货到时提货无误。如果在合同上仅规定由买方决定，则要求买方在开出的信用证上注明或发运前10～15天通知卖方，否则，卖方可自行决定，并在货物运往装运港前刷唛完毕。

（5）货物备妥的时间应结合信用证规定的装运期限和船期安排，做到船货相衔接。

小案例 5-3

外贸合同（FDSC1103）下的备货操作

接小案例 5-2，2019 年 2 月 25 日，业务员李舒收到中国工商银行义乌分行转交的 ALAHLI BANK OF DUBAI（KSC）开出的信用证修改通知书（此处略）。经仔细审核无误，李舒赶紧到福田市场上四区 40000 号摊位采购拖鞋，拖鞋由成都健华鞋业生产。李舒按照信用证的要求下单，并与摊位老板约定 3 月 10 日交货。

（二）报检

1. 报检的含义

报检是指有关当事人根据法律、行政法规的规定，对外贸易合同的约定或证明履约的需要，向检验检疫机构申请检验、检疫、鉴定，以获准出入境或取得销售使用的合法凭证及某种公证证明所必须履行的法定程序和手续。

监管方式与
报关报检

我国自 2000 年 1 月 1 日起，实施"先报检，后报关"的检验检疫货物通关制度，对列入《法定检验检疫目录》范围内的出入境货物（包括转关运输货物），海关一律凭货物报关地检验检疫机构签发的"出境货物通关单"或"入境货物通关单"验放。

2. 报检的形式

进出口企业，可以自理报检，也可以委托代理报检单位报检。自理报检单位在首次报检时须办理备案登记手续，取得"自理报检单位备案登记证书"和报检单位代码后，方可由获得了"报检员证"的报检员，从事本单位的报检工作。代理报检单位须经直属检验检疫局注册登记，取得"代理报检单位注册登记证书"和报检单位代码后，方可依法代为办理检验检疫报检。报检单位无持证报检人员的，应委托代理报检单位报检。

3. 报检的程序

出境货物的检验检疫工作程序是，报检后先检验检疫，再放行通关。法检的出境货物的报检人应在规定的时限内持相关单证向检验检疫机构报检；检验检疫机构审核有关单证，符合要求的受理报检并计收费，然后转施检部门实施检验检疫。

对产地和报关地相一致的货物，经检验检疫合格，检验检疫机构出具"出境货物通关单"后，向海关办理报关手续；对产地和报关地不一致的货物，报检人应向产地检验检疫机构报检，经检验检疫合格，出具"出境货物换证凭单"或出境货物换证凭条向口岸检验检疫机构报检，口岸检验检疫机构验证或核查货证合格后，出具"出境货物通关单"；对于经检验检疫不合格的货物，检验检疫机构签发"出境货物不合格通知单"，不准出口。进出口企业应在检验检疫证单的有效期内将货物出运。否则，应重新报检。

4. 报检时应提供的单据

生产型企业（厂家）报检时，除按规定填写"出境货物报检单"，并提供外销合同（或信用证）、商业发票、装箱单等有关外贸单证外，还要根据需要提供厂检单、符合性声明、原始记录单、检测报告、包装性能结果单等单据。

市场采购货物（指发货人直接从国内市场上购买，货物存放在外贸仓库或集散地的出口商品）报检时，除按规定填写"出境货物报检单"，并提供外销合同（或信用证）、装箱单等有关外贸单证外，还应提供质量合格验收报告和市场采购发票。市场采购货物不适用于食品、化妆品、压力容器、危险品以及实施许可证管理的商品。

小案例 5-4

外贸合同（FDSC1103）下的报检操作

接小案例 5-3，货物备妥后，业务员李舒委托义乌嘉诺报检代理有限公司代为报检，并向该公司提供信用证、订舱委托书、商业发票、装箱单、报检委托书及市场采购出境货物验收报告等单证。该公司代为填写"出境货物报检单"（此处略），并向义乌出入境检验检疫局报检。市场采购出境货物验收报告如下，如表 5-3 所示。

表 5-3　市场采购出境货物验收报告

报检号：

货物名称	塑料拖鞋			HS 编码	6404190000
数 / 重量	5400 双			商检批号	3312600122110700
				存放地点	苏福路 1000 号
供货商 / 联系方式	义乌市福田市场 40000 号摊位 王某 1330660****			标记运输标志	FLESHHEAD FDSC1103 DUBAI C/NO.1–225
生产单位	成都健华鞋业				
采购商 联系方式	Fleshhead Link Ltd. Tel：001–323–588–****				
合同号	FDSC1103	输往国家	迪拜		
托单号	YA222	启运地	义乌		
货代公司	浙江中外运金华分公司				
检验情况	货物情况（产品名称、款式规格、数量、装箱配比）：塑料拖鞋 包装情况：完好 相关证书 / 报告编号：				
结果声明	1. 该批商品质量符合国家有关技术规范和标准及客户要求，结果合格。 2. 验收报告所有内容真实无讹。 组货单位（签章）：义乌鹏达进出口贸易有限公司 质量监督员 / 日期：　　　　　　　　单位负责人 / 日期：				

发货人声明：
1. 本公司严格遵守国家出入境检验检疫法律法规和相关规定；
2. 该批商品我公司已委托上述组货单位按相关要求进行验收，我公司认可该验收报告；
3. 如该批商品出口后因质量问题以及违反有关法律法规而造成国外客户异议，或其他一切后果的，本公司承担一切法律责任。

发货人（公章）

检验检疫部门意见：
经对该报检批所附证单记录进行审核，符合规定要求，予以放行。

检查人员：　　　　　日期：　　　　　　　审核人员：　　　　　日期：

代理报检委托书和受托人确认声明如下，如表 5-4 所示。

表 5-4　代理报检委托书

编号：

义乌出入境检验检疫局：

本委托人（备案号 / 组织机构代码 3200110001 ）保证遵守国家有关检验检疫法律、法规的规定，保证所提供的委托报检事项真实、单货相符。否则，愿承担相关法律责任。具体委托情况如下。

本委托人将于 2019 年 3 月间进口 / 出口如下货物。

品　名	塑料拖鞋	HS 编码	6404190000
数（重）量	5400 双	包装情况	完好
信用证 / 合同号	L/C NO.：A30–0305–001033	许可文件号	
进口货物收货单位及地址		进口货物提 / 运单号	
其他特殊要求			

特委托义乌市嘉诺报检代理有限公司（代理报检注册登记号 3300910063 ），代表本委托人办理上述货物的下列出入境检验检疫事宜：

1．办理报检手续。

2．代缴纳检验检疫费。

3．联系和配合检验检疫机构实施检验检疫。

4．领取检验检疫证单。

5．其他与报检有关的事宜：＿＿＿＿＿＿＿＿＿＿＿＿＿＿＿＿＿＿

　　联 系 人：　李舒

　　联系电话：0579–380×××××

本委托书有效期至 2019 年 4 月 15 日。

委托人（加盖公章）

2019 年 3 月 15 日

受托人确认声明

本企业完全接受本委托书。保证履行以下职责。

1．对委托人提供的货物情况和单证的真实性、完整性进行核实。

2．根据检验检疫有关法律法规规定办理上述货物的检验检疫事宜。

3．及时将办结检验检疫手续的有关委托内容的单证、文件移交委托人或其指定的人员。

4．如实告知委托人检验检疫部门对货物的后续检验检疫及监管要求。

如在委托事项中发生违法或违规行为，愿承担相关法律和行政责任。

　　联 系 人：　虞小姐

　　联系电话：1358869××××

受托人（加盖公章）

2019 年 3 月 15 日

三、托运、报关、投保

（一）托运

出口企业往往在备齐货物并审核信用证无误后，即开始着手办理租船或订舱、报关和投保等事宜。在实际业务中，除非大的外贸公司，我国许多进出口企业都将出口货物租船、订舱和装船工作，委托给货运代理公司办理。办理出口货物托运的程序如图 5-2 所示。

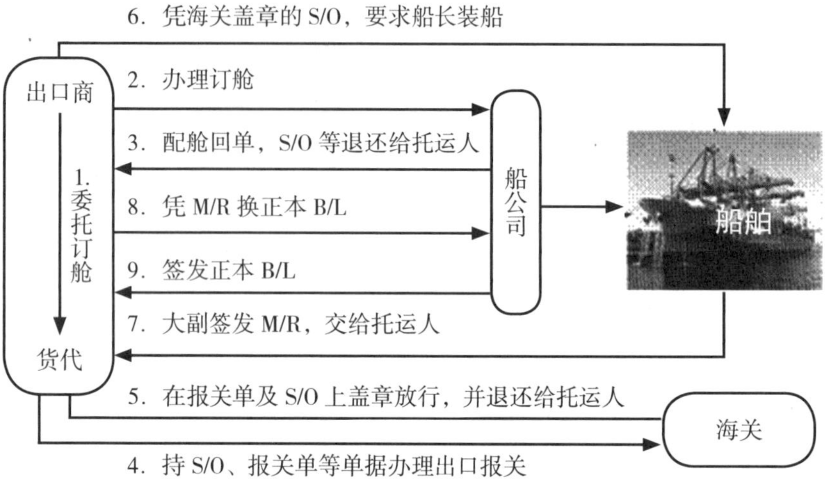

图 5-2　托运订舱流程

（1）出口商，即货主在货、证齐备后，填制订舱委托书（booking note），随附商业发票（commercial invoice）、装箱单（packing list）及其他必要单据，委托货代代为订舱。有时还委托其代理报关及货物储运等事项。

（2）货代接受订舱委托后，缮制集装箱货物托运单，随同商业发票、装箱单及其他必要的单证一同向船公司办理订舱。

（3）船公司根据具体情况，如接受订舱则在托运单的几联单证上编上与提单号码一致的编号，填上船名、航次，并签署，即表示已确认托运人的订舱，同时把配舱回单、S/O（shipping order，装货单，俗称"下货纸"）等与托运人有关的单据退给托运人。

（4）托运人持船公司签署的 S/O，填制出口货物报关单，连同商业发票、装箱单等其他有关的出口单证向海关办理货物出口报关手续。

（5）海关根据有关规定对出口货物进行查验，如同意出口，则在报关单及 S/O 上盖放行章，并将 S/O 等单据退还给托运人。

（6）托运人持海关盖章的由船公司签署的 S/O 要求船长装货。

（7）装货后，由船上的大副签署 M/R(mate's receipt，大副收据，也可称为"收货单")，交给托运人。

（8）托运人持 M/R，向船公司换取正本已装船提单。

（9）船公司凭 M/R，签发正本提单并交给托运人凭以结汇。

办理货物发运手续前，出口企业应了解和掌握装运港的情况，如港口是否拥挤等，密切注意国际运输的动向。在整个发运过程中，要与外运公司经常取得联系，密切配合，发现问题，共同研究解决，保证如期装船。外运公司定期编制的船期表上载有船名、航线、国籍、抵港日期、截止收单期（简称截单期）、受载日期、停挂港口等内容，是船、货衔接的依据，可以作为参考。如果出口货物具有自身的特点（如易腐、易燃、易爆），需要租用特种舱位或船舶，应在托运单上加以表明，以便使货物安全装运。

货物装运后，出口商应立即向进口商发出装船通知（shipping advice），以便对方及时办理保险（以 FOB/FCA、CFR/CPT 术语成交时）或做好接货准备工作。

（二）报关

报关是指出口货物出运前，由发货人或其代理在规定的期限内向海关交验有关单证，办理出口货物申报手续的法律行为。按照《中华人民共和国海关法》（简称《海关法》）规定：凡是进出国境的货物，必须通过设有海关的港口、车站、国际航空站进出，接受海关的监管，经过海关查验、放行后，货物才可提取或者装运出口。

目前，我国的出口企业在办理报关时，可以自行办理报关手续，也可以通过专业的报关经纪行或国际货运代理公司来办理。首先必须填写出口货物报关单，必要时，还需提供出口合同副本、发票、装箱单或重量单、商品检验证书及其他有关证件，向海关申报出口。办理出口货物报关一般需经过以下程序。

1．申报

出口企业按照实际出口的货物，根据"外销出仓通知单"填写"出口货物报关单"，一式三份，其中两份连同出口许可证、出口合同副本、发票、装货单、装箱单、出口收汇核销单、商品检验证及其他有关证件，一并向装运口岸海关申报出口。

2．查验

海关对各种申报单据进行核实，必要时要拆箱（包）查验货物种类、品质、数量、包装等项目。查验时货物所有人或其他代理人必须在场，以便及时处理发现的问题。经核查确定，出口货物符合国家有关法令，海关在有关货运单据上签署放行。

3．纳税

纳税指出口货物的发货人或其代理人在规定的期限内向海关缴纳税款。按照我国《海关法》的规定；发货人应在海关填发"税款缴纳证"次日起的14日内缴纳税款；逾期缴纳的由海关征收滞纳金；超过3个月未缴纳的，海关可以责令担保人缴纳税款，或者将货物变价抵缴；必要时通知银行在担保人或者发货人存款内扣缴。

4．放行

放行指海关经审核单证和查验货物未发现问题，在应纳税货物完成出口纳税或提供担保后，由海关在有关报关单证和查验货物记录上签章，并在装货单加盖放行印章，准予货物出境。海关放行后，出口企业或其代理即可提取和发运货物。

（三）投保

按 CIF/CIP 条件成交的出口合同，出口企业要在货物装运前，根据合同或信用证的有关规定向保险公司办理投保手续，取得保险单据，并在保险单背面空白背书，将受益人的权利（向保险代理提出索赔的权利）转让给进口商。投保的一般程序：首先，由出口企业填写投保单，根据信用证规定，逐项如实地表明货物名称、数量、险别、保额、起讫地点、保险期限、投保人名称等；其次，交由保险公司签发正式保险单。货物投保后，在运输途中遇到风险，投保人即可按照保险单规定的权利和义务向保险公司索赔。该保险单既是索赔的主要依据，也是向银行议付货款必不可少的单据。

小案例 5-5

外贸合同（FDSC1103）下的出口托运操作

接小案例 5-4，业务员李舒即填写出口货物订舱委托书，连同商业发票和装箱单，委托义乌太平洋货代公司办理出口货物订舱及报关事宜。出口货物订舱委托书如表5-5所示。

表5-5　出口货物订舱委托书

出口货物订舱委托书

公司编号：BHP03FD		日期：Mar 12，2019	
（1）发货人 YIWU PENGDA IMP.& EXP.CO. LTD. NO.1 XUEYUAN ROAD YIWU CHINA	（4）信用证号码 FDLC03		
	（5）开证银行 ALAHLI BANK OF DUBAI（KSC）		
	（6）合同号码 FDSC1103		（7）成交金额 USD 20250.00
	（8）装运口岸 SHANGHAI		（9）目的港　DUBAI
（2）收货人 ORDER OF ALAHLI BANK OF DUBAI （KSC）	（10）转船运输 NO		（11）分批装运 NO
	（12）信用证效期 15-APR-2011		（13）装船期限 31-MAR-2019
	（14）运费 PREPAID		（15）成交条件 CIF DUBAI
	（16）公司联系人　李舒		（17）电话/传真 0579-380****
（3）通知人 FLESHHEAD LINK LTD. DENSO HALL DUBAI	（18）公司开户行 BANK OF CHINA		（19）银行账号 7938724374
	（20）特别要求		

（21）标记 唛码	（22）货 号规格	（23）包 装件数	（24）毛重	（25）净重	（26）数量	（27）单价	（28）总价
FLESHHEAD FDSC1103 DUBAI C/NO.1-225	JIAN HUA BRAND PLASTIC SLIPPERS					CIF DUBAI	
	8130G	225CTNS	10490KGS	9590KGS	5400PAIRS	USD3.75	USD20250.00
（29）备注							

四、制单结汇

出口企业在货物装运后，应立即按照信用证的要求，正确缮制各种单据，并在信用证规定的有效期和交单期内，将单据及有关证件送交银行，通过银行收取外汇，并将所得外汇出售给银行换取人民币的过程即为出口结汇。

（一）制单

1．制单前的准备

信用证付款方式下，制单的主要依据是信用证，电汇、托收等付款方式下，制单的主要依据是合同。制单前的主要准备工作是找全合同或信用证，分析判断其对单证的具体要求，并将有关内容一一列表，以便办理单证时查核，防止发生差错和遗漏。

2．制单的基本要求

制作结汇单据有"五要求"：正确、完整、及时、简洁、清晰。

　　"正确"一方面要求各种单据必须做到"三相符"（即单据与信用证相符、单据与单据相符、单据与实际货物相符），另一方面，要求各种单据必须符合有关国际惯例和进出口国有关法令和规定。

　　"完整"包含三个方面的内容：①单据内容完整。每一种单据本身的内容（包括单据本身的格式、项目、文字、签章、背书等）必须完备齐全，否则，就不能构成有效文件，也就不能为银行所接受。②单据种类完整。单据必须是成套齐全而不是单一的，遗漏一种单据，就是单据不完整。③单据份数完整。在信用证项下的交易中，进出口商需要哪些单据，一式几份都已订明，应按要求出齐。

　　"及时"包括两个方面的内容：①各种单据的出单日期必须符合逻辑。也就是说，每一种单据的出单日期不能超过信用证规定的有效期限或按商业习惯的合理日期，如保险单、检验证的日期应早于提单的日期，而提单的日期不应晚于信用证规定的最迟装运期限，否则，就会造成单证不符。②交单议付不得超过信用证规定的交单有效期。如信用证不做规定，按国际商会 UCP 600 规定："银行将拒绝接受迟于运输单据出单日期 21 天后提交的单据，但无论如何，单据也不得迟于信用证到期日提交。"

　　"简洁"是指单证的内容应力求简化，避免复杂烦琐，提高工作效率。"清晰"是指单证表面的清洁、美观、大方。单证格式设计标准规范，内容排列整齐有序，字迹清晰，更改处要盖校对章或简签。如单证涂改过多，应重新缮制单证。

　　3. 出口结汇的主要单据

　　（1）汇票。汇票是我国对外贸易货款结算中使用最多的一种票据，是一种要式性文件，在制作时，既要满足相关票据法的规定，又要符合合同或信用证的要求。汇票通常是一套单据中最晚的一份单据。

　　（2）商业发票。商业发票是出口商开立凭以向进口商收款的发货价目清单，是出口商对装运货物的总说明。商业发票是全套货运单据的中心，其他单据均参照发票内容缮制。发票的种类除了商业发票外，还包括形式发票、厂商发票、海关发票、领事发票等。

　　（3）装箱单。装箱单是商业发票的一种补充单据，着重表现货物的包装情况，包括从最小包装到最大包装及所使用的包装材料、包装方式及重量和尺码等内容。

　　（4）海运提单。海运提单是海运时使用的运输单据。出口商结汇时需要提交的运输单据取决于所使用的贸易术语，使用适合海洋和内河运输的 FOB、CFR、CIF 等术语时，出口商必须提交已装船海运提单。使用适合任何运输方式的 FCA、CPT、CIP 等术语时，根据采用的运输方式，提交相应的运输单据即可。运输单据是各种单据中最重要的单据，必须严格按照信用证的要求填制。

　　（5）保险单。使用 CIF 或 CIP 术语时，出口商结汇时必须提交保险单据。保险单可由被保险人背书随物权的转移而转让，保险单的签发日期不得晚于提单日期。保险单据除了保险单外，还包括保险证明书（insurance certificate）、预约保险单（open policy）等。

　　（6）其他单据。其他单据主要有一般产地证、普惠制产地证、检验检疫证书、装船通知、各种证明等，要根据信用证的规定缮制提交。

（二）结汇

选择的付款方式不同，其结汇流程也有所不同。

1．信用证方式结算

（1）我国银行出口结汇的做法主要有以下几种。

①收妥结汇。即先收后结，指议付行收到外贸公司提交的单据后，经审核无误，将单据寄往国外付款行索汇，待收到国外银行将价款转入议付行账户的贷记通知书时，即按当日外汇牌价，折成人民币付给外贸公司。

②定期结汇。指议付行根据向国外银行索偿的邮程远近，预先确定一个固定的结汇期限，到期后主动将票款金额折成人民币付给外贸公司。

③买单结汇。即"出口押汇"，指议付行在审单无误的情况下，按信用证条款买入受益人的汇票和单据，从票面金额中扣除从议付日到估计收到票款之日的利息，将净额按议付日外汇牌价折成人民币，付给信用证的受益人。议付行买入跟单汇票后，即成为汇票的正当持有人，可凭票向付款行索取票款。若汇票遭拒付，议付行有权向受益人追回票款。银行同意做出口押汇，是为了对出口公司提供资金融通，有利于出口公司的资金周转。

（2）货物发出后，单证不符又无法补救时，出口商可以采取以下两种方式收款，或通过托收方式收款。

①担保议付。即"表提"，即在征得进口商同意的情况下，出口商向开证行出具担保书，要求议付行凭担保议付具有不符点的单据，议付行向开证行寄单时，在随附单据上注明单证不符点和"凭保议付"字样。

②电提。由议付行先用电讯方式向开证行列明不符点，待开证行确认后，再将单据寄去。电提的目的是在尽可能短的时间内了解开证行对单、证不符的态度。

2．托收方式结算

在付款交单（D/P）、承兑交单（D/A）情况下，出口商要先行发货，取得货运单据，再根据合同要求缮制全套单据，委托国内托收行通过其国外代收行向进口商收取货款。进口商在D/P或D/A的情况下，代收行将单据交给进口商，供进口商向承运人提货。虽然，托收方式下，单据是通过银行传递给进口商的，但银行在此业务中仅提供服务而不提供信用，能否收回货款完全取决于进口商的信誉。

3．汇付方式结算

在汇付方式中，T/T使用最广泛，T/T又分前T/T、后T/T。前T/T，即出口商先收到进口商电汇的货款后，再安排货物托运，取得货运单据后，自行将货运单据连同其他单据一起邮寄给进口商，供进口商向承运人提货；后T/T，即出口商先行发货，取得货运单据后，自行将货运单据连同其他单据一起邮寄给进口商，待进口商提货后，再通过银行将货款电汇给出口商。前T/T对出口商来说，没有收汇风险，而后T/T对出口商来说，收汇风险较大。

小案例 5-6

外贸合同（FDSC1103）下的制单结汇操作

接小案例5-5，办理完货物的装船之后，业务员李舒顺利收到船公司寄来的海运提单。李舒仔细研读信用证的条款，准备制单结汇。他先将已有的单据，如商业发票、装箱单、海运提单、保险单等按照信用证规定的份数准备好，并着手制作还需要的单据，如汇票等，然后向中国工商银行义乌分行交单议付，如表5-6至表5-10所示。

表 5-6　商业发票样本

COMMERCIAL INVOICE

（1）SELLER		（3）INVOICE NO.	（4）INVOICE DATE
		JL-LESINV04	12-Mar-2019
		（5）L/C NO.	（6）DATE
YIWU PENGDA IMP.& EXP.CO. LTD. NO.1 XUEYUAN ROAD YIWU CHINA		A30-0305-001033	10-Feb-2019
		（7）ISSUED BY	
		BANK OF MONTREAL	
（2）BUYER		（8）CONTRACT NO.	（9）DATE
		FDSC1103	1-Dec-2018
		（10）FROM	（11）TO
		SHANGHAI	DUBAI
FLESHHEAD LINK LTD. DENSO HALL DUBAI		（12）SHIPPED BY	（13）PRICE TERM
		JIEFANG V.301	CIFC3 DUBAI
（14）MARKS	（15）DESCRIPTION OF GOODS	（16）QTY.	（17）UNIT PRICE	（18）AMOUNT
FLESHHEAD FDSC1103 DUBAI C/NO.1-225	JIAN HUA BRAND PLASTIC SLIPPERS 8130G	5400PAIRS	CIFC3 VANCOUVER	
			USD3.75	USD20250.00

（19）TOTAL VALUE
SAY UNITED STATES DOLLARS TWENTY THOUSAND TWO HUNDRED AND FIFTY ONLY
（20）PACKING
EACH 24 PAIRS PACKED IN ONE CARTON; TOTAL 225 CARTONS TO ONE 20′ CONTAINER
（21）GROSS WEIGHT
TOTAL 10490 KGS

表 5-8 装箱单样本

国际贸易理论与实务

表 5-7 装箱单样本

P A C K I N G　L I S T

（1） SELLER	（3） INVOICE NO.		（4） INVOICE DATE
	JL–LESINV04		2019–3–12
	（5） FROM		（6） TO
YIWU PENGDA IMP.& EXP.CO. LTD. NO.1　XUEYUAN ROAD YIWU CHINA	SHANGHAI		DUBAI
	（7）　TOTAL PACKAGES（IN WORDS）		
	SAY TWO HUNDRED AND TWENTY-FIVE CARTONS ONLY		
（2） BUYER	（8） MARKS & NOS.		
FLESHHEAD LINK Ltd. DENSO HALL DUBAI	FLESHHEAD FDSC1103 DUBAI C/NO.1–225		

（9） C/NOS.	（10） NOS. & KINDS OF PKGS.	（11） DESCRIPTION OF GOODS	（12）　QTY.	（13）G.W.	（14） N.W.	（15） MEAS
NO. 1–225		JIAN HUA BRAND PLASTIC SLIPPERS				
	225 CARTONS	8130G	5400PAIRS	10490 KGS	9590KGS	24.98CBM

L/C NO. A30–0305–001033

表 5-8 海运提单样本

BILL OF LADING

（1） SHIPPER	（10） B/L NO.JL–LESBL04
YIWU PENGDA IMP.& EXP.CO. LTD. NO.1　XUEYUAN ROAD 　　　　YIWU CHINA	ORIGINAL
（2） CONSIGNEE	
TO　ORDER	
（3） NOTIFY PARTY	C O S C O
FLESHHEAD　LINK　Ltd. DENSO HALL DUBAI	中国远洋运输（集团）总公司 CHINA OCEAN SHIPPING （GROUP）　CO.
（4） PLACE OF RECEIPT	（5） OCEAN VESSEL	Combined Transport BILL OF LADING
SHANGHAI CY	JIEFANG	
（6） VOYAGE NO.	（7） PORT OF LOADING	
V.301	SHANGHAI	
（8） PORT OF DISCHARGE	（9） PLACE OF DELIVERY	
DUBAI	DUBAI CY	

（11） MARKS	（12）　NOS. & KINDS OF PKGS.	（13） DESCRIPTION OF GOODS	（14） G.W.	（15）　MEAS

续表

FLESHHEAD FDSC1103 DUBAI C/NO.1–225	JIAN HUA BRAND PLASTIC SLIPPERS			
	225 CARTONS	8130G	10490 KGS	24.98CBM
	CONTAINER NO.46532811 L/C NO. A30–0305–001033		FREIGHT PREPAID	

（16）TOTAL NUMBER OF CONTAINERS OR PACKAGES（IN WORDS）	SAY TWO HUNDRED AND TWENTY–FIVE CARTONS ONLY				
FREIGHT & CHARGES	REVENUE TONS	RATE	PER	PREPAID	COLLECT
PREPAID AT	PAYABLE AT		（17）PLACE AND DATE OF ISSUE		
TOTAL PREPAID	（18）NUMBER OF ORIGINAL B（S）L		SHANGHAI	2019–3–20	
	THREE		（21）	陈永海	
	LOADING ON BOARD THE VESSEL			COSCO SHANGHAI SHIPPING CO., LTD.	
（19）DATE	（20）BY	陈永海			
2019–3–20	COSCO SHANGHAI SHIPPING CO. LTD.				

ENDORSEMENT: YIWU PENGDA IMP.& EXP.CO. LTD.

王勇　31–Mar–2019　　　　　　　　　　　　　　　　3 COPIES

表 5-9　保险单样本

中国人民保险公司

THE PEOPLE'S INSURANCE COMPANY OF CHINA

总公司设于北京　一九四九年创立

Head office：BEIJING　　Established in 1949

保险单 INSURANCE POLICY	保险单号次	
	POLICY NO.	JL–LESBD04

中国人民保险公司（以下简称本公司）根据（以下简称被保险人）的要求，由被保险人向本公司缴付约定的保险费，按照本保险单承保险别和背面所载条款承保下述货物运输保险，特立本保险单

THIS POLICY OF INSURANCE WITNESSES THAT THE PEOPLE'S INSURANCE COMPANY OF CHINA （HEREINAFTER CALLED "THE COMPANY"）AT THE REQUEST OF YIWU PENGDA IMP.& EXP.CO. LTD.（HEREINAFTER CALLED "THE INSURED"）AND IN CONSIDERATION OF THE AGREED PREMIUM PAID TO THE COMPANY BY THE INSURED UNDERTAKES TO INSURE THE UNDERMENTIONED GOODS IN TRANSPORTATION SUBJECT TO THE CONDITIONS OF THIS POLICY AS PER THE CLAUSES PRINTED OVERLEAF AND OTHER SPECIAL CLAUSES ATTACHED HEREON

标　记	包装及数量	保险货物项目	保险金额
MARKS & NOS.	QUANTITY	DESCRIPTION OF GOODS	AMOUNT INSURED
AS PER INVOICE NO.JL–LESINV04	225 CARTONS	JIAN HUA BRAND PLASTIC SLIPPERS	USD 335.00

总保险金额：

续表

TOTAL AMOUNT INSURED:	SAY US DOLLARS THREE HUNDRED AND THIRTY-FIVE ONLY					
保费		费率		装载运输工具		
PREMIUM	AS ARRANGED	RATE	AS ARRANGED	PER CONVEYANCE SS.		JIEFANG V.301
开 航 日 期				自		至
SLG. ON OR ABT.		AS PER BILL OF LADING		FROM	SHANGHAI	TO DUBAI
承 保 险 别：CONDITIONS	ALL RISKS AND WAR RISK AS PER OCEAN MARINE CARGO CLAUSES OF C.I.C.，DATED 1/1/1981 L/C NO. A30–0305–001033					

所保货物，如遇出险，本公司凭本保险单及其他有关证件给付赔款。所保货物，如发生本保险单项下负责赔偿的损失或事故，应立即通知本公司下述代理人查勘。

CLAIMS，IF ANY，PAYABLE ON SURRENDER OF THIS POLICY TOGETHER WITH OTHER RELEVANT DOCUMENTS IN THE EVENT OF ACCIDENT WHEREBY LOSS OR DAMAGE MAY RESULT IN A CLAIM UNDER THIS POLICY IMMEDIATE NOTICE APPLYING FOR SURVEY MUST BE GIVEN TO THE COMPANY'S AGENT AS MENTIONED HEREUNDER:FLESHHEAD LINK LTD. DENSO HALL DUBAI

赔款偿付地点		中国人民保险公司上海分公司
CLAIM PAYABLE AT/IN	DUBAI IN USD	THE PEOPLE'S INSURANCE CO. OF CHINA
日 期	义乌	SHANGHAI BRANCH
DATE 19–Mar–2019	YIWU	何静芝

地址：中国义乌学院路 1 号 电话:0579–3802****

Address: 1 XUEYUAN ROAD，YIWU，China. TEL: 0579–3802**** YIWU	General Manager

ENDORSEMENT: YIWU PENGDA IMP.& EXP.CO. LTD.
王勇 31–Mar–2019 2 copies

表 5-10 汇票样本

BILL OF EXCHANGE

No. JL–LESINV04

For USD20250.00 YIWU 31–Mar–2019
（amount in figure） （place and date of issue）

At ************ sight of this FIRST Bill of exchange （SECOND being unpaid）

pay to INDUSTRIAL AND COMMERCIAL BANK OF CHINA YIWU CITY BRANCH or order

the sum of

SAY UNITED STATES DOLLARS TWENTY THOUSAND TWO HUNDRED AND FIFTY ONLY
（amount in words）

Value received for 225 CARTONS of JIAN HUA BRAND PLASTIC SLIPPERS
（quantity） （name of commodity）

Drawn under ALAHLI BANK OF DUBAI（KSC）

L/C No. A30–0305–001033 dated 10–Feb–2019

To: For and on behalf of
ALAHLI BANK OF DUBAI（KSC） YIWU PENGDA IMP.& EXP.CO. LTD.
P.O./C.P. 49350 王勇
Vancouer B.C. V7X 1L5 （Signature）

2 copies

五、出口收汇核销和出口退税

（一）出口收汇核销

出口收汇核销制度是国家为加强出口收汇管理，防止国家外汇收入流失的一项重要措施。出口收汇核销的程序如下。

（1）出口企业先从外汇管理部门领取有顺序编号的核销单，并如实填写。

（2）在出口报关时，海关逐票核对报关单和出口收汇核销单的内容是否一致，报关单上的核销单编号与所附核销单编号是否一致，出口货物经审核无误后验放，海关在专为出口收汇核销用的报关单和核销单上盖"验讫章"。

（3）出口企业在向银行交单时，需在所提交的汇票及/或发票上注明核销单编号。

（4）当货款汇至出口地指定银行后，该银行向出口企业出具结汇水单或收账通知时，提供出口收汇核销专用联。

（5）出口企业凭出口收汇核销单和出口收汇核销专用联的结汇水单或收账通知及其他规定的单据，到国家外汇管理部门办理核销手续。

（6）国家外汇管理部门按规定办理核销后，在核销单上加盖"已核销"章，将其中的出口退税专用联退给出口企业。

（二）出口退税

出口产品退（免）税，简称出口退税，指对出口产品退还其在国内生产和流通环节实际缴纳的产品税、增值税、营业税和特别消费税等。通过退还出口产品的国内已纳税款来平衡国内产品的税收负担，使本国产品以不含税成本进入国际市场，与国外产品在同等条件下进行竞争，从而增强出口商品的国际竞争能力。

出口企业办理完出口收汇核销以后，携带以下材料到税务机关办理出口退税。

（1）"中华人民共和国海关出口货物报关单"（出口退税联）》。

（2）外贸企业出口销售发票。

（3）"增值税专用发票"，即进货发票。

（4）结汇水单或收汇通知书。

（5）属于生产企业直接出口或委托出口自制产品，凡以到岸价 CIF 结算的，还应附送出口货物运单和出口保险单。

（6）有进料加工复出口产品业务的企业，还应向税务机关报送进口料件的合同编号、日期、进口料件名称、数量，复出口产品名称，进料成本金额和实纳各种税金额等。

（7）产品征税证明。

（8）"出口收汇核销单（出口退税专用）"，即出口收汇已核销证明。

（9）与出口退税有关的其他材料。

小案例 5-7

外贸合同（FDSC1103）下的核销退税操作

接小案例 5-6。一个月后，业务员李舒接到中国工商银行义乌分行通知，信用证项下的款项到账，他立即到银行办妥结汇，取走出口收汇核销专用联，连同其他单据到外汇管理局办理出口收汇核销，并准备好所有的单据向国税局办理出口退税。

任务实施

▶案例讨论

新加坡 A 公司与中国 C 公司订立 CIF（上海）合同，销售白糖 500 吨，由 A 公司保一切险。为联系货源，A 公司与马来西亚 B 公司订立 FCA 合同，购买 500 吨白糖，合同约定提货地为 B 公司所在地。

2008 年 7 月 3 日，A 公司派代理人到 B 公司提货，B 公司已将白糖装箱完毕并放置在临时敞篷中。A 公司代理人由于人手不够，要求 B 公司帮助装货，B 公司认为已履行完应尽义务，故拒绝帮助装货。

A 公司代理人无奈返回，3 天后，A 公司再次到 B 公司所在地提走货物。但是，在货物堆放的 3 天里，因遇湿热台风天气，货物部分受损，造成 10% 的脏包。A 公司将货物悉数交与承运人，承运人欲出具不清洁提单，A 公司为顺利结汇，便出具保函，许诺承担一切责任。承运人遂出具了清洁提单，A 公司得以顺利结汇，提单和保险单转移至 C 公司手中。

7 月 21 日，货到上海港，C 公司检验出 10% 的脏包，遂申请上海海事法院扣留承运人的船舶并要求追究其签发不清洁提单的责任。当日货物被卸下，港口管理部门将货物存放在其所属的仓库中，C 公司开始委托他人办理报关和提货的手续。7 月 24 日晚，港口遭遇特大海潮，共计 200 吨白糖受到浸泡，全部损失。

C 公司向保险公司办理理赔手续时被保险公司拒绝，理由是 C 公司已将提单转让，且港口仓库就是 C 公司在目的港的最后仓库，故保险责任已终止。

思考题：

（1）在 A 公司与 B 公司之间的 FCA 合同中，有关货物 10% 的损失应由哪一方承担？

（2）分析关于保函的效力，以及承运人签发不清洁提单的责任问题。

（3）保险公司的保险责任是否在货物进入港口仓库或 C 公司委托他人提货时终止？

▶同步训练

实训项目：

学生扮演出口商，教师扮演进口商，设计一个进出口贸易的模拟情景，分别采用信用证、托收和汇付方式结算，模拟进出口贸易的整个操作流程，在情景中设置意外事故、投诉索赔等状况，并进入分支情景的模拟。

习题 5-1

任务二　进口合同的履行

案例导入

安全、快捷地完成进口合同

义乌远大进出口公司是一家专业进出口贸易公司，主要代理小商品进出口业务。受国内某公司的委托，远大进出口公司从日本进口一批食品。为此，业务经理季先生与贸易伙伴日本东京进出口公司进行洽谈。在充分考虑了进出口双方履约风险和成本之后，双方达成了一份长期的合同：第一笔业务采用信用证支付方式；待顺利完成第一笔业务，双方建立起基本的信任关系后，第二笔业务采用托收支付方式；如果第二笔业务也能顺利完成，则以后的业务原则上均采用汇付支付方式。

合同签订后，远大进出口公司开始着手履行第一笔业务。季先生向义乌工商银行提供开证申请书、进出口合同、进口付汇备案表等资料，申请开立金额为 100 万美元、期限为提单后 100 天的承兑信用证。义乌工商银行按照外汇管理政策进行政策审查，要求远大进出口公司在提供抵押担保措施的情况下，在其额度内开立了信用证。收到东京进出口公司寄来的商业发票、装箱单、提单等相关单据后，义乌工商银行对单据进行审查，在单据符合信用证规定的情况下，义乌工商银行向日本东京银行发出承兑电，并按期在提单后 100 天对外付款。远大进出口公司付款赎单后，根据合同、商业发票、装箱单等有关单据填制入境货物报检单和进口货物报关单，并办理报检和报关手续，并在义乌出入境检验检疫局和海关查验放行后提取货物，办理了付汇核销手续。进出口双方顺利完成了第一笔业务。

由于该日本食品深受消费者喜爱，进出口双方很快开始了第二笔业务，并按约定采用远期 90 天付款交单（D/P 90 days after sight）方式。购货合同签订后，出口商按合同规定的时间按时发货，并通过东京银行进行托收。义乌工商银行收到托收行东京银行寄来的单据及托收委托书，委托义乌工商银行向进口商代收进口款项 500 万美元。义乌工商银行对寄来的单据及托收委托书内容进行审核，核实无误后，通知远大进出口公司单据情况，要求其进行承兑并到期付款赎单。远大进出口公司对收到的全套托收单据进行审核，核准无误后进行承兑。然后，远大进出口公司报检和报关，经检验检疫局和海关放行后提货拨交。90 天远期到期后，义乌工商银行按德意志银行的指示对外付款。进出口双方顺利完成了第二笔业务。

第二笔业务按合同约定采用汇付的方式进行。远大进出口公司季先生填制境外汇款申请书，再到账户行义乌工商银行办理电汇手续。之后，远大进出口公司派外贸业务员李先生赴日本验货，并协助办理托运等工作。货物到达后，远大进出口公司办理报检和报关手续，并在义乌出入境检验检疫局和海关查验放行后提取货物，办理了付汇核销手续。进出口双方顺利完成了第二笔业务。

思考：

（1）如何选择支付方式以安全、快捷地完成进口合同？

（2）签订和履行进口合同之前，应做好哪些准备工作？

任务要求

制作开证申请书，办理开证手续和进行信用证修改工作，配合开证行审核单据，完成信用证结算；在收到托收行寄来的单据后，按即期付款交单、远期付款交单和承兑交单等不同方式，完成托收业务流程；制作汇款申请书，办理汇款申请手续；办理入境货物报检、报关手续；办理付款核销手续。

作为进出口业务的双方，进口商与出口商在风险和成本等方面往往是不一致的，人们有必要从进口商的角度来重新认识信用证、托收、汇付的流程和特点，从而更好地掌握信用证、托收、汇付项下进口商的业务操作流程。

任务分析

要完成任务，就必须了解信用证、托收、汇付的流程和特点，在不同结算方式下履行进口合同的风险控制和注意事项。要很好地完成任务，就必须进入理论学习环节。

任务分析

在我国的进口业务中，一般按 FOB 价格条件成交的情况较多，如果是采用即期信用证方式结算，海运方式运输，进口合同履行的一般程序是：开立信用证—租船或订舱—办理保险—审单和付汇—进口报关—提货—办理进口商检—向用货单位拨交货物—进口索赔等。这些环节的工作，是由进出口公司、运输部门、商检部门、银行、保险公司，以及用货部门等各有关方面分工负责、紧密配合而共同完成的。以下分别介绍进口合同履行所涉及的各项业务。

一、信用证的开立

进出口双方首先签订合同，合同约定采用信用证方式结算货款。进口商在申请开立信用证前，一定要落实进口审批手续及外汇来源，以免信用证开立后无法履行。

（一）申请开证时应注意的问题

1. 掌握好开证时间

如果合同规定了开证日期，就必须在规定期限内开立信用证；如果合同有装运期的起止日期，那么，最迟必须让卖方在装运期开始前的最后一天收到信用证；如果合同只规定最后装运期，那么，买方应在合理的时间内开证，一般掌握在合同规定的交货期前半个月或一个月开到卖方。总之，要让卖方在收到信用证以后能在合同规定的装运期内装运货物。

2. 开证时必须以签订的买卖合同为依据

合同中规定要在信用证上明确的条款都必须列明，一般不能使用"参阅第 ×× 号合同"或"第 ×× 号合同项下货物"等条款，也不能将有关合同作为信用证附件附在信用证后。信用证内容必须明确无误，应明确规定各类单据的出单人（商业发票、保险单和运输单据除外），明确规定各单据应表述的内容。

（二）申请开立信用证的程序

进口商在合同规定的时间向中国银行或其他经营外汇业务的银行办理申请开立信用证手续如下。

1．递交有关合同的副本及附件

进口商在向银行申请开证时，要向银行递交进口合同的副本及所需附件，如进口许可证等。

2．填写开证申请书

进口商按贸易合同规定向当地银行申请开立信用证，填制开证申请书（irrevocable documentary credit application）。开证申请书是银行开具信用证的依据，是开证申请人与开证银行之间的有关开立信用证的权利与义务的契约。开证申请书是依据合同填写的，但信用证一经开出就成为独立于合同以外的自足的文件，因而在开立信用证时应审慎核查贸易合同的主要条款并将其列入开证申请书中。

开证申请书有正面和背面两个部分内容。正面主要包括受益人名称和地址，信用证及合同号码，信用证的有效期及到期地点、装运期，信用证的性质，货物的描述，对单据的要求，信用证的金额、种类，信用证中的特别条款及其他一些条款等。背面内容是开证行与开证申请人之间的约定，一般由开证行根据相关的国际惯例和习惯做法事先确定并印制，申请人只需签字盖章即可。进口商根据银行规定的开证申请书格式，一般填写一式三份，一份银行结算部门留存，一份银行信贷部门留存，一份开证申请人留存。

3．缴付保证金

按照国际贸易的习惯做法，除非开证行对开证申请人有授信额度，进口商向银行申请开立信用证时，应向银行缴付一定比例的保证金，其金额一般为信用证金额的百分之几到百分之几十不等，通常根据进口商的资信情况而定。在我国的进口业务中，开证行根据不同企业和交易的情况，要求开证申请人缴付一定比例的人民币保证金，然后银行才会开证。

4．支付开证手续费

进口商在申请开证时，必须按规定支付一定金额的开证手续费。

小案例 5-8

张庆是浙江义乌鹏达经济发展有限公司经理，正从泰国进口一批龙眼，合同签订后，就积极履行合同。他备齐所有的资料，向中国农业银行义乌支行申请开证。他仔细查看合同条款要求，填写开证申请书。

开证申请书依据的合同如表 5-11 所示，不可撤销跟单信用证如表 5-12 所示。

表 5-11 进出口贸易合同样本

SISCO Siam Inter Sweet Co., Ltd.

128/563 PST Tower3, Nonsi Road, Yannawa, Bangkok 10120, Thailand.

E-mail: sisco@sisco.co.th   Tel: （66-2）681-3883

Fax: （+66-2）681-3993

SALES   CONTRACT

S/C NO.: SC070819

Date : Aug 19，2018

1. The Seller: Siam Inter Sweet Co. Ltd.

Address: 128/563 PST Tower 3, Nonsi Road, Yannawa, Bangkok 10120, Thailand.

2. The Buyer: Zhejiang Yiwu PengDa Economy Development Co., Ltd.

Address: Agricultural Market, Yiwu City, Zhejiang, China.

3. Name of Commodity: "Golden Eagle brand"
                        Thailand Fresh Longan packed in plastic basket

4. Specification:

Jumbo basket （ NW. 12 kgs GW. 13 kgs ）

No. 1	size LL	belt color：Yellow	30%～50%
No. 2	size L	belt color：Red	30%～50%
No. 3	size M	belt color：Blue	20%～40%
No. 4	size S	belt color：Green	5%～10%

5. Unit Price: USD 18 Per Basket CIF Shanghai Longwu

6. Quantity: 4000 Baskets 5% More or Less

7. Packing: Packed in Plastic Basket, by Reefer Container 40′ Full Load

8. Port of Loading: Bangkok, Thailand

9. Port of Destination: Longwu, Shanghai

10. Terms of Shipment: December, 2018, Partial Shipment And Transshipment Not Allowed

11. Terms of Payment: The Buyers Shall Open Through A Bank Acceptable to the Seller an Irrevocable Sight Letter of Credit to Reach the Sellers 30 Days Before Shipment, Valid For Negotiation in Thailand Until the 15th Day After the Date of Shipment.

12. The Seller Must Supply the Following Documents to the Buyer Before the Cargo Arrives at the Port of Destination.

（1）Certificate of Origin

（2）Official Quarantine Certificate of Plants Signed by Exporting Country in Duplicate

（3）Commercial Invoice In Triplicate

（4）Bill of Lading in Triplicate

（5）Packing List in Triplicate

（6）Insurance Policy/Certificate in Duplicate

13. In Case All Disputes Arising Can not Be Mediated □ The Case Under Dispute May then Be Submitted to the Court Located at the Buyer's for Lawsuit.

The Buyer	The Seller
Zhejiang Yiwu Pengda Economy Development Co. Ltd.	Siam Inter Sweet Co. Ltd.
Yiwu, Zhejiang, China	Bangkok, Thailand
Representative （Signed）:	Representative （Signed）:
代表（签字）：张庆	代表（签字）：Jack

表 5-12　不可撤销跟单信用证申请书

中国农业银行
AGRICULTURAL BANK OF CHINA
IRREVOCABLE DOCUMENTARY CREDIT APPLICATION

开立不可撤销跟单信用证申请书　　　　　Date 日期 Nov.1st，2018

To：AGRICULTURAL BANK OF CHINA　　YIWU　　BRANCH
致：中国农业银行　　　　行　　　　　　　　Credit No. 信用证号码

□ Issued by mail 信开 □ With brief advice by teletransmission 简电开 ☒ Issued by teletransmission（which shall be the operative instrument）电开	Expiry Date and Place 有效期及地点 ☒ in the country of Beneficiary □ at Issuing Bank's counter 　　　　在受益人所在国家　　在开证行柜台
Applicant　申请人 Zhejiang Yiwu PengDa Economy Development Co. Ltd. Agricultural Market，Yiwu City，Zhejiang，China	Beneficiary（with full name and address）受益人（全称和详细地址） Siam Inter Sweet Co. Ltd. 128/563 PST Tower 3，Nonsi Road，Yannawa，Bangkok 10120，Thailand
Advising Bank（if bank at your option）通行证	Amount（in figures & words）金额（大、小写） USD72000.00（say U.S.Dollars seventy-two thousand only）

Partial shipments 分批装运 □ allowed 允许 ☒ not allowed 不允许	Transshipment 装运 □ allowed 允许 ☒ not allowed 不允许	Credit available with _____ bank 此证可由银行 By 凭□ sight payment　　即期付款 □ acceptance　　　　承兑 ☒ negotiation　　　　议付 □ deferred payment　迟期付款 Against the documents detailed herein 连同下列数据 ☒ and beneficiary's draft（s）at × × day（s）sight drawn on you for 100 % of invoice value 受益人按发票金额 __% 做成以 ____ 为付款人，期限为 __ 天的汇票。
Shipment from 装运从 Bangkok，Thailand For transportation to 运至 Longwu，Shanghai Not later than 不得迟于 Dec. 31，2018		
Terms 价格条款 □ FOB　　□ CFR　　CIF Shanghai Longwu □ FCA　　□ CPT　　□ CIP_____ □ or other terms 其他价格条款 _____		

Document required:（marked with "×"）所需单据（用"×"标明）：

☒ Signed Commercial Invoice in __3__ copies indicating L/C No. and Contract No. SC070819
经签字的商业发票一式 __ 份，标明信用证号和合同号 _____。

☒ Full set of clean on board Ocean Bill of Lading made out to order and blank endorsed，marked" freight [×] prepaid/[ ]to collect" [ ]showing freight amount and notifying_____.
全套清洁已装船海运提单作成空白抬头、空白背书，注明"运费 [ ] 已付 /[ ] 待付"，[ ] 标明运费金额，并通知

□ Clean Air Waybill consigned to____marked" freight[ ] prepaid /[ ]to collect" notifying_____
清洁空运提单收货人为 ____，注明"运费 [ ] 已付 /[ ] 待付"，[ ] 标明运费金额，并通知

☒ Insurance Policy/Certificate in duplicate for _____% of the invoice value，blank endorsed, showing claims payable at __Yiwu__，in the currency of the draft，covering All risks，War risk and_____.
保险单 / 保险凭证一式两份，按发票金额的 __% 投保，空白背书，注明赔付地在 ____，以汇票同种

续表

货币支付，投保一切险、战争险和

☒ Packing List/Weight Memo in _____ copies indicating quantity， gross and net weight of each package.

装运单 / 重量证明一式 __ 份，注明每一包装的数量、毛重和净重。

☐ Certificate of Quantity/Weight in_____copies issued by_____.

数量 / 重量证明一式 __ 份，由 _____ 出具。

☐ Certificate of Quality in_____copies issued by_____.

品质证一式 __ 份，由 _____ 出具。

☒ Certificate of Origin in__copies issued by_____.

产地证一式 __ 份，由 _____ 出具。

☐ Beneficiary's Certified copy of fax/telex dispatched to the applicant within__day（s）after shipment advising L/C No.， name of vessel， date of shipment， name of goods， quantity， weight and value of goods.

受益人传真 / 电传方式通知申请人装船证明副本。该证明须在装船后 __ 天内发出，并通知该信用证号、船名、装运日及货物的名称，货物的数量、重量和金额。

☒ Other documents， if any 其他单据

Official Quarantine Certificate Of Plants Signed By Exporting Country In Duplicate

Description of goods 货物描述

"Golden Eagle brand" Thailand Fresh Longan as per S/C NO. sc070819， USD 18 Per basket CIF Shanghai Longwu， 4000 baskets 5% more or less， packed in plastic basket， By Reefer container 40' full load.

Additional instructions：附加条款

☐ All banking charges outside the Issuing Bank including reimbursing charges are for account of Beneficiary.

开证行以外的所有银行费用（包括可能产生的偿付费用）由受益人承担。

☐ Documents must be presented within __days after date of the transport document but within the validity of the Credit.

所需单据须在运输单据出具日后 __ 天内提交，但不得超过信用证有效期。

☒ Both quantity and Credit amount 5 % more or less are allowed.

数量及信用证金额允许有 5 % 的增减。

☐ Other terms and conditions， if any 其他条款

申请人盖章：Zhejiang Yiwu PengDa Economy Development Co. Ltd.

张庆

开证申请书背面内容如表 5-13 所示。

表 5-13　开证申请人承诺书

开证申请人承诺书

致：中国农业银行 _____

我公司已依法办妥一切必要的进口手续，兹谨请贵行直接或通过贵行上级行为我公司依照本申请书所列条款开立第 _____ 号国际货物买卖合同项下不可撤销跟单信用证，并承诺如下。

一、同意贵行依照国际商会第 600 号出版物《跟单信用证统一惯例》办理该信用证项下的一切事宜，并同意承担由此产生的一切责任。

二、及时提供贵行要求我公司提供的真实、有效的文件及资料，接受贵行的审查监督。

三、在贵行规定期限内支付该信用证项下的各种款项，包括货款及贵行和有关银行的各项手续费、杂费、利息，以及国外受益人拒绝承担的有关银行费用等。

续表

四、在贵行到单通知书规定的期限内，书面通知贵行办理对外付款／承兑／确认迟期付款／拒付手续。否则，贵行有权自行确定对外付款／承兑／确认迟期付款／拒付，并由我公司承担全部责任。

五、我公司如因单证有不符之处而拟拒绝付款／承兑／确认迟期付款时，将在贵行到单通知书规定期限内提出拒付请求，并附拒付理由书一式两份，一次列明所有不符点。对单据存在的不符点，贵行有独立的终结认定权和处理权。经贵行根据国际惯例审核认为不属可以拒付的不符点，贵行有权主动对外付款／承兑／确认迟期付款，我公司对此放弃抗辩权。

六、该信用证如需修改，由我公司向贵行提出书面申请，贵行可根据具体情况确定能否办理修改。我公司确认所有修改当受益人接受时才能生效。

七、经贵行承兑的远期汇票或确认的迟期付款，我公司无权以任何理由要求贵行停止付款。

八、按上述承诺，贵行在对外付款时，有权主动借记我公司在贵行的账户款项。若发生任何形式的垫付，我公司将无条件承担由此而产生的债务、利息和费用等，并按贵行要求及时清偿。

九、在收到贵行开出信用证、修改书的副本之后，及时核对，如有不符之处，将在收到副本后的两个工作日内书面通知贵行。否则，视为正确无误。

十、该信用证如因邮寄、电信传递发生遗失、延误、错漏，贵行概不负责。

十一、本申请书一律用英文填写。如用中文填写引发的歧义，贵行概不负责。

十二、因信用证申请书字迹不清或词义含混而引起的一切后果均由我公司负责。

十三、如发生争议需要诉讼的，同意由贵行住所地法院管辖。

十四、我公司已对开证申请书及承诺书各印就条款进行审慎研阅，对各条款含义与贵行理解一致。

申请人（盖章）
法定代理人
或授权代理人

年　月　日

同意受理
银行（盖章）
负责人
或授权代理人
　　年　月　日

二、安排运输和办理保险

（一）安排运输

国外装船后，卖方应及时向买方发出装船通知，以便买方及时办理保险和做好接货等项工作。在 FOB 术语下的派船接货活动主要包括以下过程。

（1）进口方必须在合同规定的装运期以前向船公司提出租船订舱的申请，并告诉船公司预计的装船期和装运港。如果船公司可以接受该笔货物的运输业务，进口方就可与其签订租船合同。在办好租船订舱手续后，进口方向出口方提供船名、船期等信息，以便出口方就备货及装船方面的情况与船方保持联系。

（2）如果进口方在出口国设有办事处或代办处，进口方还会要求在合同中规定，由进口方派人到装运港验货、监装。这时，进口方可通过其代理在装运港履行监督的职责，以维护自身权益。

（3）在装运过程中，进口方需要与船公司和出口方随时保持联系，以掌握装船的进度。当货物完成装运时，进口方可以及时向保险公司投保。因为有时会发生出口方在货物上船以后，没有及时发装运通知而造成货物漏保或迟保的现象。

（二）办理保险

FOB 或 CFR 交货条件下的进口合同，保险由买方办理。进口商（或收货人）在向保险公司办理进口运输货物保险时，有两种做法：一种是逐笔投保方式，另一种是预约保险方式。

逐笔投保方式是收货人在接到国外出口商发来的装船通知后，直接向保险公司填写投保单，办理投保手续。保险公司出具保险单，投保人缴付保险费后，保险单随即生效。

预约保险方式是进口商或收货人同保险公司签订预约保险合同，其中对各种货物应投保的险别做了具体规定，故投保手续比较简单。按照预约保险合同的规定，所有预约保险合同项下的按 FOB 及 CFR 条件进口货物保险，都由该保险公司承保。因此，每批进口货物，在收到国外装船通知后，即直接将装船通知寄到保险公司或填制国际运输预约保险启运通知书，将船名、提单号、开船日期、商品名称、数量、装运港、目的港等内容通知保险公司，即作为已办妥保险手续，保险公司则对该批货物负自动承保责任，一旦发生承保范围内的损失，由保险公司负责赔偿。

三、审单和付款

在信用证支付方式下，进口方在确认对方已完成发货义务后，将凭出口方提交的符合信用证规定的单据进行付款。

在我国，一般情况下出口方提供的全套单据会通过信用证的开证行转让给进口方，由进口方负责对单据进行全面的审核。进口方在审核单据时一定要把单据与信用证逐字逐句地进行核对。

（一）审核的单据

出口方在完成出口义务之后缮制并提交的单据就是进口方需要审核的单据。审单的内容主要包括单据是否齐全，单据的名称、份数、内容等与信用证是否一致，各单据之间是否矛盾，各种单据签发的日期之间是否存在矛盾（如装运期早于货物检验日期等）等。

（二）审单的时间限制

根据 UCP 600 第十四条的规定："按指定行事的指定银行、保兑行（如有的话）及开证行各有从交单次日起至多 5 个银行工作日用以确定交单是否相符。这一期限不因在交单日当天或之后信用证截止日或最迟交单日届至而受到缩减或影响。"即开证行和进口方进行的审单活动不得超过 UCP 600 所规定的时间。如果超过了时间限制，则认为开证行已接受了所有单据，开证行必须无条件付款。因此，我国的进口企业在拿到单据后一定要抓紧时间审单，以免超过审单期限而陷入被动。

（三）审单的结果

在信用证支付方式下，进口方审单是一项非常重要的工作。进口方审单的目的是要保证"单单相符、单证相符"。只有做到这点，才能基本保证出口方提交的货物符合合同和信用证的要求，符合进口方的进货需要。

进口方的审单可能出现以下两种结果。

（1）进口方把出口方提交的单据与信用证条款进行严格对比，发现单据正确无误后，进口方即可通知开证行对外付款。

（2）进口方通过审单，发现单据和信用证规定存在不符点。如果不符点对货物交付没有严重影响，进口方可以通知开证行暂时拒绝付款，并要求出口方进行修改；如果进口方发现不符点影响到合同履行的核心内容，如货物规格、数量、品质等重要条款与信用证不符，则进口方可拒绝付款提货，并可对由此造成的损失向对方索赔。

（四）付款

银行收到国外寄来的汇票及单据后，对照信用证的规定，核对单据的份数和内容。如内容无误，即由银行对国外付款。同时，进口方按照国家规定的有关外汇牌价向银行买汇赎单。如审核国外单据发现单、证不符时，应做出适当处理。例如，停止对外付款；相符部分付款、不符部分拒付；货到检验合格后再付款；凭卖方或议付行出具担保付款；要求国外改正单据；在付款的同时，提出保留索赔权等。

四、进口商检、进口报关及验货收拨交货物

（一）进口商检

法定检验检疫的入境货物，在报关时必须提供报关地检验检疫机构签发的入境货物通关单，海关才会验放。

入境货物检验检疫的一般工作程序是，报检后先放行通关，再进行检验检疫。在法检货物入境前或入境时，货主或其代理人应首先提供有关单证资料，向卸货口岸或到达口岸的检验检疫机构报检。检验检疫机构审核报检人提供的资料，符合要求的，受理报检并计收费。对来自疫区的、可能传播检疫传染病、动植物疫情及夹带有害物质的入境货物的交通工具或运输包装实施必要的检疫、消毒、卫生处理，然后签发入境货物通关单供报检人办理报关手续。货物通关后，报检人及时与检验检疫机构联系检验检疫事宜，未经检验检疫的，不准销售、使用；检验检疫合格的，检验检疫机构签发"入境货物检验检疫证明"（进口食品签发"卫生证书"），准予销售、使用；检验检疫不合格的，检验检疫机构签发检验检疫处理通知书，货主或其代理人应在检验检疫的监督下进行处理。无法进行处理或处理后仍不合格的，做退运或销毁处理。需要对外索赔的，检验检疫机构签发检验检疫证书。

（二）进口报关

进口货物到港后，应及时向海关填写"进口货物报关单"，并提交合同副本、正本提单、发票及其他有关单据，办理报关手续。海关按照《中华人民共和国海关进口税则》的规定，对进口货物计征进口税。货物在进口环节由海关征收（包括代征）的税种有关税、增值税、消费税、进口调节税等。海关根据申报人的申报，依法进行验关。如果货物符合国家的进口规定，即在货运单据上签章放行。未经海关放行的货物，任何单位或个人不得提取。

法定申报时限为自运输工具申报进境之日起 14 日内，超过 14 日未向海关申报的，由海关按日征收进口货物 CIF 或 CIP 价格的 0.5‰的滞报金。超过 3 个月未向海关申报的，由海关提取变卖。

（三）验收和拨交货物

1. 验收货物

进口货物运达港口卸货时，港务局要进行卸货核对。如发现短缺，应及时填制"短

卸报告"交由船方签认，并根据短缺情况向船方提出保留索赔权的书面声明。卸货时，如发现残损，货物应存放于海关指定仓库，待保险公司同商检机构检验后做出处理。对于合同规定的卸货港检验的货物，或已发现残损短缺有异状的货物，或合同规定的索赔期将届满的货物等，都需要在港口进行检验。

一旦发生索赔，有关的单证，如国外发票、装箱单、重量明细单、品质证明书、使用说明书、产品图纸等技术资料、理货残损单、溢短单、商务记录等都可以作为重要的参考依据。

2. 向用货单位拨交货物

在办完上述手续后，如订货或用货单位在卸货港所在地，则就近转交货物；如订货或用货单位不在卸货地区，则委托货运代理将货物转运内地并转交给订货或用货单位。

五、争议与违约的救济

（一）争议与违约

1. 争议

争议是指买卖双方或有关当事人中一方认为有关方未能全部或部分履行合同规定的责任和义务所引起的纠纷。由争议导致索赔和理赔。引起争议的原因有买方违约、卖方违约、合同条款不明确、各国法律和惯例解释不同等。

2. 违约

违约是指合同的当事人全部或部分地未履行合同所规定的义务，或者拒绝履行他的合同义务的行为。

一方当事人违约，就应承担违约的法律责任，即有赔偿另一方当事人的损失，或采取其他相应的补救措施的责任；另一方当事人作为受害方，也有依照合同或有关法律规定向违约方提出损害赔偿或主张其他相应的权利。各国法律对违约行为的处分各不相同。

《公约》将违约分为根本违约和非根本违约两种。

根本违约（fundamental breach）《公约》第二十五条指出，一方当事人违反合同的结果，如使另一方当事人蒙受损害，以致实际上剥夺了他根据合同规定有权期待得到的东西，即为根本违反合同，除非违反合同一方并不预知而且一个同等资格、通情达理的人处于相同情况中也没有理由预知会发生这种结果；如果一方当事人根本违反合同，另一方当事人可以宣告合同无效并要求损害赔偿。"

非根本违约（non-fundamental breach）是指受害方只能要求损害赔偿，而不能主张合同无效。

（二）违约救济

违约救济是指一方违约致使另一方的合法权益受侵害时法律所给予的补偿办法。各国有关违约的救济办法一般有以下几种。

1. 实际履行

实际履行有两重意思：一是指债权人要求债务人按合同的规定履行合同；二是指债权人向法院提起实际履行之诉，由执行机关运用国家的强制力，使债务人按照合同的规定履行合同。

2．损害赔偿

各国法律都认为，损害赔偿是对违约的一种必不可少的救济办法。但对损害赔偿责任的成立、损害赔偿的方法及损害赔偿的计算，也各有不同的规定和要求。关于损害赔偿责任的成立，中国的法律认为，必须具备三个条件：①必须要有损害的事实，②必须有归责于债务人的原因，③损害发生的原因与损害之间必须有因果关系。英美法律不同于中国法律。根据英美法的解释，只要一方当事人违反合同，对方就可以提起损害赔偿之诉，而不以违约一方有无过失为条件，也不以是否发生实际损害为前提。

3．解除合同

按英美法律的规定，只有在违反条件或重大违约时，才能要求解除合同。如果一方仅仅是违反担保或轻微违约，对方只能请求损害赔偿，不能解除合同。《中华人民共和国合同法》对解除合同的限制十分严格，只有在出现下列情形时，才允许当事人解除合同。

（1）当事人可以在合同中约定解除合同的条件，解除合同的条件成立。

（2）当事人经协商一致。

（3）因不可抗力致使不能实现合同目的。

（4）在履行期届满之前，当事人一方明确表示或者以自己的行为表明不履行主要债务。

（5）当事人一方迟延履行主要债务，经催告后在合理期限内仍未履行。

（6）当事人一方迟延履行债务或者有其他违约行为致使不能实现合同目的。

（7）法律规定或者当事人约定解除权行使期限，期限届满当事人不行使的，该权利消灭。法律没有规定或者当事人没有约定解除权行使期限，经对方催告后在合理期限内不行使的，该权利消灭。

（8）当事人一方主张解除的，应当通知对方。合同自通知到达对方时解除。对方有异议的，可以请求人民法院或者仲裁机构确认解除合同的效力。法律、行政法规规定解除合同应当办理批准、登记等手续的，依照其规定。

（9）合同解除后，尚未履行的，终止履行；已经履行的，根据履行情况和合同性质，当事人可以要求恢复原状、采取其他补救措施，并有权要求赔偿损失。

由此可见，并不是一方的任何违约行为都足以使对方有权解除合同的，只有当一方出现重大违约、根本违约或违反合同条件时，对方才能解除合同。如果属部分违约，可协商部分解除其余部分仍然有效。当然，解除合同不影响当事人要求赔偿的权利。另外，如果属政府批准成立的合同，其解除时还应报批准单位备案。

4．禁令

这是英美法采取的一种特殊的救济方法，是指由法院做出禁止，强制执行合同所规定的某项消极义务，即由法院判令被告不能做某种行为。禁令是《衡平法》上的一种救济方法，英美法院仅在两种情况下才会给予这种救济：一是采取一般损害赔偿的救济方法不足以补偿债权人所受的损失；二是禁令必须符合公平合理的原则。

5．违约金

这是违约补救的最常用办法之一。但各国规定有所不同。中国法律认为违约金具有两重性，即惩罚性和赔偿性；英美法律认为，对于违约只能赔偿，而不能予以惩罚。在数额上，法国及日本等国认为，法院对于当事人约定的违约金的金额原则上不得予以增减，德国及瑞士等国法律却规定，违约金过高者，法院得斟酌予以减少。

任务实施

▶ 案例讨论

【案例1】

2011年6月，发发公司向工商银行申请开立了一份即期信用证。发发公司向工商银行提交开证申请书，双方签订开证合同。合同约定：发发公司应在信用证单据通知书规定的期限内书面通知工商银行办理对外付款手续，若发发公司未在规定的期限内通知，则工商银行有权自行决定办理对外付款手续；对单据存在的不符点，工商银行有独立的最终认定权和处理权，有权决定是否对外付款，发发公司如因单据有不符之处而拟请求拒绝付款时，应在进口信用证付款通知书规定的期限内，向工商银行提出书面拒付请求及理由，一次列明所有不符点。之后，国外寄单行将信用证项下单据寄到工商银行，发发公司在付款书上加盖了公章，声明"我公司同意付款"，工商银行即向信用证受益人付款。数日后，发发公司致函工商银行，声称受益人涉嫌利用信用证诈骗。后发发公司以信用证单据下存在不符点，工商银行未审查出该不符点而不当付款，要求工商银行返还信用证下全部款项及利息。

思考题：

（1）信用证项下，单据审核的责任属于开证申请人还是开证行？

（2）你认为本案例中开证行是否应该承担相应的责任？

【案例2】

国内某贸易公司从美国进口货物一批，合同约定以远期D/P方式付款。合同订立后，出口方按合同规定及时装运货物出口，并开出以进口方为付款人的60天远期汇票连同所有单据一起交到银行，委托该银行托收货款。单据寄抵我国国内的代收行后，代收行通知进口商办理承兑手续。然而，在办理承兑手续时，该批货物已到达目的港，且行情看好。由于是远期付款交单方式，付款期限未到，进口商拿不到单据，不能提出货物销售。为及时提货销售，进口商向代收行出具信托收据借取货运单据以提前提货。不幸的是，在销售过程中，因保管不善导致货物被火烧毁，进口商又遇其他债务关系而倒闭。此时，进口商已无力对该批货物付款。

思考题：

（1）进口商无力付款，代收行是否要承担付款责任？

（2）作为代收行，在办理信托收据业务时，应做好哪些工作以避免风险？

【案例3】

1977年，某出口商自新加坡伪造了一张装载20000吨糖的提单，并向银行结汇，拿到了索马里政府的汇款。而索马里政府正心安理得地等待着心目中20000吨糖的到来。但当货轮抵港后发觉只有500吨糖，索马里政府一怒之下降罪于船东，没收了该货轮，

并把船长收监。如今,许多国际骗子仍然经常利用这一方法进行诈骗勾当。他们往往先与对方进行几次小额交易,待建立"信用"后,就利用"空头提单"进行一次大金额的诈骗。进口商在没有充分了解出口商资信的情况下,在货物运至目的港前就将货款汇给出口商,这种行为为出口商通过伪造提单骗取进口商的货款提供了可能,最终导致进口商钱货两失。

思考题:

(1)如果进口商迫不得已采用预付货款方式,应采取哪些措施来减少风险的产生?

(2)比较信用证、托收和汇付的操作流程与风险大小。

【案例4】

新加坡某贸易有限公司与广州某酒家月饼购销合同[a]

申请人:新加坡某贸易公司

被申请人:广州某酒家

2001年10月1日是中秋佳节。8月5日,申请人通过电子邮件向被申请人订购月饼,其发给被申请人的电子邮件的内容是:"订购贵酒家自产的双黄莲蓉月饼1500盒,每盒新币60元;五仁月饼500盒,每盒新币45元,总货款新币112500元,以跟单信用证付款,CIF新加坡,交付日期为2001年8月15日至9月25日,双方如发生合同纠纷,提交中国国际经济贸易委员会深圳分会仲裁解决。"被申请人收到申请人发来的电子邮件后,以传真的方式答复申请人:接受贵公司的订货,但必须预付20%的货款即新币22500元。申请人收到传真后,即电汇了新币22500元预付款给被申请人。但到9月26日,申请人仍未收到被申请人发运来的月饼,申请人又通过电子邮件通知被申请人解除合同,要求返还22500元预付款,并索赔新币45000元。10月2日,被申请人于9月29日发运的月饼抵达新加坡,申请人拒绝收货,并向中国国际经济委员会深圳分会申请仲裁,请求裁决被申请人返还新币22500元预付款,并索赔新币45000元。因单证不符,被申请人未取得信用证项下的新币90000元货款,被申请人答辩并提出反请求:没有收到申请人2001年9月26日发来的电子邮件,现货物已运抵新加坡,不同意解除合同及返还预付款,反请求申请人立即支付货款余款新币90000元。

思考题:

(1)请指出本案中申请人和被申请人分别向对方发出的要约和承诺。

(2)本案中申请人和被申请人订立合同采用了哪些具体的表现形式?

(3)本案合同应否予以解除?

▶ **同步训练**

实训项目:

习题5-2

请找一家外贸公司,跟踪并记录其一项进口交易履行的全过程,写好过程日记。

---

① 马洪.合同法案例精解[M].上海:上海财经大学出版社,2002.